品牌建设与管理经典译丛
The Classic Translated Series of Brand Building and Management

总主编　杨世伟

RETHINKING PLACE
BRANDING

Comprehensive Brand Development for Cities and Regions

反思地方品牌建设

城市和区域的
全面品牌发展

［英］米哈利斯·卡瓦拉兹斯（Mihalis Kavaratzis）
［英］加里·瓦纳比（Gary Warnaby）◎编
［荷］格雷戈里·J. 阿什沃思（Gregory J. Ashworth）

袁胜军　等◎译

经济管理出版社
ECONOMY & MANAGEMENT PUBLISHING HOUSE

北京市版权局著作权合同登记：图字：01-2017-1794

图书在版编目（CIP）数据

反思地方品牌建设：城市和区域的全面品牌发展/(英) 米哈利斯·卡瓦拉兹斯，(英) 加里·瓦纳比，(荷) 格雷戈里·J. 阿什沃思编；袁胜军等译. —北京：经济管理出版社，2019.3
（品牌建设与管理经典译丛 / 杨世伟总主编）
ISBN 978-7-5096-5646-4

Ⅰ.①反… Ⅱ.①米… ②加… ③格… ④袁… Ⅲ.①品牌—企业管理—研究 Ⅳ.①F273.2

中国版本图书馆 CIP 数据核字（2018）第 015834 号

组稿编辑：梁植睿
责任编辑：梁植睿
责任印制：黄章平
责任校对：陈　颖

出版发行：经济管理出版社
　　　　　（北京市海淀区北蜂窝 8 号中雅大厦 A 座 11 层　100038）
网　　址：www.E-mp.com.cn
电　　话：(010) 51915602
印　　刷：三河市延风印装有限公司
经　　销：新华书店
开　　本：710mm×1000mm/16
印　　张：18
字　　数：303 千字
版　　次：2019 年 3 月第 1 版　2019 年 3 月第 1 次印刷
书　　号：ISBN 978-7-5096-5646-4
定　　价：68.00 元

序　言

2014 年 5 月，习近平总书记在河南视察时提出，要推动"中国制造向中国创造转变、中国速度向中国质量转变、中国产品向中国品牌转变"。习总书记"三个转变"的精辟论述将品牌建设提高到了新的战略高度，尤其是在国际经济环境不确定和当前中国经济发展多起叠加背景下，意义更是十分重大，为中国品牌建设指明了方向。

2016 年 6 月，国务院办公厅发布的《关于发挥品牌引领作用推动供需结构升级的意见》（国办发〔2016〕44 号）明确提出：按照党中央、国务院关于推进供给侧结构性改革的总体要求，积极探索有效路径和方法，更好发挥品牌引领作用，加快推动供给结构优化升级，适应引领需求结构优化升级，为经济发展提供持续动力。以发挥品牌引领作用为切入点，充分发挥市场决定性作用、企业主体作用、政府推动作用和社会参与作用，围绕优化政策法规环境、提高企业综合竞争力、营造良好社会氛围，大力实施品牌基础建设工程、供给结构升级工程、需求结构升级工程，增品种、提品质、创品牌，提高供给体系的质量和效率，满足居民消费升级需求，扩大国内消费需求，引导境外消费回流，推动供给总量、供给结构更好地适应需求总量、需求结构的发展变化。

2017 年 3 月，李克强总理在 2017 年政府工作报告中明确提出，广泛开展质量提升行动，加强全面质量管理，健全优胜劣汰质量竞争机制。质量之魂，存于匠心。要大力弘扬工匠精神，厚植工匠文化，恪尽职业操守，崇尚精益求精，培育众多"中国工匠"，打造更多享誉世界的"中国品牌"，推动中国经济发展进入质量时代。

改革开放以来，中国在品牌建设实践中积累了丰富的成功经验，也经历过沉痛的失败教训。

中国企业从 20 世纪 80 年代中期开始了品牌建设的实践。1984 年 11 月，双星集团（前身是青岛橡胶九厂）时任党委书记汪海举行了新闻发布会，这成为国有企业中第一个以企业的名义召开的新闻发布会，集团给到会记者每人发了一双高档旅游鞋和几十元红包，这在当时是前所未有的。此事件之后，"双星"品牌红遍全国。1985年12月，海尔集团的前身——青岛冰箱总厂的张瑞敏"砸冰箱"事件，标志着中国企业开始自觉树立品牌的质量意识。从那时起，海尔坚持通过品牌建设实现了全球的本土化生产。据世界权威市场调查机构欧睿国际（Euromonitor）发布的2014年全球大型家用电器调查数据显示，海尔大型家用电器品牌零售量占全球市场的10.2%，位居全球第一，这是海尔大型家电零售量第六次蝉联全球第一，占比更首次突破两位数。同时，海尔冰箱、洗衣机、冷柜、酒柜的全球品牌份额也分别继续蝉联全球第一。

改革开放以来，我们在品牌建设过程中也经历过沉痛的失败教训。早在20世纪80年代，在利益的驱动下，政府颁发奖项名目繁多，十年评出6000多个国家金奖、银奖和省优部优，这种无序的系列评选活动被国家强制叫停。国家层面的评奖没有了，社会上"卖金牌"的评审机构如雨后春笋，达到2000多个，这严重误导了消费，扰乱了市场秩序。21世纪初国务院批准评选中国名牌和世界名牌，直到2008年"三鹿奶粉"恶性质量案件的披露，导致评选中国名牌和世界名牌的工作瞬间叫停。

正如中国品牌建设促进会理事长刘平均在2017年"两会"采访时所说，由于缺乏品牌的正能量引导，消费者变得无所适从，再加上假冒伪劣问题屡见报章，消费者逐渐对国产品牌失去信任，出现了热衷于消费海外产品的现象。打造和培育知名品牌，引领产业升级和供给侧改革，是当务之急。要尽快建立健全我国国内知名品牌和国际知名品牌的产生机制，把李克强总理所说的"打造享誉世界的中国品牌"落到实处。

2011年，《国民经济和社会发展第十二个五年规划纲要》提出了"推动自主品牌建设，提升品牌价值和效应，加快发展拥有国际知名品牌和国际竞争力的大型企业"的要求。为贯彻落实这个规划精神，工信部、国资委、商务部、农业部、国家质检总局、工商总局等部门非常重视，分别从不同的角度发布了一系列品牌建设的指导意见。工信部等七部委于2011年7月联合发布了《关于加快我国工业企业品牌建设的指导意见》，为工业企业品牌建设引领了方向并提供了政策支撑。国家质检总局于2011年8月发布了《关于加强品牌建设的指导意见》，明确了加强品牌建设的指导思想和基本原则、重点领域、主要措施和组织实施。国务院国有资产监督管理委员会于 2011 年 9 月发布了《关于开展委管协会品牌建设工作的指导意见》，为委管协会品牌建设工作明确了方向。这一系列相关政策的发布，在政策层面上为中国品牌建设给予了保障，为全面加强中国品牌建设、实施品牌强国战略、加快培育一批拥有知识产权和质量竞争力的知名品牌明确了原则和方向。

进入 21 世纪后，尽管中国品牌工作推进缓慢，但中国企业在品牌建设上做了诸多尝试。以联想集团收购 IBM-PC 品牌、吉利汽车集团收购沃尔沃品牌为标志，开始了中国企业收购国外品牌的过程。这说明中国的经济实力在增强，中国的企业在壮大，也说明了中国的品牌实力在增强，实现了从无到有和从小到大的转变。

品牌是企业生存和发展的灵魂，品牌建设是一个企业长期积淀、文化积累和品质提升的过程，一个成功的品牌需要经历品牌建设和管理，品牌建设包括品牌定位、品牌规划、品牌形象、品牌扩张等。中国的品牌崛起之路也不会一蹴而就，需要经历一个培育、发展、成长、成熟的过程。

在世界品牌实验室（World Brand Lab）发布的 2016 年"世界品牌 500 强"排行榜中，美国占据 227 席，仍然是当之无愧的品牌强国，继续保持明显领先优势；英国、法国均以 41 个品牌入选，并列第二；日本、中国、德国、瑞士和意大利分别有 37 个、36 个、26 个、19 个和 17 个品牌入选，位列第三阵营。从表 1 中可以看出，美国在 2016 年"世界品牌 500 强"中占据了近 45.4%，中国只占 7.2%，而中国制造业增加值在世界占比达到 20% 以上，由此可以看出，中国还是一个品牌弱国，中国在品牌建设与管理的道路上还有很长的路要走，有大量的工作要做。但是从 2013~2016 年的增长来看，中国品牌入选排行榜数量的增长趋势是最快的，从 25 个升至 36 个，而其他国家则基本微弱增长或减少。

表 1　2013~2016 年"世界品牌 500 强"入选数量最多的国家

排名	国家	入选数量（个）				代表性品牌	趋势
		2016 年	2015 年	2014 年	2013 年		
1	美国	227	228	227	232	谷歌、苹果、亚马逊、通用汽车、微软	降
2	英国	41	44	42	39	联合利华、汇丰、汤森路透、沃达丰	升
3	法国	41	42	44	47	路易威登、香奈儿、迪奥、雷诺、轩尼诗	降
4	日本	37	37	39	41	丰田、佳能、本田、索尼、松下、花王	降

续表

排名	国家	入选数量（个）				代表性品牌	趋势
		2016 年	2015 年	2014 年	2013 年		
5	中国	36	31	29	25	国家电网、工行、腾讯、中央电视台、海尔	升
6	德国	26	25	23	23	梅赛德斯–奔驰、宝马、思爱普、大众	升
7	瑞士	19	22	21	21	雀巢、劳力士、瑞信、阿第克	降
8	意大利	17	17	18	18	菲亚特、古驰、电通、法拉利、普拉达	降
9	荷兰	8	8	8	9	壳牌、飞利浦、喜力、TNT、毕马威	降
10	瑞典	7	7	7	7	宜家、H&M、诺贝尔奖、伊莱克斯	平

为了实现党中央、国务院关于推进供给侧结构性改革提出的总体要求，发挥品牌引领作用，推动供需结构升级，着力解决制约品牌发展和供需结构升级的突出问题。必须加快政府职能转变，创新管理和服务方式。完善标准体系，提高计量能力、检验检测能力、认证认可服务能力、质量控制和技术评价能力，不断夯实质量技术基础。企业加大品牌建设投入，增强自主创新能力，追求卓越质量，不断丰富产品品种，提升产品品质，建立品牌管理体系，提高品牌培育能力。加强人才队伍建设，发挥企业家领军作用，培养引进品牌管理专业人才，造就一大批技艺精湛、技术高超的技能人才，切实提高企业综合竞争力。坚持正确舆论导向，关注自主品牌成长，讲好中国品牌故事。

中国品牌建设促进会确定了未来十年要打造 120 个农产品的国际知名品牌，500 个制造业的国际知名品牌，200 个服务业国际知名品牌的目标。加强品牌管理和品牌建设将成为推进供给侧结构性改革的总体要求下经济发展的重要举措。

为了推进中国品牌建设和品牌管理工作，借鉴发达国家的品牌管理理论研究和品牌管理实践，中国企业管理研究会品牌专业委员会组织国内专家学者翻译一系列品牌建设和品牌管理相关著作，愿本套丛书的出版能为中国的品牌建设和品牌管理提供有价值的思想、理念和方法。翻译是一项繁重的工作，在此对参与翻译的专家学者表示感谢，但囿于水平、能力，加之时间紧迫，如有不足之处，希望国内外专家学者批评指正。

丛书总主编　**杨世伟**

2017 年 3 月 15 日

前　言

我们编这本书的想法源于本书作者中的米哈利斯·卡瓦拉兹斯（Mihalis Kavaratzis）和加里·瓦纳比（Gary Warnaby）进行的一次讨论，当时他们两位正为在葡萄牙里斯本举行的 2012 年欧洲市场营销学会议组织一次专题研讨会。这次研讨会的主题是"反思地区营销：向居民营销的必要性"，其中包括四篇报告，但并没有被选入本书。

我们非常想感谢那次专题讨论的与会者，他们是罗伯·艾特肯（Rob Aitken）、埃里克·布朗（Erik Braun）、阿德里安娜·坎普洛（Adrianna Campelo）和塞巴斯蒂安·曾克（Sebastian Zenker），正是在里斯本中心的一次难忘的晚餐上，他们答应了参加我们的讨论。也是在里斯本的第二天，当我们正在和来自施普林格出版集团的普拉尚斯·马哈戈昂卡（Prashanth Mahagaonkar）讨论这本书时，正是他们的热情回应推动了该项目的进一步发展。

本书的主要想法是打算针对地方品牌化以及地方品牌化该如何发展提供一次重新评估，我们也想让那些知道我们所想的"再思考"的那些作者们贡献他们的才智。我们还要感谢那些所有答应我们的邀请贡献他们的作品给本书并花费时间去写一些原创性且引人深思文章的作者们。我们还要尤其感谢那些由于各种原因使得他们的文章未能最终入选本书的作者们。

我们还要感谢施普林格出版集团的普拉尚斯和其他同事，正是由于他们的努力才使此书能够问世。

我们也希望本书能够对那些深感自己有责任促进区域品牌化理论和实践向前发展的学生、研究人员、学者、顾问和从业者提供帮助。

英国莱斯特，2014 年　　　　米哈利斯·卡瓦拉兹斯

英国曼彻斯特　　　　　　　加里·瓦纳比

荷兰格罗宁根　　　　　　　格雷戈里·J. 阿什沃思

作者简介

格雷戈里·J.阿什沃思（Gregory J. Ashworth）在英国剑桥大学修读地理学，并在1974年获得哲学博士学位。自1979年开始，他分别在威尔士、朴茨茅斯以及荷兰的格罗宁根大学任教。从1994年起，他成为了格罗宁根大学空间科学学院规划部的一名遗产管理和城市旅游领域的教授。他的主要研究兴趣聚焦于城市背景下旅游、遗产和区域营销之间的相互关系研究。他是大约15本书、100本书的部分章节以及200篇论文的作者或编辑。1995年，他被授予匈牙利地理学会的终身荣誉会员；2010年，他被授予布莱顿大学荣誉博士学位；2011年，由于为荷兰科学服务了20年，他被封为爵士。

埃里克·布朗（Erik Braun）博士是鹿特丹伊拉斯姆斯大学城市经济、区域营销和房地产领域的高级研究员和讲师。他目前关于区域营销的研究兴趣主要是关于城市、行政区域、地方品牌管理、地方品牌感知和区域营销治理等概念的营销和品牌化应用。他的研究成果被发表在图书、书中章节和学术期刊上，这些学术期刊包括《城市、环境和规划 C》《公共行政评论》《城市研究》。

埃里克·布朗博士的联系方式为：Erasmus School of Economics, Erasmus University Rotterdam, Room H16 -17, P.O. Box 1738, 3000 DR Rotterdam, The Netherlands；电话：+31 10 4082740；传真：+31 10 4089153；E -mail: braun@ese.eur.nl。

阿德里安娜·坎普洛（Adriana Campelo）是英国加地夫商学院市场营销领域的讲师和研究员。她在新西兰的奥塔哥大学获得了营销管理的博士学位，在巴西的 UFBA 获得了管理学硕士学位，在巴西的 UNIFACS 获得了专业化经济学学位，在美国乔治华盛顿大学的 Minerva 项目中获得国际经济学学位，她同时还获得了巴西 UCSAL 的一个法律学位。她的研究兴趣包括品牌化和区域营销。她尤其感兴趣的是品牌化在促进经济发展和城市更新领域的应用研究。E -mail:

campelosantanaa@cardiff.ac.uk., adrianacampelosantana@gmail.com①。

格雷姆·埃文斯（Graeme Evans）博士是密德萨斯大学艺术和设计学院城市文化和设计领域的教授。他也是马斯特里赫特大学文化与城市发展的专职主席。他还是《文化规划：一个城市的复兴?》和《设计可持续发展的城市》两篇文章的作者，城市文化和规划领域的领先专家。他曾建议英国文化部、经济合作与发展组织和其他有关创意城市和产业战略的机构，制定了关于文化再生与文化规划的国家规划指导。

玛格达莱娜·弗洛克里（Magdalena Florek）博士是波兰波兹南大学的经济学副教授。她也是美国西北大学和凯洛格管理学院区域营销、地方品牌化、品牌管理和营销规划领域的讲师，同时也是富布莱特基金会奖学金获得者。2006~2007年，她是新西兰奥塔哥大学市场营销系的高级讲师。她也是许多出版物的独立和共同作者，这些出版物主要对不同规模、品牌战略、城市与区域推广等营销实施的可能性进行了研究。她也是"最好的地方——欧洲地方营销研究所"的联合创始人和董事会成员。

罗伯特·戈弗斯（Robert Govers）博士是一位学者、演讲家，也是城市、地区和国家美誉领域的作者，他还是国家、地区和城市等公共政府机构的关于城市的声誉的演讲者和作者，地区和国家的独立顾问。他也曾是比利时鲁汶大学、荷兰鹿特丹管理学院、意大利米兰的优尔姆大学和阿联酋迪拜几个研究机构的兼职或访问学者。他还在意大利都灵的世界联合国教科文组织的工作主项目中教授地方品牌化，他同时还是《地方品牌化和公共政策》季刊的合作者，除此之外，他还是该领域的高产作者。

格雷厄姆·汉金森（Graham Hankinson）是从伦敦经济学院的一个研究人员身份开始他的学术生涯的。短暂的能源经济学家经历后，他继续学术生涯，并最终获得了泰晤士山谷大学和林肯大学的教授职位。他的研究生涯一直聚焦于品牌研究，但在最近的15年里，他一直试图拓展他的研究领域到地方品牌化及其管理。他现在已经从全职工作岗位上退休了，但他一直在英国的金斯顿商学院继续他的教学工作。

---

① 此处邮箱与正文中统一。——编者注。

索尼娅·阿扎德·汉纳（Sonya Azad Hanna）博士是英国邦戈大学邦戈商学院的一名营销讲师。她拥有一个地方品牌管理战略博士学位，一个综合管理的MBA 学位和一个荣誉法学学士学位。她的研究兴趣主要聚焦于地方品牌化和地方品牌管理战略的过程，考虑地方品牌在数字领域的传播，展望品牌结构的发展和品牌体验的提供。她也在各种期刊上发表了文章，包括《市场营销》《城市规划评论》《市场研究杂志》《地方品牌化和公共政策》和《城乡规划杂志》。

米哈利斯·卡瓦拉兹斯（Mihalis Kavaratzis）是莱斯特管理学院的市场营销高级讲师。他曾在匈牙利的布达佩斯和英国的莱斯特教授过市场营销和旅游相关的课程。他的研究主要聚焦于区域和旅游目的地的营销和品牌化。他不但在营销领域的期刊上，同时也在地理杂志上发表了大量的上述主题的文章。他还和 G.J.Ashworth 共同编辑了《走向有效的地方品牌管理：欧洲城市和地区的品牌》（爱德华·埃尔加出版社，2010）。

格雷格·克尔（Greg Kerr）曾在澳大利亚的地方政府担任管理职位，后来在商业领域发展。他曾是一个旅游协会、信用合作社和商会的董事会成员。他曾在卧龙岗大学担任管理岗位，包括市场营销总监和学术评议委员会成员，现在他在迪拜卧龙岗大学工作。

多米尼克·梅德韦（Dominic Medway）是一位受过系统训练的地理学家，目前在曼彻斯特商学院担任市场营销学教授。他发表了许多地方管理和营销交叉学科的文章，同时也开发了上述领域的一些新的分支，例如递向地方营销、地方去营销化、地方商品化和地方品牌的符号学等。他的作品可以在如下的一些主流学术期刊中找到，包括：《环境与规划 A》《欧洲市场营销》《营销管理》和《地区、城市和营销理论》。

杰茜卡·奥利弗（Jessica Oliver）在 2011 年完成了她的硕士学位论文，她论文研究的领域就是地方营销。目前，她正在卧龙岗大学攻读博士学位，她博士论文研究的主题是居民体验如何影响地方身份。她还是公共关系和品牌管理的讲师和导师，并担任行业顾问。

珍妮弗·罗利（Jennifer Rowley）是信息和通信学教授，也是研究生院的院长，目前在英国曼彻斯特大学的人文语言和社会科学学院从事研究工作。她的研究兴趣包括：信息和知识管理、网络营销、品牌化、地方品牌化和创新与创业精神。她发表了大量的文章，包括最近发表在《营销管理杂志》《市场营销理论》《美国信息科学与技术杂志》《信息科学杂志》《国际信息管理杂志》《互联网研究》等杂志上的文章。她是《继续教育和高等教育杂志》的主编，也是《营销管理杂志》的副主编。

朱利安·斯塔布斯（Julian Stubbs）是一位品牌战略家、作家和主持人，他一直致力于为各种各样的组织和地方政府制定品牌战略和品牌个性。他的第一本商业书名为《希望你在这里》，该书探讨了地方和目的地品牌化问题，他的作品也是为斯德哥尔摩这个城市所做，在这部作品中，他创造了品牌定位理论和"斯德哥尔摩"标签："斯德哥尔摩：斯堪的纳维亚的首都"。今天，朱利安·斯塔布斯正在以不同身份为许多品牌的任务进行工作。他目前是全球云计算咨询集团的创始人和首席执行官，该集团目前在全球 19 个城市拥有超过 150 名员工。朱利安·斯塔布斯每年大概有 100 多天离开他在瑞典斯德哥尔摩郊外的家去旅行。他已婚并有两个男孩，闲暇的时候，他的兴趣主要在于看利物浦的比赛、阅读历史，并努力写完他的小说。

阿内特·塞克尔森（Anette Therkelsen）是丹麦奥尔堡大学文化和全球研究系旅游研究所的副教授。她的研究兴趣包括根据不同的地理规模开展的地方品牌化和旅游消费相关的影响因素研究，她也就上述主题发表了一些国际性的文章。她目前正从事一项关于食品、地方品牌化和消费的项目。

加里·瓦纳比（Gary Warnaby）是曼彻斯特大学材料学院的一名营销专业教授。他的研究兴趣主要聚焦于地方营销和零售领域。他的相关研究成果已发表在管理学和地理学科的各种学术期刊上，包括《环境与规划 A》《商业研究》《营销管理》《市场营销理论》《消费市场和文化》《欧洲市场营销》《国际管理评论》《地区、城市和地方经济》。他也是关系营销书籍《消费者体验方式》的合著者，《公共关系研究展望》的共同编辑，他还为许多书籍的编辑做出了自己的贡献。

塞巴斯蒂安·曾克（Sebastian Zenker）博士是哥本哈根商学院市场营销系的一名助理教授，他目前的研究兴趣主要集中在针对特定目标群体开展的地方品牌和地方品牌感知的测量。他的作品发表在各种国际会议、一些书的章节和同行评议期刊上，如《城市、环境和规划 A》或者《国际市场营销》。塞巴斯蒂安·曾克博士的联系方式如下：Copenhagen Business School, Department of Marketing, Solbjerg Plads 3C, 3rd floor, DK-2000 Frederiksberg, Denmark；电话：+45 3815 2100；传真：+45 3815 2101；E-mail：zenker@placebrand.eu。

目　录

第一章　地方品牌的重新思考

格雷戈里·J.阿什沃思，米哈利斯·卡瓦拉兹斯，加里·瓦纳比*
（Gregory J. Ashworth，Mihalis Kavaratzis and Gray Warnaby）

[摘　要] 本章认为我们需要重新思考有关地方品牌的理论与实践问题，并进行研究，另外，本章还概述了本书的理论基础。我们在这里提出了指导反思的四个主要问题：①为什么地方品牌很重要？②是什么建立了地方品牌？③谁建立了地方品牌？④什么是地方品牌管理？在本书中给出了这些问题的答案，尽管不一定很明确，但所有章节都试图更清楚地解释了它们之间的相互关系。在本章最后将简要介绍每一章及其贡献。

引　言

是否有可能在地方品牌研究方面引入一个编辑卷，并且能够避免过度兴奋地

* G. J. Ashworth
Faculty of Spatial Sciences，University of Groningen，Groningen，The Netherlands
e-mail：g.j.ashworth@rug.nl
M. Kavaratzis （✉）
School of Management，University of Leicester，Leicester，UK
e-mail：m.kavaratzis@le.ac.uk
G. Warnaby
School of Materials，University of Manchester，Manchester，UK
e-mail：Gary.warnaby@manchester.ac.uk
© Springer International Publishing Switzerland 2015
M. Kavaratzis et al. （eds.），*Rethinking Place Branding*，
DOI 10.1007/978-3-319-12424-7_1

提到近几年来这个领域学术兴趣和实践应用的显著增长？这似乎真的很难。地方品牌化已经被证明是一种流行的做法，并已经成为当代地方管理议程中心的一部分。越来越多的资金投资于地方、区域和国家当局的品牌推广活动，地方品牌成为学术研究越来越吸引人的话题便印证了这些现象。十年间出版了一系列书籍（例如，Anholt，2007；Moilanen and Rainisto，2008；Govers and Go，2009；Ashworth and Kavaratzis，2010），并出版了专门的期刊，例如《地方品牌建立与公共外交》(2004)、《地方管理与发展杂志》(2008)。在此期间，跨领域期刊（营销领域、城市研究领域、地理领域、公共行政领域以及文化研究领域等）中的文章数量增多。虽然上文表明我们还没有完全避免兴奋地参考这个领域的发展，但是我们想通过提出基于对地方品牌见证理论进步的一些疑虑来介绍这本书。出版材料的这种扩散在多大程度上反映了理论的发展并导致了学科"成熟"？许多学术刊物试图倡导地方品牌理论，但这一直是采取有些零碎但并不完整的方式（Lucarelli and Berg，2011；Gertner，2011），也许是由于这个问题固有的多学科性。事实上，尽管有一些重要的贡献（其中许多实际上来自本书中的作者），但小理论细化似乎已经出现在 20 多年前出版的两本开创性地方营销书籍中。Ashworth 和 Voogd（1990）的《销售城市》(*Selling the City*) 和 Kotler 等 (1993) 的《营销场所》(*Marketing Places*)，从不同的学科视角为现在研究的事情做好了准备。如在文献中一再指出的那样（例如，Skinner，2008；Warnaby，2009；Hankinson，2010），部分原因在于控制地方品牌固有的跨学科性质的序列，事实上，地方品牌仍然缺乏一个明确和被普遍接受的理论框架，用来构建和指导其实际应用，并填补现有的理论和实践之间的明显差距。

这本书要做什么？

本书是基于这样一个前提，即地方品牌的领域已经成熟了，能够对其从根源、理论基础、实际应用和预期成果等方面进行反思。本专题学术评论的增多，加上世界各地城市和地区积累的实践经验，以及自主专业顾问等的参与，这需要重新审视地方品牌理论与实践。如果以整合和综合各种主题的方式完成，特别是其独特特征，并说明其协助城市和区域发展的潜力，这将特别有用，并且朝这个方向发展的一系列先决条件是显而易见的。首先需要更好地整合来自促成品牌推广的各个学科的知识。多学科背景的对立是必要的，以更为整体和综合的公开方式了解地方品牌的本质。此外，在更广泛的市场营销思想和实践中确定最新的发展也是非常有必要的，这些思想和实践与场所的特点和品牌要求能够产生共鸣。在这个意义上，优先考虑的是营销思想（如服务主导逻辑、体验营销、共同创造经验）和营销实践（如数字营销）。再者需要更密切地研究多个利益相关者在品牌建设中的作用，并确定他们如何参与品牌化过程的所有步骤。最后需要将地方品牌的做法与更广泛的理论思考相结合，以便获得地方品牌实践的洞察力（如利益相关者管理、参与者参与、社会网站的使用等），以此协助和补充理论发展。

本书是按照这些方式设计的，它试图在这些方向上继续展开。本书的主要目的是，更加负责任地为学科发展奠定理论基础，并对其性质和实践进行更严格的学术性研究，来确定地方品牌的未来前景。本书着重指出了学科能够并应该推进的方式，以便其更有效果、更有效率、更有社会责任感和拥有更多的理论依据。本书正在加入过去十年左右出版的一系列书籍中（Broudehoux，2004；Anholt，2007；Baker，2007；Greenberg，2008；Moilanen and Rainisto，2008；Govers and Go，2009；Ashworth and Kavaratzis，2010；Go and Govers，2010，2011，2012；Dinnie，2011；Colomb，2012）。所采用观点的差异在于，本书的目的既不是管理方式（也就是说，它不是一个"手段"手册），也不是深奥的和过度批评的（即将地方品牌定位为一种可疑的政治做法）。本书同时也不忽视实际的建议和有效的做法。它采取了非常关键的——但我们希望是明智的和建设性的——包括地方品牌的基本先决条件、潜在影响和后果在内的立场。在理论和实践两个方面，需要一个平衡的立场，为确保学科发展进行辩证。

有什么值得反思？

这里提出的地方品牌建设的重新思考，旨在提出需要分离、修复甚至重新考虑地方品牌开发和管理的几个重点。这些是被认为与地方品牌的理论和实践明确相关的一系列问题。然而，本书的目标并不是提供这些问题的完整答案。本书对文献中的一些问题给出了部分答案，或者至少有一些关于如何回答这些问题的建议。但是，这里提出的问题不仅描绘了这本书的内容和"精神"，还有助于为正在进行的会谈和辩论提供一个结构。换句话说，这些问题可以作为思考地方品牌的必要基础。

问题一：为什么地方品牌化很重要？

第一个根本问题是：地方品牌为什么重要，而且地方为什么会首先尝试品牌化？所有的地方品牌都花费资金和努力，如果一个整体市场是作为博弈的地方，并且大部分公共机构的供应是有限的，那么每个人都将受益于它所创造的所有实践。这里给出几个答案。例如，第一个可能的答案是因为他们在日益激烈的地方竞争舞台上帮助地方。这是对地方品牌的相关性和重要性给出的最常见的理由，也是将地方品牌的普及作为一种实践的最普遍原因。按照这个逻辑，地方品牌是一种有用的工具，可以在有限的、超移动的财务、人力或文化资源相互竞争时使用它们。在这些全球人力资本的流动中，地方品牌被认为有助于地方获得所期望的地位。第二个可能的答案是地方品牌为地方发展提供战略指导。这个逻辑假设地方品牌的有用性是它们作为潜在的工具，被用作设想一个理想的"想象的未来"（即作为地方条件的理想场景）。地方品牌被认为是为该地区的未来提供一个愿景，并为规划和实施有助于实现这一愿景的各种措施指明方向。第三个可能的答案是地方品牌为利益相关方的合作提供了基础。这是一个逻辑，将地方品牌视为各利益相关者的"共同基础"，为不同的利益相关者设定一个集体目标，并共同努力实现这一目标。地方品牌被视为提供了一般性框架，在一般性框架下，不同利益相关方的行动可以相互补充，以此来共同产生所期望的结果。第四个可能的答案是地方品牌提供关于实际/功能性地点相关问题的解决方案。这个更具功能性和工具性的观点，假设地方品牌提供了可以解决几个具体的、有时间限制的问题的情景条件。这些功能性问题的例子包括：如何吸引投资计划的开发/再生项目，如何充分利用该地区的旅游资源，或如何增加最近重新开发的网站的使用频率或收益。最终的答案是，地方品牌可以帮助其最大限度地发挥正面的体验。这个观点认为，地方品牌对消费者（居民、游客、投资者等）经历的地方至关重要。地方品牌被认为塑造了人们对某个地方的期望，从而形成了他们的经验，进而反过来又增加了人们从这种经验中获得的满足感。这使得品牌管理有益于使人们对某个地方的期望与现实相一致。

问题二：是什么建立了地方品牌？

第二个主要问题是：地方品牌的组成部分是什么？用什么资源进行建设？一个很常见的答案是，地方品牌是由促销策略和身份声明组成的。这假设地方品牌建设的主要资源可以在当地利益相关者（最常见的是旅游景区或品牌代理机构）有意的协调沟通中找到。这是一个管理观点，将品牌推广作为强大而有说服力的促销活动。第二个可能的答案包括地方品牌与制作元素相关的关联。这是一个更细微的观点，它确定了地方品牌理解、增强甚至有助于塑造"地方感觉"的本质以及随着时间推移而发生变化。这个观点假设地方和品牌之间的联系更加强大，并将品牌概念化视为持久而复杂的过程，而不是将品牌与促销特征分离开。第三个答案是，地方品牌更好地被认为是叙事或"故事"。这一观点确定了所有可能的故事讲述组织、人员、对象和设备（显然远远超出了旅游业界），以及所描述地方的一般"故事"中用于构建品牌形成的主要资源。第四个可能的答案是以互动的形式扩展以前的品牌。因为这是在社会现状和社会互动中进行的，所以这里的重点是集体建设地方的意义。

问题三：谁建立了地方品牌？

第三个问题本质上是前面问题的逻辑后续：品牌形成的代理人是谁？谁实际建立了品牌或影响其建设？第一个可能的答案是，地方品牌是由承担地方品牌项目的机构建造的。这是一个以组织为中心的观点，可以将机构的品牌形成归功于公共、私人和志愿部门的组织和机构。这些通常指的是主导群体及其设计的系统。这些群体可以是地方财政、政治或文化精英，也可以是当局、主要业务、密切相关的行业以及顾问。第二个可能的答案是，地方品牌是由个别地方消费者组成的，这些地方消费者做出了与地方相关的决定。这个观点认为，品牌建设的主要参与者是使用和体验地方品牌的用户。这可以是他们的日常生活（居民），逃避日常生活（游客）或工作环境（商业访客或投资者）的过程。第三个可能的答案是，地方品牌实际上是由一群人组成的。这意味着不同的群体形成不同的品牌，因为他们以自己的特殊方式体验和适应地方及其品牌。最后的答案是地方品牌是由社会组成的。这种社会观点包含在基于个人或群体的观点中，这是在社会/文化背景的影响下，如何将个人主意转变为更为集体的观点。

问题四：什么是地方品牌管理？

第四个主要问题是：应该如何理解和承担品牌管理？是什么影响了这些？第一种可能的答案是，地方品牌受到旨在吸引用户的促销活动的影响。将地方品牌视为推广工具和身份声明的延伸，如上所述，这种观点将品牌定位为一组旨在吸引指定且适当的"目标群体"促销活动。第二种可能的答案是，地方品牌受到更广泛的形象/信誉管理的影响。这是一个略微更广泛的观点，认为地方品牌的目标是创造一个有利的地方形象，以及一个普遍的、积极的支撑地方声誉发展/再生的力量。最常见的是，地方品牌被认为是一个地方重新成像的过程（考虑到这个地方的形象已经存在并将继续存在，且忽略刻意改变它们），以便纠正"负面形象"或提高对该地方的认识。第三种可能的答案是，品牌作为一个权力运动。这是一个更为显著的批判性观点，即将品牌置于更广泛的政治、财政和社会权力斗争之中。最通常的假设是，品牌宣传的目的是掩盖权力斗争，强化精英领导的利益和方向，同时抑制对方的声音。通过关注地方品牌"闪光"下的景象这是可能的。第四种可能的答案是，品牌宣传是一个社区建设活动，这与第三种形式形成了鲜明对比。在这种观点下，地方品牌的主要目标是为社区的未来找到共同的想法和方向，并产生关于集体的地方故事和愿景。这是一种侧重于内部观众的方法，假设地方品牌的目标是加强人们对该地方的认同和增加场所附着力。

显然，上述四个问题可以以完全不同的方式回答。回答这些问题取决于对个人、文化、情境和实际的考虑。不同的学者、顾问、政治家和从业者都倾向于根据个人意识形态的方法、目标和能力进行品牌推广，来回答所有这些问题。上述问题的答案也是相互关联的，对一个问题采取特定答案的人对其他问题很有可能也更倾向于采取特定的答案。例如，如果地方品牌的重要性被认为是吸引特定观众，那么地方品牌的促销很可能是对品牌所在地问题的解答。与此同时，地方品牌也会受到这种方式影响。这是因为这些问题构成了地方品牌概念化的基础，也不可避免地对品牌管理地位的概念化产生影响。此外，为推动地方品牌的理论和实践，这些也不是唯一需要回答的问题。然而，它们的重要性并不在于答案本身，而在于寻找这些答案的过程，因为这些主要问题描述了品牌需要发展的路线。换句话说，寻找这些根本问题的答案为地方品牌研究和地方品牌理论的进一步发展提供了有益的建议。虽然这些章节中没有明确地涉及上述所有问题，但所有这些章节都是由这些问题所支撑的。以不同的方式和不同的程度，尽管其中不可避免地提供了一些个人的非确定性答案，但本书的所有贡献都研究了这些问题。

本书的章节

本书的贡献来自这些专业学者，他们已经在这个令人着迷的学术领域的各个方面证明了他们的专业知识。本章之后，是由格雷厄姆·汉金森（Graham Hankinson）撰写的一章，他对品牌建设进行了详细的研究，并为整本书奠定了基础。汉金森将一般（即产品和企业）品牌的发展和品牌推广之间的相似之处进行了比较。他指出了建立品牌的七个主要结构（其中大部分在其他章节中做进一步研究）。此外，汉金森提出了增加品牌建设复杂性的三个因素，即建立品牌目标、管理品牌过程和衡量品牌绩效。概述这些问题是迈向更深入地理解地方品牌化的重要一步，并在很大程度上巩固了迈向更成熟的研究领域的进展。

第三章由加里·瓦纳比（Gary Warnaby）和多米尼克·梅德韦（Dominic Medway）创作，在这一章中他们还深入研究了市场营销和品牌推广的世界，并对服务主导的营销逻辑进行了建设性的研究，同时对品牌定位的结果进行了分析。根据现象学的方法，瓦纳比和梅德韦对地方产品的构成进行了重新思考，解释了地方和其品牌的共同创意。因此，作者提议将地方产品概念化，并作为一个利益相关者的网络，将他们与地方用户合作，共同创建地方。他们的结论强调并指向了"地方品牌"的合作和参与形式的必要性，这一观点得到了随后几章的呼应。

第四章是阿德里安娜·坎普洛（Adrianna Campelo）的一项探索，是对"地点感"的品牌文学概念的探索。本章论述了对作为地方品牌效应基础的地方感意义理解的重要性，并为人们提供了能够创造地方意义的元素和过程的概要。坎普洛提出了一种基本结构，创造出一种包含时间、祖先、景观和社区的元素，所有这些都是建立地方身份和地方品牌的基础。与上一章一致的是，坎普洛还支持一种不同形式的地方品牌，基于需要，这种地方品牌应当包括当地社区、习惯以及地方感。

地方认同是格雷格·克尔（Greg Kerr）和杰茜卡·奥利弗（Jessica Oliver）所创作第五章的重点。在详细阐述地方认同之前，作者将 Rossiter-Percy 网格引入到地方品牌的领域，认为它是指导广告信息的有用工具。这一章继续论述了"地方认同"是"有效地方品牌"的核心，并提到了一个重要观点，即地方认同是沟通的重要内容的同时也是沟通的结果。克尔和奥利弗概述了地方认同的基本特征，即地方品牌需要永远记住：地方认同是群众持有、多元化的和流动的，而且是多元素共同产生的。在此章节中，我们将这些地方认同的特征与地方品牌管理的实际联系起来考虑。

在第六章，罗伯特·戈弗斯（Robert Govers）研究了网络世界中快速增长的品牌实践。戈弗斯利用各种虚拟和在线品牌宣传活动的扩展实例，讨论影响技术和互联网对地方声誉的影响，以及如何将在线工具用于品牌推广。重要的是，这一章将网络品牌作为一个全新的工具来定位品牌，并将其作为一个新的背景来进行品牌定位。作为结论，戈弗斯发出警告称，地方品牌实践可能更好地摆脱目前主要使用的以自身为目的的技术（即为了反映开放和创新的价值）和将技术使用作为一种工具来反映真正意义和独特价值的品牌。

上述内容在索尼娅·阿扎德·汉纳（Sonya Azad Hanna）和珍妮弗·罗利（Jennifer Rowley）的章节中将进一步深化，她们将著名的地方品牌战略管理框架适用于网络世界的需求。多渠道的沟通和多重品牌同时存在，使得汉纳和罗利提出了她们所说的数字地方品牌的"7Cs"，并在数字时代里研究了地方品牌战略的组成部分。因此，她们描述了对战略地方品牌管理过程的建议，这与书中的其他几章一致，也强调了社区建设、品牌合作和利益相关者合作的问题。

在第八章，朱利安·斯塔布斯（Julian Stubbs）和加里·瓦纳比提出了一个以实践为导向的观点。本章主要从不同的角度对其作者的实际咨询经验进行了论述，并在前几章中详细讨论了一个主题：地方品牌的利益相关者。斯塔布斯和瓦纳比首先提供了一个有用的概要，说明了利益相关者位置的范围影响了地方品牌的发展。然后，作者继续讨论涉众参与的一些方法和工具，例如涉众研讨会，为地方开发一个共享的远景，并管理涉众之间的关系。从这个意义上说，这一章给理论与实践之间提供了一个有价值的联系。

在第九章，格雷戈里·阿什沃思（Gregory Ashworth）和米哈利斯·卡瓦拉兹斯

（Mihalis Kavaratzis）进行了一项调查，并重新考虑了地方品牌和文化之间的联系。从一个品牌文化使用的理由开始，他们勾勒出全球各城市试图将自己的品牌形象建立在文化上的几种方式。阿什沃思和卡瓦拉兹斯通过他们对文化的明确解读，在结论上质疑了这些做法，并在这一章对使用基于文化的地方品牌的缺陷提出了警告。他们的结论重新确立了文化建设和创造力的意义，以及这些对地方品牌的影响。

在第十章，格雷姆·埃文斯（Graeme Evans）提出了一个合乎逻辑的扩展，它的重点是如何通过创意和文化领域来塑造自己。本章有效地评价了地方品牌策略对城市景观的影响。这一章的主要贡献来自对创意城市概念的重新评估，以及创意城市怎样联系地方建设与地方品牌。埃文斯强调并批判地讨论了用标志性建筑和城市设计作为城市重建的工具。这一章阐述了许多关于世界各地城市地区涉及重大问题的启蒙案例。

在第十一章，阿内特·塞克尔森（Anette Therkelsen）回到了品牌共同创造的问题，并审视了品牌传播的变化本质。这不仅是在网络技术的影响下进行的，而且是更广泛地认识到在品牌和消费者积极参与方面所涉及的辩证法。塞克尔森首先概述了地方品牌传播的不同方式，以此来逐渐提升消费者的参与度，无论是在象征性的地点，还是在实际的地点。然后，这一章展示了丹麦作为旅游目的地的地方品牌倡议的经验数据，这有助于澄清并说明基于交谈方式的地方品牌宣传活动的潜力。

加里·瓦纳比（Gary Warnaby）在第十二章探讨了在品牌研究范围内经常被忽视的地方品牌视觉传播，也就是关于地方地图的概念（即地图和山水画的结合）。本章分析了利物浦城市在宣传材料上的视觉表现，并指出了一些地方地图的例子。这一分析认同了瓦纳比使用的侧面和倾斜观察方法的背景描述，并强调了在诸如建筑物等结构中封装的关联属性的重要性。与此同时，这一章还介绍了经验的地方概念以及如何通过地方地图来发展这些概念。

在第十三章中，多米尼克·梅德韦（Dominic Medway）将我们的注意力从视觉和视觉表现的重要性转向了被忽视的"其他"感官。从对人类如何浏览和消费地方的考察开始，提供了一个关于嗅觉、听觉、味觉和触觉作用的探索性描述。例如，使用一些与某些地方有关的气味的例子，以及音乐可以用于地方品牌的方法，这一章说明了地方相遇的多感官性质。根据这些"其他"感官在体验中所扮演的角色，梅德韦支持他们有意识地参与地方品牌工作。

在第十四章，塞巴斯蒂安·曾克（Sebastian Zenker）和埃里克·布朗（Erik Braun）发现并批判性地讨论了不同的地方品牌度量方法。本章首先概述了地方品牌的成功和有效性，以及如何被概念化和评估，这本身就是一个有用的贡献。曾克和布朗描述了在学术文献中提出的几种方法，以及地方品牌的实践。他们所研究的方法包括定性、定量以及混合方法。作者对现有方法的批评是正确的，并提出了所谓的复杂的地方品牌需要不同方法组合的建议。

第十五章中玛格达莱娜·弗洛里克（Magdalena Florek）也考虑了衡量地方品牌的问题，重点是地方品牌资产的概念。这一章介绍了品牌资产的概念，因为它已经在通用品牌的研究中得到了发展，并对其在品牌的相关性和适用性上进行了评论，所以在此特别关注以消费者为基础的品牌资产。弗洛里克在消费者的意识、品牌知识以及品牌体验的基础上，确定了地方品牌资产的来源，所有这些对于了解他们如何联系和评估一个地方品牌是至关重要的。

在最后一章中，作者试图对构成本书章节的集体贡献进行反思，将其与本书开头所概述的四个主要问题联系起来。因此，最后一章试图巩固这本书所要进行的反思，并为地方品牌的学科提供可能的未来研究梗概。

参考文献

Anholt S（2007）Competitive identity: the new brand management for nations, cities and regions. Palgrave McMillan, Basingstoke

Ashworth GJ, Kavaratzis M（eds）(2010) Towards effective place brand management: branding European cities and regions. Edward Elgar, Cheltenham

Ashworth GJ, Voogd H（1990）Selling the city: marketing approaches in public sector urban planning. Belhaven Press, London

Baker B（2007）Destination branding for small cities: the essentials for successful place branding. Creative Leap Books, Portland

Broudehoux AM（2004）The making and selling of post-mao Beijing. Routledge, London

Colomb C（2012）Staging the New Berlin: place marketing and the politics of urban reinvention post-1989. Routledge, London

Dinnie K（ed）(2011) City branding: theory and cases. Palgrave McMillan, Basingstoke

Gertner D（2011）Unfolding and configuring two decades of research and publications on place marketing and place branding. Place brand Pub Diplomacy 7（2）：91-106

Go F，Govers R（eds）（2010，2011，2012）. International place branding yearbook. Palgrave McMillan，Basingstoke

Govers R，Go F（2009）Place branding：Glocal，virtual and physical identities，constructed，imagined and experienced. Palgrave McMillan，Basingstoke

Greenberg M（2008）Branding New York：how a city in crisis was sold to the world. Routledge，New York

Hankinson G（2010）Place branding：a cross-domain literature review from a marketing perspective. In：Ashworth GJ，Kavaratzis M（eds）Towards effective place brand management：branding European cities and regions. Edward Elgar，Cheltenham，pp 22-42

Kotler P，Haider D，Rein I（1993）Marketing places：attracting investment，industry and tourism to cities，states and nations. The Free Press，New York

Lucarelli A，Berg PO（2011）City branding：a state of the art review of the research domain. J Place Manag Dev 4（1）：9-27

Moilanen T，Rainisto S（2008）How to brand nations，cities and destinations：a planning book for place branding. Palgrave McMillan，Basingstoke

Skinner H（2008）The emergence and development of place marketing's confused identity. J Mark Manage 24（9/10）：915-928

Warnaby G（2009）Towards a service-dominant place marketing logic. Mark Theory 9（4）：403-423

第二章 反思地方品牌化建设

格雷厄姆·汉金森[*]
（Graham Hankinson）

[摘　要] 日渐兴起的学科融合促进了地方品牌研究领域的发展，这些发展进一步扩充了地方品牌研究的范畴并提出了一些未来研究的议题，使人们对该领域形成了全面的认知。然而，地方品牌化研究才刚刚开始纳入主流品牌化研究领域，这些研究领域广泛而深奥。地方品牌化在被视为一个成熟的研究领域之前，我们必须对品牌化的概念有深入理解。本章通过两个方面来描述地方品牌化的构成，一方面描述了地方品牌化的形成及其概念，另一方面则分析了影响地方品牌化实施的调节变量。首先，本章回顾了主流品牌化构建，以确定地方品牌化的相关概念。在此分析的基础上，提出了地方品牌化构建的七个核心概念：品牌形象、品牌定位、品牌资产、品牌延伸、品牌架构、品牌识别和品牌导向。其次，确定了地方品牌化的三个调节变量：品牌目标、品牌管理和品牌绩效测量。品牌概念间的转化问题会在随后的内容中进行讨论。

*G. Hankinson（✉）

Kingston Business School，Kingston University London，Kingston Hill Campus，Kingston upon Thames KT2 7LB，UK

e-mail：g.hankinson@kingston.ac.uk

© Springer International Publishing Switzerland 2015

M. Kavaratzis et al.（eds.），*Rethinking Place Branding*，

DOI 10.1007/978-3-319-12424-7_2

引 言

地方品牌以各种形式存在（例如，国家品牌、城市品牌、地区品牌和旅游目的地品牌），毫无疑问，它们现已成为学术研究的一个领域。尽管地方品牌研究的历史悠久，但直到 20 世纪的最后 25 年，地方品牌化的文章才开始出现在学术文献上（Kavaratzis，2005；Pike，2009）。Lucarelli 和 Berg（2011）在近期的一项研究中表明：在 1988 年至 2009 年，特别是关于地方品牌化文章的出版数量急剧增加。这些文章主要发表在关于城市研究、旅游和地理类杂志上，并且最近也刊登发表在市场营销的期刊中。市场营销将主流品牌理论与前面其他三个学科的学术文献相结合，却一定程度上忽略了主流品牌理论及其相互之间的关系。这种新兴学科的融合使"地方品牌化讨论的重点转向商业和市场营销"（Hanna and Rowley，2008，p. 69）。这种观点可能存在争议，但毫无疑问，这些跨学科的协同促进了人们对地方品牌化更全面的了解。它们反过来促进地方品牌化理论的发展，为其提供更为广阔的未来研究平台并加速了研究进程（Dinnie，2004；Kavaratzis，2005；Hankinson，2007），带动了一系列未来研究议题的提出（例如，Pike，2009；Kavaratzis and Ashworth，2008；Dinnie，2008；Balakrishnan，2009；Hankinson，2010a）并促进了地方品牌化及市场营销理论的发展（Gertner，2011a，b）。

这些研究表明，尽管跨学科协同为地方品牌化的发展提供了相当大的可能，但要想发展成为成熟的研究领域仍有一些问题亟待解决。况且，地方品牌化研究才刚刚进入广而深的主流品牌化研究领域范畴。

此外，协同效应也将有助于抑制以后文献中相关术语的混乱。比如，在第一期《地方品牌化和公共政策》（*Place Branding and Public Policy*）一书的前言中，Anholt（2004，p. 4）认为，"确切地说，几乎没有人认可地方品牌化内涵"。虽然这可能有些绝对，但是诸如位置、乡村、国家、地区和城市等概念，它们通常被看作区域而不是区域的替代形式（Lodge，2004；Hanna and Rowley，2008）。换句话说，这些词语的混淆扩大了地方品牌化中所划分的地理范围，并阻碍了这些范围的统一。一些学者（Kavaratzis and Hatch，2013）也指出：地方品牌化这一概念一直以来与区域市场营销产生混淆，而未能意识到品牌化只是市场营销的一部分。当然，这些概念的混淆是地方品牌化这类相对不成熟的学科（特别表现在多学科起源的领域）进化的一部分。然而，在地方品牌化被视为学术研究的相关领域之前，我们有必要深入理解地方品牌化的形成及反映其构建的地方品牌化概念（Skinner，2008）。

因此，本章的目的是通过了解形成和反映地方品牌化构建的概念和影响其实施的变量来描述地方品牌化构建。本章首先回顾了主流品牌构建，包括它们的发展进程和概念的发展，以确定地方品牌化的相关概念。这些结论是在现有和未来地方品牌化概念发展的背景下得出的。最后，检验了地方品牌化实施过程中的不确定变量和概念间转化问题。

主流品牌化概念的发展

品牌作为现代商业工具的使用可以追溯到 19 世纪末（Low and Fullerton，1994）。一些实质性的回顾出现在最近几年的学术期刊中（参见，Low and Fuller-ton，1994；de Chernatony and Dall'Olmo Riley，1998；Louro and Cunha，2001）。

兴起于 20 世纪 50 年代的品牌化理论，最初应用并发展在消费品领域。然而，随着人们对品牌化及由此而衍生的相关概念理解的深入，使品牌化实施的范围超出了消费品的范畴。因此，在 20 世纪 90 年代期间，品牌化除了应用于企业所生产的产品中，也越来越多地被应用到享有品牌所有权的企业当中。虽然这方面的学术工作迄今为止主要在概念上，但众所周知，企业品牌不同于产品品牌。第一，企业品牌通常在一系列的子品牌方面扮演着重要的角色。第二，它们的管理责任在于高级管理团队。第三，它们反映了企业所有者的组织文化。第四，它们需要管理范围广泛的利益相关者，而不仅是消费者。最后，它们越来越需要与其他企业进行合作以发展壮大。

在企业品牌发展的同时，人们开始把注意力转向了服务品牌，值得注意的是，大多数的服务品牌均有企业名称。服务品牌如同企业品牌都依赖于一个受人拥护的企业文化（Hatch and Schultz，2003）以传递有效的品牌价值。因此，人员和服务过程成为传递服务品牌的关键（de Chernatony and Segal-Horn，2001）。然而，服务也存在一些独特的特点，特别是服务的无形性，这使服务品牌在品牌体验的有形展示和购前信息方面扮演提供者这一独特的角色（Keller，1998；Zeithaml and Bitner，2000；Hankinson，2010b）。

与此同时，人们也关注品牌在非营利组织中的应用（Ewing and Napoli，2005），如慈善机构、社会服务机构和健康组织（Balabanis et al.，1997；Hankinson，2000）。然而，品牌在非营利部门中的应用由于其独特的交换过程而变得更为复杂。不像商业部门，这些部门的价值直接在消费者和品牌组织之间进行交换，而在非营利部门，品牌组织往往不是品牌所创造的价值的直接受益者。即便如此，这种复杂性也阻挡不了学术界对它的关注，因此，包括地方品牌化在内，非营利品牌化已成为一个新兴的学术领域（Hankinson，2004）。

在品牌化应用于新领域的同时，对品牌化概念的理解上也相应深化。各品牌化概念发展时间表和各个阶段概念发展之间的相互关系如图 2.1 所示。图中所示年份为该概念第一次提出的时间。

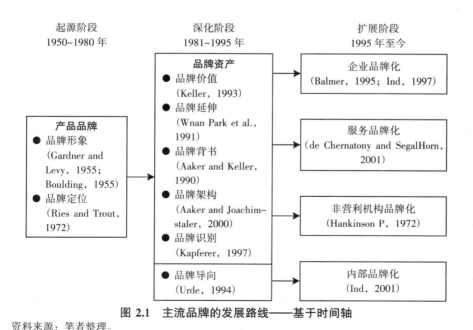

图 2.1 主流品牌的发展路线——基于时间轴
资料来源：笔者整理。

品牌形象和品牌定位

品牌形象

直到 20 世纪 50 年代，关于品牌的文章才在学术期刊中出现。这些文章最初的出现是源于对概念形成和品牌建设所反映内容的持续争论。争论的结果是，品牌不仅是作为产品识别的一种手段，也是主要目标。早期的文章认为，品牌不仅是一种有形的产品标识，也是一种无形的形象象征（Gardner and Levy，1955；Boulding，1956）。因此，Gardner 和 Levy（1955，p. 35）提出品牌的名称是"一个复杂的象征"，其代表"公众在一段时期内建立并获得产品所带来的各种构想和属性"。进一步来说，品牌这个复杂的符号所代表的形象可能是比产品的"技术"品质更为重要。广告应该通过消费者对品牌感知的关注度来寻求品牌形象的差异化，而不是通过产品的功能或技术优点来区分品牌。因此，品牌应该强调把情感而不是产品的功能关联作为其主要竞争优势（Gardner and Levy，1955）。

从早期的文章来看，关于品牌形象本质的研究一直持续，也达成了一些共识。de Chernatony 和 Dall'Olmo Riley 于 1998 年指出，品牌形象包括相互关联的两类：功能性和象征性；同时，一些学者提出了与服务业具有特别关联的第三种类别：体验关联（例如，Park et al.，1986；Keller，1998）。

品牌定位

20 世纪 60 年代后期，随着市场日趋饱和，竞争也越来越激烈，有关品牌的概念得到了进一步发展（Low and Fullerton，1994）。20 世纪 70 年代早期，Ries 和 Trout（1972）在品牌建设中加入品牌定位的概念。品牌定位的基本思想是：品牌不应该试图与品牌"模仿"者"正面"竞争，而应该通过品牌关联在消费者心中树立其独特的位置（Ries and Trout，1981）。

品牌资产

20 世纪 80 年代是品牌发展的一个重要的转折点（Kapferer，1997），一系列大型品牌被其他品牌并购。这些并购横跨了几个国家，主要是强调品牌的经济价值。例如：1988 年，瑞士的雀巢公司在经过和实力相当的竞争对手 Jacobs-Souchard 进行激烈的争夺后，以 23 亿英镑的代价收购了英国朗特里麦金托什公司（Rowntree Mackintosh），而朗特里麦金托什公司的有形资产为 3 亿英镑，预投标价格为 10 亿英镑。这超过了朗特里麦金托什公司本应有的价值，其中包括对其品牌无形资产的评估。

品牌价值

英国朗特里麦金托什公司案例和其他类似案例引发了品牌价值和财务价值是否可以放入公司的资产负债表的争论，这场辩论蔓延到营销学术界（Barwise et al.，1989）。然而将品牌添加到公司资产负债表的做法明显是专业会计机构所不能接受的，尤其是在欧洲和美国，那么讨论品牌资产价值也就失去了动力。然而，基于客户品牌资产（Customer-based Brand Equity，CBBE）形式的讨论仍在持续。基于客户品牌资产最初是由 Keller（1993）在一篇开创性文章中提出。Keller 认为应该从消费者的角度来看品牌所赋予的价值，并将其定义为"消费者的品牌知识影响他们对品牌的认知"（p.8）。消费者的品牌知识包括品牌知名度（Brand Awareness）、品牌美誉度（Brand Favorability）、品牌强度（Brand Strength）、品牌特性（Brand Uniqueness）和从品牌形象中引发的品牌联想（Brand Associations）。随着人们对客户品牌资产意义的进一步理解和测量的持续改进，基于客户品牌资产的概念持续向前发展（Keller，1998）。

品牌延伸

品牌价值的识别让企业更加密切地关注品牌的长期战略（Hankinson and Cowking，1993），并且把增强品牌收购的吸引力作为企业在新兴市场上迅速增加市场份额的一种手段。收购一旦完成，品牌将成为品牌延伸的基础，企业凭借成功的品牌名称来支持其他不知名的品牌，这种策略是为了提高销量（Aaker and Keller，1990；Park et al.，1986）。通过品牌背书的过程，消费者对成功品牌的积极看法可以转移到新推出或收购的品牌上，从而降低购买者的风险，减少新产品的推出周期和成本（Park et al.，1986；Aaker and Keller，1990）。因此，当雀巢收购拥有 Smarties、Kit–Kat 和 Quality Street 等著名糖果品牌的英国朗特里麦金托什公司后，便于用其公司品牌与全球公认品牌产生联想，从而增加了新收购的英国产品品牌的价值，利用杠杆效应促进了国际销售的增长。

品牌架构

越来越多的品牌并购和品牌延伸导致了更复杂的品牌组合的产生，这就需要企业对品牌进行更有效的管理（Aaker and Joachimstaler，2000；Devlin，2003）。品牌架构是一个企业设计和管理品牌组合的途径（Devlin，2003），它能够有效地应对这个问题。建立一个一致的品牌架构成为一个公司整体营销战略的重要组成部分，它提供了一个使推出品牌进入新市场的架构，以及使新收购品牌融入整个市场的框架（Douglas et al.，2001）。品牌架构不仅可以对品牌支持提供指导，也可以对日益多元化的国际市场进行资源配置（Kapferer，1997）。它还提供了一个可以解决内部问题的方案，比如哪些品牌应该扮演首要角色，哪些副品牌应该被支持。

品牌识别

品牌价值的识别提高了品牌管理的水平（Kapferer，1997；Keller，1998）。它不仅成为企业战略的一部分，也是高级管理层的责任。这也导致大型多品牌企业向更广泛的利益相关者，特别是股东，传达他们的企业品牌（Keller and Aaker，1992；de Chernatony and Dall'Olmo Riley，1998；Ind，1997）。因此，企业必须更仔细地考虑它们想要传达的品牌标识。Kapferer（1997）对这一观点有异议，他认为应该从企业视角来理解品牌所代表的意义。品牌识别应该长期指导企业的品牌传播，这应该比个别产品品牌形象的短期管理更加重要。品牌识别作为战略资产已经成为企业资产和能力的组成部分（Urde，1999）。

品牌导向

因此，品牌管理的职责不应该再单独让营销部门承担（Kapferer，1997；Keller，1998）。越来越多的企业通过企业内部品牌化的过程，由高级管理者向全体员工传达他们的企业品牌价值，鼓励所有员工对企业的品牌负责，而不仅只与消费者有关（Ind，2001；de Chernatony and Segal-Horn，2001；Hatch and Schultz，2003；Hankinson，2009）。企业通过招聘能够反映企业品牌价值的员工，使企业文化越来越聚焦于企业品牌（Hatch and Schulz，2003）。这种围绕着关于品牌标识创新、发展和保护的组织流程管理方法，形成了更广泛的品牌导向的概念基础（Urde，1999，p.117）。这就需要对企业品牌的所有组织流程进行重新定位，也是从个别品牌策略向整体品牌策略的转变（Merrilees et al.，2005）。

主流品牌构建

上文讨论的七个因素（品牌形象、品牌定位、品牌价值、品牌延伸、品牌架构、品牌识别和品牌导向）代表主流品牌构建的基本概念。当然，我们认识到品牌概念将会在品牌实践中继续发展。然而，由于地方品牌在管理和价值创造模型上的不同，导致地方品牌的这些概念从商业机构到非营利机构转变的实践中是存在问题的。

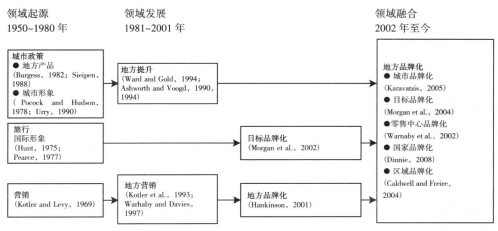

图 2.2 基于时间轴的地方品牌发展

资料来源：笔者整理。

地方品牌化概念的发展

地方品牌化的起源已有据可查（例如，Ward，1998；Kearns and Philo，1993；Ward and Gold，1994）。早期学术研究焦点主要来自城市政策和旅游的视角。然而，在相当长的一段时间内，这些领域彼此独立并和市场营销的主流研究领域互不相干。Borchert（1994）指出，参照早期区域推广文献，这些文献"与现代市场营销理论的发展关系甚小"。然而，自 21 世纪以来，跨学科的融合和常见概念的发展已经出现并正在兴起。

图 2.2 提供了地方品牌化发展的时间轴，其发展早期起源于关注区域产品特性的城市政策文献中（参见，Sleipen，1988；Ashworth and Voogd，1990，1994；Burgess，1982；Urry，1990）。然而，有人认为，这些因素不是地方品牌化构建的一部分，而应该被视为调节地方品牌化管理和研究成果的因素，在本章最后对这些问题进行了讨论。本章关注的重点在于从主流品牌化到地方品牌化概念的可转化性。

区域形象和区域定位

区域形象

关于城市政策和旅游领域的早期文献都不同程度地关注着地方形象推广。尤其凸显在一些关于城市政策领域的出版物上（参见例如，Hunt，1975；Pearce，1977；Burgess，1990），而城市政策也就是一个所谓非常重要的"商品化"的地方（Urry，1990）。因此，形象研究成为主流，但也不尽然（参见例如，Hunt，1975；Pearce，1977），在旅游领域，专注于旅游地形象。Pike（2002）回顾了 142 篇关于目的地形象的文献。然而，尽管地方形象模型的这项研究是被公认的

（参见，Echtner and Richie，1993；Gartner，1993），但是，它们包含很少主流品牌的参考文献（Kavaratzis，2005；Hankinson，2010a）。此外，目前目的地和地方形象的研究往往是基于个案研究，关注的是个别地方，而不是横断面研究。这限制了地方形象理论的发展。

20 世纪后期，地方形象推广开始向更广泛的地方品牌的概念过渡，最早见于主流品牌研究者的文献（例如，Kotler et al.，1993，1999；Hankinson，2001）。Morgan 和 Pritchard（2002）从旅游的视角研究了这种过渡，Hankinson（2004，2005）则继续从主流品牌视角研究了这种过渡。这些出版物表明了，和占主导地位的功能性和象征性联想相比而言，地方形象主要包括功能性和经验性（环境相关）联想，这些功能性和经验性联想描述了主流品牌形象。从旅游的视角看，研究重点也主要集中在旅游目的地形象和区域形象一致性的关系上（Sirgy，1982；Sirgy and Su，2000）。

区域定位

以旅游业为背景，特别是在品牌竞争的重要背景下，开始有一些文献聚焦在品牌定位的问题研究（Pike，2009；Pike and Ryan，2004）。Pike（2009）审视了发表在 1998~2007 年的 74 篇关于旅游业的文章，认为品牌定位的问题需要进一步研究，特别是多重定位问题，例如有多少活动能有效地代表一个地方而不会造成客户混淆和感性稀释。因此，大的地方可以提供范围更广的活动，使他们能够支持几个定位；但是这需要更复杂的品牌信息（Hankinson，2009）。Pike（2009，p.8）还认为区域定位通常受到当地既定利益者之间的政治竞争驱动，认为需要进一步了解当地社区对于观念定位策略的影响。最近，Zenker 和 Beckman（2013）所做的研究已经证实这一观点，他们认为居民可以作为品牌大使，并且这可能影响品牌定位。

从城市政策的角度来看，Kavaratzis 和 Ashworth（2008）认为需要研究所有和区域定位发展相关利益者的角色。他们特别强调，在定位决策上需要咨询当地社区，并支持它。同时，Hankinson（2009）发现一些地方品牌机构（Place Brand Organisations，PBOs）把咨询当地居民及其他利益相关者作为识别潜在定位策略的一种手段。

地方品牌资产

品牌资产

自 2000 年以来，一些地方品牌的文献已经开始探索品牌资产的影响（例如，Balakrishnan，2009；Merrilees et al.，2005；Trueman et al.，2004）。基于顾客的品牌资产（CBBE）模型（Keller，1993，1998）已经吸引了人们特别的关注，并已作为衡量一个旅游目的地品牌绩效的工具（例如，Konecnik，2006；Konecnik and Gartner，2007；Pike，2007）。然而，Pike（2009）认为品牌资产是品牌研究领域的一项空白，并建议作为品牌绩效的测量工具应被扩展到包括地方品牌忠诚、品牌化重构跟踪以及品牌再定位策略等领域。基于城市政策，Kavaratzis（2005）将品牌资产、品牌标识以及品牌绩效的测量做了关联研究。地方品牌资产的重要性也体现在一些学术期刊上［（例如，Place Branding and Public Diplomacy，10（2），2014）］，这些期刊把地方品牌资产作为它们的研究主题。

品牌标识

Morgan 和 Pritchard（1999）强调，基于旅游的视角，旅游目的地应该创造独特的品牌标识，以便从竞争中区分它们的品牌。同样，Dinnie（2008）也有类似的结论，认为把更多的想象力投入到民族品牌资产还有相当的提升空间，并列举了一个例子，其可能性包括如可持续发展思想的关联。Pike（2009）强调了上述做法在政治上的困境，并呼吁深入开展关于目的地品牌决策中政治因素考量的案例研究，这里的关键问题是地方政府部门之间的内部冲突与利益相关者组织和团体之间的外部冲突的影响。这种冲突被认为有可能抑制共同品牌标识的发展。政治冲突问题也反映在 Hankinson（2001，2004b）的作品中，Hankinson 对那些在相同的区域开展独立的品牌活动而没有采用统一品牌的地方品牌发展实践提出了批评。Kavaratzis 和 Hatch（2013）也认为，应该更好地理解区域标识和地方品牌之间的关系以及利益相关者参与品牌及其管理的平衡。

品牌架构

Hankinson（2010a）对 25 个地方品牌组织（PBOs）的研究表明了品牌架构的重要性，这也是地方品牌从业者共同关心的议题。Rainisto（2003）也表示，企业品牌可以通过品牌背书的方式给个体品牌充当"保护伞"。这种方式是指强势品牌通过与弱势品牌的联合来增加品牌价值，并使其在品牌构架中起到重要的作用。Pike（2009）基于旅游视角在品牌"保护伞"的研究中取得突破。Iversen和 Hem 分析了品牌"保护伞"的本质以及其在国家、地区和城市品牌提升中起到的重要作用。在国家品牌化的背景下，Dinnie（2008）指出一个国家申办国际性重要事务的联合品牌将会对未来的经济增长和热点起到重要作用。同样，在旅游业中也有关于品牌架构重要性的相关讨论（Morgan and Pritchard，2002）。

品牌导向

由于地方品牌组织（PBOs）内关于内部品牌化的研究寥寥无几，并且只有少量关于地方品牌导向和品牌文化的研究，因此，Anholt（2002）倡导在地方品牌领域内，应该对品牌导向的作用做更多的研究。不过，还是有几篇关于品牌导向的文章被发表在非营利性出版机构的出版物上（例如，Hankinson P.，2000，2004c；Ewing and Napoli，2005）。同样，至少有两篇文章被发表在地方品牌化的文献上（Hankinson，2009，2012）。这些文章采纳了品牌导向的概念并开发了非营利性组织和地方品牌化组织作为相关变量的量表。Hankinson（2012）认为，品牌导向应该从地方品牌化组织和品牌体验组织的文化改变开始，以确保企业的员工和利益相关团体能够关注地方品牌的价值。这就需要通过合作和承诺来确保品牌沟通的一致性（Hankinson，2009）。Kavaratzis（2005）在对企业品牌化文献的回顾中，注意到地方品牌传播中组织文化的重要作用。尽管在这个领域已经有了一些研究，但地方品牌导向仍然是一个有待研究的领域。

品牌背书

品牌背书不会是明确出现在地方品牌化文章中的一个主题。的确，品牌背书在地方品牌化实践中直接使用的论证很少。然而，基于旅游的视角，知名的地方品牌被用来提升鲜为人知的地方品牌，这种策略被称为"攻击和滑流"品牌化

（参见例如，Hankinson，2009，2010a）。可以认为，这些策略是通过品牌背书来进行地方品牌延伸的一种形式（Pike，2009；Dinnie，2008），旨在扩大一个国家或地区的品牌价值。这些策略提高了地方品牌售后服务和消费水平。品牌延伸作为增长地方品牌业务的一种方式，具有更大的应用潜力，也需要更多的思考和研究。

地方品牌构建

上述分析表明，这些概念的显著变化已经成为学术期刊争论的热点。然而，从某种程度上来说，所有能够形成和反映主流品牌化构建的概念已经成为地方品牌化实践的一部分。这在某种程度上反映了概念变化的问题。其实，这些似乎不成熟的概念就是品牌延伸。然而，尽管概念转变出现了问题，但主流品牌化和地方品牌化构建的核心是相似的，这一结论是合理的。

调节变量

尽管地方品牌和主流品牌之间具有相似性，但需要明确的是，地方品牌化有许多区别于主流品牌化的特征，并且这些特征有着调节地方品牌化过程和结果的潜力。Eshuis 等（2013）最近的研究证实了在这一领域早期研究的担忧。他们在对 274 个公共管理者的调查中发现，传统营销的转变存在许多问题，比如政治和行政障碍。这些因素导致地方品牌化比主流品牌化在品牌目标设置、品牌化过程管理以及品牌绩效考核三个方面更加复杂。

地方品牌目标

主流品牌被那些需要为它们的股东提供价值的商业组织所拥有。然而，这些组织也不得不满足更广泛的利益相关者的需求，例如，企业员工、供应商、政府和监管机构。相反，地方品牌是被公共部门所拥有，而不是属于任何组织和股东团体。它们向包括纳税居民在内的利益相关者群体以及当地组织传递价值。这些当地组织不仅纳税，而且利用股东代表的投资来帮助地方品牌的发展。地方品牌化的目标不是增加股东价值，而是要增加经济价值以及当地居民和其他利益相关者的社会福利。这种价值创造模型与商业部门的相关模型相比较而言，是间接的，而且更加复杂。它也更容易使利益相关者群体之间发生冲突，尽管他们不承担地方品牌化组织的经济和福利目标，但是他们每一个人都是品牌成功的既得利益者（Hankinson，2007）。

地方品牌化管理

由于地方品牌的网络结构特点以及它们需要依赖其他组织传递品牌体验，这就使得地方品牌化的有效管理更加困难（Hankinson，2004a）。虽然主流品牌是通过线性管理流程建立并成长起来的，但是地方品牌的管理是一个简易的过程。因此，地方品牌化组织的核心问题是如何调整那些传递和影响品牌体验的利益相关者的冲突需求、等级序列以及他们对网络结构的期望（Hankinson，2007）。地方品牌化组织只关注符号、标志和宣传的粗放管理方式，导致了其只能采用最低标准的解决方案，限制了品牌的传播作用（Leitch and Richardson，2003）。也有证据表明，来自重要合作伙伴的不良影响能够导致地方品牌化组织放弃潜在有效的品牌策略（Pike，2005）。来自利益相关组织和居民的支持，对品牌体验的影响是至关重要的（Curtis，2001）。然而，也有证据表明，允许更积极的组织参与进来可能对于规模经济和绩效发挥更大的作用。

从地方品牌化组织（参见，Hankinson，2010a）和最近发表的研究议题（Pike，2009；Kavaratzis and Ashworth，2008；Dinnie，2008；Balakrishnan，2009）来看，在利益相关者管理领域的研究更加深入。从城市政策的角度来看，研究议题包括：更有效组织结构的识别和区域管理协调机构的作用（Kavaratzis and Ashworth，2008）。Grangsjo（2003）从旅游业的角度指出城市之间的相关利益是通过合作而不是通过竞争得到。Hankinson（2004a）倡导在主流市场营销领域，应该对地方品牌传播网络的重要性和结构做更多研究。

地方品牌化绩效测量

地方品牌复杂的价值创造过程同时也引出了绩效和品牌资产测量的难题（参见 Zenker 和 Braun 这一章和 Florek 这一章）。首先，强大的地方品牌的好处在利益相关者组织（包括 PBOs）之间共享。其次，这些好处不能被简单加总，因为它们是由不同的利益相关者群体用不同的方法测量出来的。例如，地方政府从税收增长方面来测量福利，酒店从入住率方面来测量利润，而居民从改善的公共服务方面来测量利益。这些困难会由于地方政府的民选议员（代表居民的利益）结构的定期变化而加剧，这种结构的定期变化是民主进程中的一部分。这样的政治动荡很有可能会破坏地方品牌化战略的稳定性。

地方品牌化的绩效评估是比较困难的，但又是至关重要的（Hankinson，2010a）。基于旅游视角（Pike，2007，2009），我们经常被呼吁要更好地理解地方品牌绩效，尤其留意它在企业竞争方面的影响。从城市政策的角度看，Kavaratzis 和 Ashworth（2008）提出，今后的研究应分析地方品牌化绩效中不同指标之间的关系，不只是局限于研究区域形象的感知变化，而且也应当研究市民满意度与财政收入间的关系。从营销的角度看，Dinnie（2008）也呼吁在地方品牌化研究中更多地使用市场营销指标。

除了这些调节指标外，还有能影响地方品牌化反应的其他变量。可能体现在空间规模上，例如，体现在国家、地区、城市和城镇之间的差异上。反应变量也可能体现了不同的区域定位策略，例如，基于旅游业、金融服务业、零售业和运动业的定位差异。这表明，针对不同类型的区域需要建立不同的标准。

结束语

这篇关于主流品牌化和地方品牌化概念发展的分析提出了几个重要问题。

第一，当主流品牌化已经分化为专业领域时，地方品牌化正在集成一个新兴领域。《地方品牌与公共外交》杂志提供了这种集成的具体证据，主流品牌化和地方品牌化概念发展的对比表明，向成熟领域的集成和转移的整体速度很慢。除了大量关于区域形象（特别是旅游领域）概念的研究外，与主流品牌化形成和反映主流品牌化建设的其他概念研究仍然很少。这里提出的分析表明，地方品牌化因其与主流品牌化的联系而显著提升。这使地方品牌化的研究进程得到了提升，从过去狭隘地把重点放在形象研究转向更为严格的主流品牌化概念，使得地方品牌化领域形成和发展成为一个普遍接受的理论。这种进程的结果是，跨地方品牌化研究人员现在可以识别和交叉引用对方的成果。然而，领域划分尚未完成。如图 2.2 所示，目前来说，地方品牌化是一个概括性术语，它至少包含五个领域的文献，包括城市品牌化、目的地品牌化、零售中心品牌化、国家品牌化和地区品牌化。但是，它们有一个共同的问题，就是这些研究成果间交叉部分的数量在增加。例如，国家品牌化和地区品牌化在某种程度上跟目的地品牌化混为一谈（Anholt，2004；Hanna and Rowley，2008）。而且，目的地品牌和零售中心品牌反映的是选择定位，而不是区域类型的差异化定位。

第二，虽然集成已经非常明确，但仍需要更严谨地对概念进行规范。因此，我们注意到，旧的概念，例如区域推广保留下来了，随之新的概念，例如地方品牌化诞生了（Kavaratzis and Hatch，2013）。如果实证研究将来取得进步，那么更清楚地了解关键术语是非常必要的。概念清晰、测量方法正确是实证研究的基础，没有它们实证研究将无法进行。然而，定义问题可以通过提高主流品牌化和地方品牌化构建概念之间的一致性进行辅助。

第三，未来的实证研究将需要评估主流品牌化概念的相关性和潜在的可转移性。这项研究还可以探索嵌入式概念的可转移性，如品牌资产的组成：品牌知识、品牌知名度和品牌特征（Keller，1998），以及感知质量和品牌忠诚度（Aaker and Joachimstaler，2000）。这些概念可能不容易被撼动，但适应性问题需要被不断地探讨。这里的分析表明，一个关于概念可转移性的广泛讨论已经开始了（Karavatzis and Ashworth，2008；Dinnie，2008；Pike，2009；Hankinson，2010a），但在迄今为止的讨论中大部分都是定性的和探索性质的。现在需要更多的实证性研究（基于定量数据）来详细说明上面讨论的关键概念在地方品牌发展中的明确作用。

最后，上述领域在促进地方品牌化继续集成的同时，学术界必须重点关注形成和反映地方品牌化构建的概念，本章提出了一份潜在的清单。然而，它是不完整的并且也是可质疑的。同时，应该区分概念（反映和形成地方品牌构建）和调节变量（影响地方品牌化的管理和结果）。未来对这些概念的研究，必须分析调节变量在它们相关性方面的影响，以及对这些概念的可转移性的影响。

尽管持续集成是值得鼓励的，但它不太可能导致完全一致性。地方品牌化将持续成为一个跨学科研究领域，以便吸引来自各个视角的研究人员。虽然地方品牌化在这方面是不常见的，但其中的一些做法却可能是至关重要的。例如，Klein

（2000）在她的"*No logo*"一书中发表了一篇强烈批判主流品牌化的文章。同时，虽然主流市场营销文献主要是从规范的角度来写的，也有来自其他学科的投稿者，如经济学、社会科学和组织行为学，涉及多种观点。因此，跨学科应该被视为一种优势，而非劣势。

参考文献

Aaker D，Joachimstaler E（2000）Brand leadership. The Free Press，New York

Aaker D，Keller KL（1990）Consumer evaluations of brand extensions. J Mark 54（January）：27–41

Anholt S（2002）Foreword to the special issue on nation branding. J Brand Manage 9（4–5）：229–239

Anholt S（2004）Foreword to the first issue. Place Branding Pub Dipl 1（1）：4–11

Ashworth GJ，Voogd H（1990）Can places be sold for tourism? In：Ashworth GJ，Goodall B（eds）Marketing tourism places. Routledge，London，pp 17–41

Ashworth GJ，Voogd H（1994）Marketing and place promotion. In：Gold J，Ward S（eds.）Place promotion：the use of publicity and marketing to sell towns and regions. Wiley，Chichester，pp 41–57

Balabanis G，Stables R，Phillips H（1997）Market orientation in the top 200 British charity organisations and its impact on their performance. Eur J Mark 31（8）：583–603

Balakrishnan M（2009）Strategic branding of destinations：a framework. Eur J Mark 43（5-6）：611–629

Barwise P，Higson C，Likierman A，March P（1989）Accounting for brands. London Business School and the Institute of Accounting in England and Wales，London

Borchert J（1994）Urban marketing：a review. In：Braun G（ed）Managing and marketing of Urban development and Urban life. Dietrich Reimer Verlag，Berlin，pp 67–79

Boulding K（1956）The image. University of Michigan Press，Ann Arbor

Burgess J（1982）Selling places：environmental images for the executive. Reg Stud 32（1）：1–17

Burgess J（1990）The production and consumption of environmental meanings in the mass media—a research agenda for the 1990s. Trans Inst Br Geogr 5（2）：139–161

Curtis J（2001）Branding a state：the evolution of brand Oregon. J Vacation Mark 7（1）：75–81 de Chernatony L, Dall'Olmo Riley F (1998) Modelling the components of the brand. Eur J Mark 32 (11/12): 1074–1090

de Chernatony L, Segal–Horn S (2001) Building on services' characteristics to develop successful services brands. J Mark Manage 17 (7–8): 645–670

Devlin J (2003) Brand architecture in services: the example of retail financial services. J Mark Manage 19 (9–10): 1043–1065

Dinnie K (2004) Place branding: overview of an emerging literature. Place Branding and Publ Dipl1 (1): 106–110

Dinnie K (2008) Nation branding concepts, issues, and practice. Butterworth–Heinemann, London

Douglas S, Craig C, Nijssen E (2001) Integrating branding strategy across markets: building international brand architecture. J Int Mark 9 (2): 97–114

Echtner C, Richie B (1993) The measurement of destination image: an empirical assessment. J Travel Res 31 (Spring): 3–13

Eshuis J, Braun E, Klijn EH (2013) Place marketing as governance strategy: an assessment of obstacles in place marketing and their effect on attracting target groups. Publ Adm Rev 73 (3): 507–516

Ewing M, Napoli J (2005) Developing and validating a multidimensional nonprofit brand orientation scale. J Bus Res 58 (6): 841–853

Gardner B, Levy S (1955). The product and the brand. Harvard Bus Rev March (April): 33–39

Gartner W (1993) Image formation process. J Travel Tour Mark 2 (3): 191–212 、

Gertner D (2011a) A (tentative) meta–analysis of the 'place marketing' and 'place branding' literature. J Brand Manage 19 (3): 112–131

Gertner D (2011b) Unfolding and configuring two decades of research and publications on place marketing and place branding. Place Branding Publ Dipl 7 (2): 91–106

Grangsjo Y (2003) Destination networking: co–opetition in peripheral surroundings. Int J Distrib Logistics Manage 33 (5): 427–448

Hankinson P (2000) Brand orientation in charity organisations: qualitative research into key charity sectors. Int J Nonprofit Volunt Sect Mark 5 (4): 207–219

Hanklnson G (2001) Location branding: a study of twelve English cities. J Brand Manage 9 (2): 127–142

Hankinson G (2004a) Relational network brands: towards a conceptual model of place brands.

J Vacation Mark 10（2）：109-121

Hankinson G（2004b）The brand images of tourism destinations: a study of the saliency of organic images. J Prod Brand Manage 13（1）：24-32

Hankinson P（2004c）The internal brand in leading UK charities. J Prod Brand Manage 13（2）：84-93

Hankinson G（2005）Destination brand images: a business tourism perspective. J Serv Mark 19（1）：24-32

Hankinson G（2007）The management of destination brands: five guiding principles based on recent developments in corporate branding. J Brand Manage 14（3）：240-254

Hankinson G（2009）Managing destination brands: establishing a theoretical foundation. J Mark Manage 25（1-2）：97-115

Hankinson G（2010a）Place branding research: a cross-disciplinary agenda and the views of practitioners. Place Branding Publ Dipl 6（4）：300-315

Hankinson G（2010b）Place branding: a cross-domain literature review from a marketing perspective. In: Ashworth GJ, Kavaratzis M（eds）Towards effective place brand management: branding European cities and regions. Edward Elgar, Cheltenham, pp 22-42

Hankinson G（2012）The measurement of brand orientation, its performance impact, and the role of leadership in the context of destination branding. J Mark Manage 28（7-8）：974-999

Hankinson G, Cowking P（1993）Branding in action. McGraw-Hill, Maidenhead

Hanna S, Rowley J（2008）An analysis of terminology use in place branding. Place Branding Publ Dipl 4（1）：622-675

Hatch MJ, Schulz M（2003）Bringing the corporation into corporate branding. Eur J Mark 37（7/8）：1041-1064

Hunt S（1975）Image as a factor in tourism development. J Travel Res 13（January）：1-7

Ind N（1997）The corporate brand. MacMillan, London

Ind N（2001）Living the brand. Kogan Page, London

Iversen N, Hem L（2008）Provenance associations as core values of place Umbrella brands: a framework of characteristics. Eur J Mark 42（5-6）：603-626

Kapferer JN（1997）Strategic brand management. Kogan Page, London

Kavaratzis M（2005）Place branding: a review of trends and conceptual models. Mark Rev 5（4）：329-342

Kavaratzis M, Ashworth G（2008）Place marketing: how did we get here and where are we going? J Place Manage Dev 1（2）：150-165

Kavaratzis M, Hatch MJ (2013) The dynamics of place brands: an identity-based approach to place branding. Mark Theor 13 (4): 69–86

Kearns G, Philo C (eds) (1993) Selling places: the city as cultural capital, past and present. Pergamon, Oxford

Keller KL (1993) Conceptualising, measuring and managing customer-based brand equity. J Mark 57 (1): 1–22

Keller KL (1998) Building, measuring and managing brand equity, 2nd edn. Pearson Education, Upper Saddle River

Keller KL, Aaker D (1992) The effect of sequential introduction of brand extensions. J Mark Res 29 (February): 35–50

Klein N (2000) No logo. Picador, New York

Konecnik M (2006) Slovenia: new challenges in enhancing the value of the tourism destination brand. In: Hall D, Smith M Marciszewska B (eds) Tourism in the new Europe: the challenges and opportunities of EU enlargement (CABI), pp 83–99

Konecnik M, Gartner W (2007) Customer-based brand equity for a destination. Ann Tourism Res 34 (2): 400–421

Kotler P, Rein I, Haider D (1993) Marketing places attracting investment, industry and tourism to cities, states and nations. Free Press, New York

Kotler P, Asplund C, Haider D, Rein I (1999) Marketing places—Europe. Pearson Education, Harlow

Leitch S, Richardson N (2003) Corporate branding in the new economy. Eur J Mark 37 (7/8): 1066–1079

Lodge C (2004) Opinion pieces: where is place branding heading? Place Branding Publ Diplomacy 1 (1): 12–35

Louro M, Cunha P (2001) Brand management paradigms. J Mark Manage 17 (7–8): 849–902

Low G, Fullerton R (1994) Brands, brand management and the brand manager system: a critical-historical evaluation. J Mark Res 31 (May): 173–190

Lucarelli A, Berg P (2011) City branding: a state-of-the-art review of the research domain. J Place Manag Dev 4 (1): 9–27

Merrilees B, Getz B, O'Brien G (2005) Marketing stakeholder analysis: Branding the Brisbane goodwill games. Eur J Mark 39 (9–10): 1066–1077

Morgan N, Pritchard A (1999) Editorial. J Vacation Mark 5 (3): 213–214

Morgan N, Pfitchard A（2002）Introduction. In：Morgan N, Pritchard A, Pride R（eds.）Destination branding: creating the unique destination proposition. Butterworth-Heinemann, Oxford, pp 3-14

Park CW, Jaworski B, McInnis D（1986）Strategic brand concept-image management. J Mark 50（October）：135-145

Pearce PL（1977）Mental souvenirs: a study of tourists and their city maps. Aust J Psychol 29（1）：203-210

Pike S（2002）Destination image analysis—a review of 142 papers from 1973 to 2000. Tour Manag 23（5）：51-61

Pike S（2005）Tourism destination complexity. J Prod Brand Manage 14（4）：258-259

Pike S（2007）Consumer-based brand equity for destinations: practical DMO performance measures. J Travel Tour Mark 22（1）：51-61

Pike S（2009）Destination brand positions of a competitive set of nero-home destinations. Tour Manag 30（5）：857-866

Pike S, Ryan C（2004）Destination positioning analysis through a comparison of cognitive, affective and conative perceptions. J Travel Res 42（4）：333-342

Rainisto S（2003）Success factors of place marketing: a study of place marketing practices in Northern Europe and the United States. Ph.D. thesis, Helsinki University of Technology, Institute of Strategy and International Business

Ries A, Trout J（1972）. The positioning era. Advert Age 24（April）：35-38

Ries A, Trout J（1981）Positioning: the battle for your mind. McGraw-Hill. Maidenhead

Sirgy M（1982）Self-concept in consumer behaviour: a critical review. J Consum Res 9（3）：287-300

Sirgy M, Su C（2000）Destination image, self-congruity and travel behaviour: toward an integrative model. J Travel Res 38（4）：340-352

Skinner H（2008）The emergence and development of place marketing's confused identity. J Mark Manag 24（9-10）：915-928

Sleipen W（1988）Marketing van de histofische Omgeving. Netherlands Research Institute for Tourism, Breda（cited in Ashworth G.J. & Voogd, H.（1990）. Selling the City, London: Belhaven）

Trueman M, Klemm M, Giroud A（2004）Can a city comnmnicate? Bradford as a corporate brand. Corp Commun An Int J 9（4）：317-330

Urde M（1999）Brand orientation: a mindset for building brands into strategic resources. J

Mark Manage 15（1-3）：117-133

Urry J（1990）The tourist gaze. Sage，London

Ward S（1998）Selling places：the marketing of towns and cities 1850-2000. Routledge，London

Ward S，Gold J（1994）Introduction. In：Gold J，Ward S（eds.）Place promotion：the use of publicity and marketing to sell towns and regions. Wiley，Chichester，pp 3-11

Zeithaml V，Bitner MJ（2000）Services marketing—integrating customer focus across the firm. McGraw-Hill，New York

Zenker S，Beckman S（2013）My place is not your place—different place brand knowledge by different tinget groups. J Place Manage Dev 6（1）：6-17

第三章 从服务导向的营销逻辑视角反思地方产品

加里·瓦纳比，多米尼克·梅德韦*
（Gary Warnaby，Dominic Medway）

[摘 要] 自 2004 年问世，营销的服务导向（Service-dominant，S-D）逻辑已经成为营销研究的一个潜在视角。本章从 S-D 逻辑的角度考虑地方产品的性质，其中无形性的交换过程和相互关系是中心点。本章首先概述了 S-D 逻辑的基础前提，并考虑地方资源的性质。在这里，本章区分操作数和操作资源，不仅要考虑地方产品的有形要素的性质，还要考虑什么构成地方产品的更具现象学意义导向的概念。本章回顾了服务科学的新兴分支学科对地方产品概念化的潜在贡献，作为具有不同能力的利益相关方的网络，它们将与相关地方的用户/消费者合作，并共同创建地方产品。本章的结论是，根据具有共同创造性的地方产品的合作和交流而言，S-D 逻辑视角强调了使用自下而上的方法进行品牌推广的作用。

* G. Warnaby （✉）

School of Materials, University of Manchester, Sackville Street Building, Oxford Road, Manchester M13 9PL, UK

e-mail: Gary.warnaby@manchester.ac.uk

D. Medway

Manchester Busines School, University of Manchester, Booth Street West, Manchester M1 3GH, UK

e-mail: Dominic.medway@mbs.ac.uk

Ⓒ Springer International Publishing Switzerland 2015

M. Kavaratzis et al. （eds.），*Rethinking Place Branding*,

DOI 10.1007/978-3-319-12424-7_3

引　言

服务导向逻辑（SDL）自 2004 年被提出以来，便迅速成为营销研究的一个新的视角，并随后引起了大量讨论。首先，在同一期 *Journal of Marketing* 中发表了一些评论文章，并首次发布这个概念（Vargo and Lusch，2004，评论参见 Day et.al.，2004），并且继续在特定的期刊（*Marketing Theory*，2006；*Journal of the Academy of Marketing Science*，2008；*Industrial Marketing Management*，2011；*European Journal of Marketing*，2011；*Journal of Marketing Management*，2012）以及众多个人文章中发表。尽管有关 SDL 的辩论程度很大 ［而且还没有被不客观地接受，例如，参见 Lusch 和 Vargo（2006）中的各种贡献］，在考虑当前的营销理论时，我们无论如何都不能忽视它。因此，本章的目的是考虑服务导向逻辑对区域营销的影响，特别是关于可以商品化和上市"产品"的概念。

以服务为导向的营销逻辑：基础设施的简要说明

SDL 概念的发布者 Vargo 和 Lusch（2004）认为营销已经从货物为导向的逻辑（以有形输出的中心性、企业与客户之间的离散交易为特征），转向以服务为导向的逻辑，其中无形性的交换过程和关系是中心点。换句话说，他们认为营销的主流逻辑大部分已经转移并远离有形货物交换，进而转向无形货物交换、专业技能和知识，以及流程。通过对这些无形资源的使用和融合，营销创造出越来越多的价值。

根据 Constantin 和 Lusch（1994）的研究，Vargo 和 Lusch（2004）区分了两种不同类型的资源——操作数和操作。操作数资源是通过实现操作或动作产生的一种效果。这些资源从经济角度可以被认为是生产要素（例如土地、矿产、其他自然资源等，最终都是有限资源），可以以低成本转化为产出。Vargo 和 Lusch

（2004）认为，以货物为中心的主导逻辑的发展考虑将这些操作数视为主要的资源。相比之下，操作资源被定义为产生效果的资源，有可能增加公司的自然资源价值，并创造额外的操作资源。他们认为，操作资源往往是不可见和无形的，而且很有可能是动态的、无限的，而不是静态的、有限的（通常是操作数资源的情况）。因此，可以从 Prahalad 和 Hamel（1990）的核心竞争力概念，也可以从组织过程来考虑操作资源。

为了发展这些观念，Vargo 和 Lusch 根据最开始的八个——以及后来的 10 个（参见，Vargo and Lusch，2008）——基础前提阐述了 SDL，这将在下面进行更详细的讨论。[①]

承认交换概念对营销的根本重要性，Vargo 和 Lusch 认为人们为了获取利益（例如，知识和技能）进行交换，这些利益从专业能力或服务中产生。因此，知识和技能就是操作资源，如上所述，它们可以影响其他资源来创造利益。这与操作数资源相反，操作数资源是为了变得有益处，必须作用于它们自己的资源（例如，自然资源、商品等）。因此，鉴于操作资源的重要性，Vargo 和 Lusch 在第一个基础前提中认为：

专业技能和知识的应用是基本的交换单位。[②]

Vargo 和 Lusch（2004）认为随着时间的推移，组织发展得越来越壮大、复杂、官僚化和等级化，在垂直营销系统中，交流已经从个人专业技能的一对一交易转变为间接的技能交流。因此，随着活动的微小化和专业化，大多数组织人员与组织中的其他人员进行交流，并停止与组织的最终客户直接互动（因此往往不注意客户的需求）。他们认为，因为服务通常是通过货物、货币和机构的复杂组合来提供的，与最终客户发生交流的真正基础并不总是显而易见的。因此，第二个基础前提是：

间接交流掩盖了交流的根本基础。

关于货物在营销过程中的作用，实物被视为操作资源的传播者（例如知识、技能、能力）；换句话说，实物是"媒介"产品，在价值创造过程中，实物被消

---

① 除了第一个基本前提，下面所述的都来自 Vargo 和 Lusch（2008），他们对原始的前提进行了修改，并增加了两个附加的前提（第 9 个和第 10 个基本前提）。

② 专业技能和知识后来被简化了，以反映服务在交换中的核心作用。因此，Vargo 和 Lusch（2008）将第一个基本前提改为"服务是交换的基本前提"。

费者当作器具使用：实物通过使用（即它们提供的服务）获得价值。因此，有形货物可以被看作是达到目的的手段，而不是目的本身。因此，他们认为创造这些有形商品的竞争优势是技能和能力。这些要点在第三个和第四个基础前提中阐述：

货物是一种提供服务的分配机制。

操作资源是企业竞争优势的根本来源。

因此，Vargo 和 Lusch 将服务视为所有经济的基础，正如第五个基础前提所表明的那样：

所有经济都是服务经济。

所承担的资源的相互作用对客户的角色产生了影响，因此客户将被视为服务的共同创造者。Prahalad 和 Ramaswamy（2000）指出，客户越来越多参与价值创造的过程，并认为组织应该欢迎这种更积极的参与。根据这一点，Vargo 和 Lusch（2004）认为客户应该是操作资源（即联合制作人），而不是操作数资源（即营销人员活动的"目标"）。因此，按照这个逻辑，营销就是在与客户互动中做事的过程，正如在第六个基础前提中所阐述的：

顾客总是价值的共同创造者。

因此，如何定义和确定价值是一个关键问题。因为在操作资源的有益应用，以及在以服务为导向的逻辑"使用价值"基础上，将价值视为由顾客感知来决定。因此，公司只能做出"价值建议"，价值建议可能不被客户采用。第七个和第八个基础前提简明扼要地阐述了这一概念如下：

企业不能提供价值，只能提供价值建议。

以服务为中心的观点本质上是以顾客为导向的关系。

企业和客户的互动如此重要，而 SDL 则认为顾客主要是作为一种操作资源，这可以被定义为，顾客与组织结合在一起共同创造价值。相应地，顾客通过个人（和可能的集体）资源的融合，积极参与到关系交流与合作生产中，正如最后两个基础前提的阐述（Vargo and Lusch，2008）：

所有社会和经济行为者都是资源整合者。

价值总是独特的和现象的，并且受益人决定价值。

其中四个基础前提已被描述为核心前提（Vargo，2009），因此，也是 SDL 的公理。这些是第一个、第六个、第九个和第十个基础前提。这里有区域营销的含义，Warnaby（2009）认为，SDL 应该是一种通过区域营销的手段——被许多人认为是一种特殊和独特的营销类型（参见例如，Ashworth，1993；Ashworth and Voogd，1990a；Corsico，1993；Kavaratzis，2007；Kavaratzis and Ashworth，2005；van den Berg and Braun，1999）——可以带更多的人进入营销主流，并为区域营销这一分支研究提供了具体途径。

在本章中，我们将思考可能的情况？特别强调把地方的概念作为"产品"进行"重新思考"。在这里，我们将区域作为资源集合（操作数和操作），认为这个概念能够与用于概念化空间竞争的性质的各种方法产生共鸣（参见例如，Musterd and Murie，2010），以及为更多广泛地了解区域本身的性质提供帮助（参见例如，Agnew，1987；Cresswell，2004；Cresswell and Hoskins，2008）。我们考虑如何将概念与 SDL 视角相结合，如资源整合、共同创造/生产价值以及把区域作为服务系统的概念（IfM and IBM，2008；Maglio and Sporher，2008；参见这两条文献对此概念进行的概述）会导致对地方产品概念的反思。我们最后讨论了对营销理论与实践的潜在影响。

基于资源的观点

根据企业战略文献，这里 SDL 的观点与基于资源的战略观点相一致。SDL 的观点认为，如果一个组织（或在这种情况下的一个区域）是为了获得超越其他组织的竞争优势，它会这样做，因为它有其他组织所没有的，或者难以获得的能力（Johnson et al.，2005）。在更为通常的组织背景下，这种战略能力的基础可以在资源配置和拥有的能力中找到。这些资源呈现各种各样的形式，有形资产（即实物资产，如工厂、劳动和财产）和无形资产（即非实物资产，如信息、声誉和知识）。Johnson 等认为当这些资源的实际性质是重要的，但如何配置这些资源同样重要，并且他们确定了能力的概念。能力的概念用来描述"组织有效地配置资源的活动和过程"（Johnson et al.，p.119）。

基于资源的观点与基于 SDL 视角的操作数和操作资源概念有着显而易见的相似性。虽然这可能不是一个确切的类比，操作数资源可以被认为是与（在较小程度上）无形的组织资源相当的，而操作资源更像是能力，同时特别是核心竞争力。核心竞争力的概念（Prahalad and Hamel，1990）被定义为是一种实现竞争优势的方式配置资源的活动和过程，其他组织不能通过模仿来获得这种竞争优势。

在一个区域（特别是城市）背景下，Musterd 和 Murie（2010）确定了四个主要理论框架，这些框架被认为是在日益全球化的背景下对竞争力基本条件的概念化，它暗含了基于资源观点的原则。

根据 Musterd 和 Murie 的观点，四个理论框架被首先提出来并且也许是最成熟的、著名的理论方法，侧重于创造对特定区域寻求投资人里有吸引力的"硬"条件。这些条件包括，资本和技术熟练的劳动力的可用性，具有正确的规章制度的背景和具有足够吸引力的税收制度，良好的基础设施和可及性，办公空间的可用性和可承受性，以及教育的设施。

就解释空间竞争力而言，第二种方法——经济集群理论——在学术和政策领域都引起了广泛的影响。经济集群理论利用聚集的概念，即各种活动被假定在特定的区域聚集在一起，因为它们有彼此的联系，使用相同的公共和私人服务以及机构，并且连接到相同的环境，也能从彼此的出现和接近中获益。波特（Porter，1998，p.78）将这样的聚类或集群定义为"在特定领域中相互关联的公司和机构的地理集中"。集群包括一系列相关联的行业和其他对竞争非常重要的实体。

相比之下，另一种方法——"软"的理论条件领域——强调。一个城市特定便利设施的重要性。特定的便利设施可以创造一个环境，吸引那些被认为对一个区域经济发展最有希望的（Musterd and Murie，2010）。识别这些关键人物可能与确认 Richard Florida（2002，2005）的工作，以及他的"创意阶级"的概念最为密切。在这里，Florida 认为，这种途径可以解释为一个具体的区域可能会寻求吸引这样的个体，从而造成推动创新和经济增长的人才集中。与上面概述的集聚与集群论点有一些相似（根据从紧密联系和/或邻近性等方面产生的捕获效率）。在阐述这一观点的同时，Florida 强调区域的力量依然存在，但是意味着在这种情况下，"创意阶层"团体被吸引到创意中心，而不是因为"硬"条件下概述的传统经济原因，只是因为他们寻求丰富的高品质的便利设施和经验，对各种差异开放，最重要的是有机会证明他们是有创造力的人。Musterd 和 Murie 指出，这种方法一直是广泛批评的主题，源于"软"因素的无形性，从而导致基于这种方法的论据的弱经验基础。

另一种方法（被命名为网络理论）侧重于人格、地方关系和组织附属机构的影响。与集群理论相似，但是这种网络方法的区别在于对嵌入性概念的更为明显的关注。在这里，一个关键的问题与动机有关，动机影响利益相关者在哪里定居和哪里停留的决定，并且这种方法在一个个体的私人关系（例如家庭地点、出生地点、学习地点、邻近朋友等）的起源和历史的基础上，为差异化提供了一种标准。这应用了地方依赖的概念，这将在本章的后续部分进行更详细的讨论。

在许多方面，关于城市竞争力的不同观点之间的差异是相对的而不是绝对的，可以从基于资源的战略观点和 SDL 观点的角度考虑。因此，在 SDL 中隐含了不同资源类型，在这种空间背景中，操作数资源可以被比作"硬条件"，也可能在较小程度上被称为聚类理论方法，而"软条件"和网络理论方法与操作资源的概念有些相似。这在某种程度上过于简化了一个非常复杂（相互关联）的现实，不同资源类型之间的区别（如上面列出的 Musterd 和 Murie 描述的城市竞争力的四种方法）将是相互渗透的。以下内容讨论了这些问题。

地方作为经营资源？有形和无形的"硬"条件

Kotler 等（2008）将产品定义为，为了可能满足一种需求或需要，有意向市场提供包括关注、获取、使用或消费的任何东西，并明确提及作为交换交易对象的地点。然而，基于城市视角，Ashworth 和 Voogd（1990a，p.66）指出任何定义"产品"概念的尝试会面临"一个双重意义的直接问题"，因为"城市"一词可以指的是整个地方（即核产品）以及发生在这个地方（即分担因素）的特定服务、设施和属性。

同样地，van den Berg 和 Braun（1999）确定了三个级别的（城市）区域营销，包括：

● 个别的城市商品和服务（第 1 级），可以作为离散的景点/设施销售，但也可以组合创造；

● 相关服务集群（第 2 级），可以通过推销来吸引特定的区域用户，但也可以合并，以创造一个整体的观念；

● 整个城市群（第 3 级）。这个第 3 级主要关注作为整个实体的城市场所的身份和形象塑造（van den Berg and Braun，1999）。因此，对城镇/城市可以有各种不同的解释，因为个别的商品/服务和集群的不同组合可能被推广到不同的细分市场（Ashworth and Voogd，1990b）。

让我们基于旅游目的地视角来说明，例如，第一层构成了那些个别的景点和设施（类似于在 SDL 背景下提到的有形商品和更多的无形服务），可以联合（或集群）创造整个城市的旅游报价（即第 2 级）。这反过来又有助于最后的层级，即整个城市的形象/观念（可能包含旅游业以外的因素，但可能与之相关——并且在事实上支持它，例如，基础设施、文化、人口特征等）。

利用不同产品水平的概念（参见，Baines et al.，2011；Brassington and Pettitt，2006；Kotler et al.，2008），城市地方"产品"的其他概念，利用核心和辅助/外围元素，或初级和次要因素（参见，Getz，1993；Jansen-Verbeke，1986）。这种方法也被应用于更多的、分散的地方"产品"。例如，Warnaby 等（2010）将这种方法应用于英国北部哈德良长城的考古学，这是英国最重要的罗马考古遗址之一，突出了罗马遗迹的重要性程度，以区分作为"核心"或"补充"的不同级别产品，并确认一系列"补充"哈德良长城"产品"的元素（包括众多的酒吧、酒店、零售店和非罗马休闲景点以及围绕着墙壁的本身的面貌），涉及在所有这些元素之内的物理景观的独特元素，以及与它们相关联的人类活动。与上面列出的区域营销级别的类比是显而易见的，因为在哈德良长城作为一个地方"产品"的情况下，有一系列的个人景点/设施，既可以明显地与该地区的罗马考古学（即"核心"要素）相关，也可以不明显地与罗马有关（即补充要素），它们可以作为独立景点进行销售，但也可以组合起来创建一个更加整体的产品，被称为"哈德良长城之乡"（参见，Warnaby et al.，2013）。

在上述产品概念上，焦点主要是有形元素——也许可以理解，考虑到对于许多地方的、具有历史的/里程碑意义的材料名称的重要性（Cresswell and Hoskins，2008）。然而，一些概念——特别是作为品牌的地方——包括有形和无形的地方元素（参见，Balakrishnan，2009；Hankinson，2004；Hanna and Rowley，2010；Parkerson and Saunders，2005），并明确认识到他们的互动，考虑到创造积极的地方联系以及在地方消费者心中的品牌个性含义的需求，同时也根据地方产品/品牌的共同点创造（Aitken and Campelo，2011）。

这个重点在于有形和无形方面与 SDL 原则（Vargo and Lusch，2004，2008）

是一致的，它强调通过与交易相关的多个行为者的资源整合来创造价值。在上文提到交换关系这种具体环境中利用操作数和操作资源，就能体现在上述地方的二元性质上，可以利用物理方面（如地域、基础设施等）和更多的面向服务的元素（如人口的技能和特征，地点的国际大都会和波西米亚性质等，例如参见，Florida，2002，2005），以激励交流。

服务营销文献的一个特点就是有形和无形产品要素的不同组合（以及相对重要性），事实上有助于向消费者提供全面的报价（Lovelock，1991）。实际上，已经有文献尝试使用服务营销原则来解释区域营销和在这种背景下被推销的产品的性质。例如，服务场景的概念在这方面有明显的应用（参见 Bitner，1992，第一次阐述这一概念）。服务场景被定义为"设计和建造用于塑造消费行为的物理、材料设置"（Venkatraman and Nelson，2008，p.1010），并包括了环境、功能和设计（Bitner，2000）。服务场景的概念已经被开发，并扩展到了许多不同的地方和空间环境（Sherry，1998）。

另一个概念化管理和服务营销的常用框架是"服务产出"模型（Langeard et al.，1981），强调了购买商品/服务的体验方面。服务产出模型概述了组织提供的服务如何分为两个部分——可视的部分和隐性的部分。可见元素包括服务体验发生的无生命环境，以及在服务体验中，组织内与消费者交互的联系人员。支持这一点是不可见的元素——也就是说，支持基础设施使可见部分发挥作用。这种模式已经适应了城市空间的背景（Warnaby and Davies，1997）。在这里，可见元素可以包括两个主要因素，等同于无生命环境和联系人员。这些因素中的第一个是物理环境，包括消费者服务场所（即文化、休闲和其他活动），另外，还包括作为整体的地方一般氛围，因此，需要认识到地方产品应被视为整体实体这一事实（Ashworth and Voogd，1990a，1990b）。认识到如何定义区域的一个方面是指在特定地方内发生的社会关系（参见例如，Agnew，1987），第二个因素是社会环境，其中包括所有上述聚集地点的联络人员，以及整个城市的更广泛的社会文化因素，如人口和当地习俗等（有吸引力或其他）的友好程度，这将为各方的行为提供一个背景。在讨论城市服务的过程中，物质环境和社会环境对用户体验经验的贡献突出表明了整体观点的需求，包括硬条件和软条件，我们现在转向后者。

采取现象学观点？"软"条件和地方产品作为
共同创建的实体

如上所述，"软"条件的理论更加强调了地方固有的操作资源，因此与地方消费者共同创造的概念更加突出。实际上，地方"产品"的复杂性提出了一个问题，即谁负责创造地方产品。地方"产品"的复杂性包括区域的物理层面和地方内部的活动。例如，Ashworth（1993）提出了三个可能的城市地方产品的"生产者"。首先的两个是：地方产品"包装"中的各种元素的汇编（例如旅游提供商和运营商）；以及政府及其机构。这些行为者——孤立的或更有可能结合在一起——可以自行支配将操作数和操作资源整合在一起，可以被视为（使用 SDL 术语）"价值网络"，Lusch 等将其定义为：

一种自发感知和响应的空间和时间结构，通过机构和技术的相互作用，社会和经济行为者提供了大量松散耦合的价值，包括：①共同生产服务产品；②交换服务产品；③共同价值。(2010，p.20)

Lusch 等认为价值网络可以互联，并且个体价值网络可以嵌套在更大、更广阔的范围内，作为功能/空间"嵌套"的概念（更详细的讨论参见 Boisen et al.，2011）与 van den Berg 和 Braun（1999）的区域营销层次，以及地方的多层次品质（参见 Warnaby et al.，2010）有相似之处。

根据 Ashworth（1993），城市产品的第三个"生产者"是消费者自己，消费者从各种服务、设施和其他元素创造自己独特的地方产品，而表面上的生产者对这个过程几乎没有直接的控制。因此，Ashworth 提出消费者作为地方产品创造者的首要地位。从 S-D 逻辑的基础前提的角度考虑，Warnaby（2009）指出，在这个具体的背景下，许多被视为核心 S-D 逻辑的基本前提（Vargo，2009）被证明。S-D 逻辑认为，客户始终是价值的共同创始者（即第六个基础前提），该价值总是由受益人（即第十个基础前提）唯一和现象的决定，与 Ashworth 的上述观点相同。从传统角度来看，那些组织/团体/地方政府可以被视为地方产品创造者，从 SDL 的角度来看，就提供地方价值建议的能力而言，那些组织/团体/地方政府只扮演中间角色（Vargo and Lusch，2004）。地方价值建议源于特定的地方产品元素集合（即第七个基础前提）。这种价值建议可以通过资源整合创建——换句话说，地方产品元素——在区域之内可用（第九个即基础前提）。因此，材料——而且也是不太有形的——可以说地方产品元素构成了达到目的的手段，而不是目的本身，因为区域消费者为了在那里获得各种利益/可供使用的经验，将居住/访问/定居到一个特定的地方（Warnaby，2009）。此外，地方产品要素的相对重要性将由消费者决定，符合 S-D 逻辑的第十个基础前提——"价值总是由受益者唯一的和现象的确定"（Vargo and Lusch，2008）。这与 Cresswell 和 Hoskins（2008）所讨论的"意义领域"联系在一起，并将地方依赖和依恋情结定义为"人与地方或环境之间的情感纽带"（Tuan，1974，p.4）。

同样，Hidalgo 和 Hernandez 将地方依赖定义为"情感纽带或人与特定地点之间的联系"（2001，p. 274）。各种人口、社会、物理和象征因素将影响地方依赖（例如，参见 Florek，2011；Hay，1998；Hernandez et al.，2007；Steadman，2003）。根据 Lewicka（2008）地方依赖和地方认同——Florek 定义为"通过与地方的互动，人们描述自己属于一个特定的地方的过程"（2011，p.347）——尽管是相关的，但是它们是两个现象，并且它们经常是可互换使用的。然而，在区域营销的背景下，将地方依赖视为个人所固有的可能是有用的，而地方认同则是围绕共同的身份和文化的共同现象（参见，Aitken and Campelo，2011）。

从地理角度来看，这些现象与 Cresswell 和 Hoskins（2008，p.394）将地方描述为"生活概念"相一致，因为在地方涉及不同程度的实践和表现。实践和表现是源于地方有人居住的事实，而且居民也有在"一个地方"的经历。事实上，Cresswell（2004，p.37）指出，地方"需要被理解为与世界的包含关系"。根据 Pred（1984）的工作，他认为，地方应该被视为过程和实践的结果，因此通过结构与机构的相互影响来发展地方感。因此，"地方是人们做事情而创造的，在这个意义上，地方创造从来没有结束，一直在持续"（Cresswell，2004，p.37）。

因此，这些过程维度及其经验意义［由 Pred（1984）强调，Seamon（1980）］对于作为一种"产品"的地方性质有影响。因此，地方可以被视为表演的舞台，并且正如 Cresswell（2004，p.39）认为的，在这个意义上，地方成为一个"结果"是"开放的和变化的，而不是局限的和永久的"。因此，地方产品是通过其内部和周围的人的行动共同创造的。关于空间规模、行政结构及其表现方式等问题，在特定地方"产品"的定义可能有些朦胧或"模糊"的情况下，就显得尤为适用（见下文）。

这个讨论到目前为止，就像大部分区域营销文献一样，主要集中在城市。然而，正如 Ashworth 和 Voogd（1990b）以及 Boisen 等（2011）指出，一个城市不可避免的是空间层级的一个组成部分，这对于地方产品的性质及其营销至关重要。因此，许多地方产品是由负责它们推销的管辖区域的政府/机构定义的，但是这种定义可能并不符合地方用户的产品体验（Ashworth and Voogd，1990b）。

实际上，在某些情况下，作为整个实体推销的地方，横跨了行政/管辖区域。除了在现有文献中对城市已建立的关注之外，最近强调国家的市场营销/品牌化也很明显，而且 Warnaby 等（2010）指出，这些地方显然是通过管辖边界划定的，而这些地方虽然有时候有争议，但界定是明确的。然而，他们继续介绍地方模糊性的概念，是为了指出违反这种明确的管辖权定义的地方。"模糊"的地方（例如主要的城市、地区等）可以和领土范围一样，通过符号、机构和社会实践来识别（Hospers，2006；Paasi，2002），而意义领域可能是地方身份的定义方面（虽然这可能是很多争议的根源）。例如，考虑到地区，Paasi（2010）明确地将其描述为"社会结构"，这可以被认为是由一系列复杂的代理机构和行为者创建的"集合"。哈德良长城是由 Warnaby 等（2010）作为一个原型的"模糊"区域确定，其特点是多个属性和多重重叠的边界。例如，哈德良长城管理计划委员会（由于世界遗产名录的指定而召开）确认了长城及其分散郊区的所有权和管辖权，以及在管理中涉及的多元化利益（Warnaby et al.，2013）。Warnaby 等（2010）认为因为不可避免的紧张局势的出现，在利益相关者之间的论争导致了管辖、功能和战略上的"分裂"。

服务科学的角色？将地方产品作为能力网络

在资源整合方面，"服务科学"的出现（参见，IfM and IBM，2008；Maglio and Sporher，2008）和"服务体系"的概念在概念化产品性质方面具有很大的潜在用途。服务科学的支持者强调与 S-D 逻辑的联系——如 Maglio 和 Sporher 的陈述：

我们认为，Vargo 和 Lusch（2004）的以服务为导向的逻辑可能提供了正确的观点、术语和构建服务系统理论的假设，他们的配置和交互方式。简言之，以服务为导向的逻辑可能是服务科学的哲学基础，并且服务体系可能是服务科学基本的理论框架（2008，p.19）。

Maglio 和 Sporher 在其服务科学原则的阐述中明确指出，地方可以被视为"服务体系"，被定义为"人、技术、组织以及为客户创造和提供价值的共享信息、供应商和其他利益相关者的动态配置"（IfM and IBM，2008，p.1）。这与 Turok（2009，p.14）对城市的描述有共鸣，他将城市描述为"包括众多行为者、企业和其他组织的复杂适应性系统，形成多元关系，并且共同演变"，以发展基于地方竞争的优势，并且地方在 Hankinson（2004）"关系网络"品牌的地方性讨论中也是明确的。对于服务系统的人的要素，在城市内存在着一种不同的多样性的行为者（个体、正式和非正式团体、协会、组织、公共管理部门等）——个人和集体——将整合资源以创造一个地方的服务系统。这提出了谁（共同）创造地方产品的问题，如前面 Ashworth（1993）关于这个问题的讨论。这里要考虑的一个重要因素是地区的背景特异性，换句话说，每个地方都有自己独特的组合，利用地方自身的内部和外部动力，负责地方的管理和营销。

关于组织要素、规划和实施区域营销机制的复杂性已被确定为区分这一特定背景的一个因素（Warnaby，2009）。区域营销的一个特殊特征是参与这项活动的私人、公共和志愿部门（经常是竞争议程）的利益相关者过多——Van den Berg 和 Braun（1999）所称的负责区域管理/营销工作的战略网络。之后产生的协商一致且具有包容性的方法，可以用来制定营销策略，这一点是非常重要的（参见，例如，Ashworth and Voogd，1990a；Fretter，1993；Kotler et al.，1999）。Van den Berg 和 Braun 强调"组织能力"的重要性，"组织能力"被定义为"招募所有有能力的参与者，并在他们的帮助下，产生新的想法，开发和实施一项被用来应对发展和为可持续发展创造条件的政策"的能力（Van den Berg and Braun，1999，p.995）。

当从 S–D 逻辑的角度考虑这些相互关联的人员/组织元素时，资源整合的问题——在这种整合发生的背景下受到影响——将会变得非常重要。引用 Hunt 和 Morgan（1995）的研究，Chandler 和 Vargo（2011）确定了多种参与者拥有或者易得到的资源的重要性，以及资源在促进参与者互动（为了更好地利用资源）方面的作用。在这个特定的背景下，资源（尤其是操作数资源，如财务）可能受到限制，于是参与者互动和网络发展就变得更加重要（Warnaby et al.，2002）。

Chandler 和 Vargo 也强调了背景的重要性，背景被定义为"在他们之间具有独特相互联系的一群独特参与者"（2011，p.40），强调背景异质性将影响资源动员的效率。他们把背景视为一个多层次的概念，包含三个不同的层次：

● 微观——在作为 2 个一组的内部参与者之间，建立直接的交流；

● 中观——当交流在 3 个一组之内，2 个一组的参与者之间发生时，建立更多的间接交流；

● 宏观——当交流在 3 个一组之间的参与者发生时，建立交流，这可能创建复杂的网络。

在地方背景下，如果这样的概念适用于使用 van den Berg 和 Braun（1999）的三个层次的城市区域营销，那么个体的参与者之间的互动（即微观层面）可能会产生个体的地方产品元素，如旅游景点。这些个体的地方产品要素可能接着作为一个集群被推销（即中观级别），例如，可以通过与非旅游导向的（但仍然是相关的）营销参与者合作，创造一个全面的旅游报价，反过来成为一个更广泛的整体产品的元素（即宏观层面）。

考虑到市场营销的组织机制的固有复杂性，这些层级可能会更加相互关联，单独的元素群组被复杂的参与者网络推销，市场营销和其他的事物创造了区域营销的具体特征或者背景。此外，Chandler 和 Vargo（2011）还增加了另一个层次——引入了时间和复制的概念的元级，导致了制度化，并且一些区域管理/营销行为的持续性表明可以建立相对长期的生态系统。区域管理/营销行为的持续性被确定作为更普遍和有效的城市管理要素。

确保这一目标的有效性的一个关键因素是适当地汇集资源，以及与负责管理和推销地方产品的服务系统的实体之间存在的信息和能力的共享。Maglio 和 Sporher（2008）认为，这可能至少发生在四个方面：信息共享、工作分享、风险分担和商品分享。区域营销的组织机制的性质与它们的高水平的互动（Warnaby 等，2002）明显促进了这种交流和共享。因此，城市区域及其机构成为城市利益相关方沟通和（希望）对未来发展达成一致意见的论坛。然而，在"战略网络"中，不可避免有紧张和冲突的潜在性（考虑到完全不同的地方利益相关者之间存在可能的差异，类似于 Warnaby 等在 2010 年研究得出的在哈德良长城的背景下，"分歧"的概念）。此外，在那些负责区域营销的人员（即"战略网络"）和那些以外的人（例如居民、企业和其他群体等）之间，可能会进一步发生紧张和冲突，负责区域营销的人员以外的那些人可能不是作出决策的当事方（他们可能会强烈反对）。管理这种潜在的冲突，以尽可能达成共识，是区域管理和营销的关键要素。

服务系统的最终要素是技术，技术在这个服务系统背景中，可以根据两个属性来考虑：物理（即技术硬件）和编码概念（即共享信息等）。该服务系统可以拥有并提供对他人的使用权限，为了使价值交换能够创造地方产品，从而形成一系列组成元素。Hanna 和 Rowley 在第七章中更详细地讨论了技术在地方品牌背景下的作用（特别是 Web 2.0）。然而，可以认为，在这种地方品牌背景下，资源整合和共同创造的概念作为 SDL 的基本方面，可以显著促进所有地方利益相关者评论地方品牌活动的能力（不仅是名义上负责品牌创造和发展的人）。资源整合和共同创造的概念是 SDL 的基本方面。因此，技术可以创建一个随着时间的推移而改变的，关于潜在竞争区域多重的和"自下而上"的叙述（Warnaby and Medway，2013）。

小　结

本章已经检验了以服务为导向的逻辑及其相关概念如何有助于重新思考地方产品。从这样的角度来看，地方可以被视为服务系统，因为它们构成了一个控制和操作资源的组合，包括硬性和软性的条件，整合地方给潜在的用户开发报价（或以 SDL 的术语，一个价值建议）。但是，在这方面，地方的一个特别的性质就是它们不可避免的空间性。伴随更多典型的营销环境，一个给定的产品供应链可能涉及相互联系的组织和营销的交流，以及操作数和操作资源的相互影响。一个给定产品的供应链经常通过多种的地理位置，在空间上扩散——实际上，是在范围上扩散，许多供应链系统是全球性的。然而，对于地方产品，在操作数和操作资源之间复杂的交流和互动网络，必然会集中在一个具体的地理位置上。这是因为对于地方产品、操作数资源本身是固定的。因此，"硬"条件，例如城市的基础设施、地标、建筑环境等，在很大程度上，是不可移动的——换句话说，根据 Therkelsen 等（2010）称为"石头之城"，从字面上和隐喻上，地方产品可以被认为是不可移动的。即使价值增加了操作资源的交流，合并操作资源以共同创造的最终产品可能是内部的（即城市营销机构、居民等）或外部的（例如游客、外来投资者），但交流本身总是集中于或者源于被谈论着的地理特定地方。

　　然而，当考虑到地方产品的具体性质时，这里有一个悖论。这个悖论作为前面概述的现象学观点的结果，其中一个是地方产品通过个体的地方用户之间的关系，以及与他们相互影响的地方产品元素的具体配置共同创建。这与服务主导逻辑的 FP10 是一致的，它表明"价值总是唯一的和现象的，并由受益人决定"。从这个角度来看，地方产品根本就不是固定的，而是自相矛盾的，并以极端的流动性为特征，因为消费者在地方经验的基础上，在他们的头脑中构建自己个人版本的地方产品，并且他们自己的叙述和故事围绕着被谈论着的区域。然后，可以通过尝试在用户和地方潜在用户之内创造一种地方依赖的感觉，从而在相关的营销活动中反映出来。因此，一个城市可以被视为社会建设，而在营销方面，一个城市可以和通过有形的产品元素来表现一样，也可以通过叙述和故事来表现——Therkelsen 等（2010）称之为"语言之城"。

　　这就提出了一个关于创造地方产品过程的问题。在这里，在"自上而下"［即通过 van den Berg 和 Braun（1999）称为"战略网络"，或许与外部顾问合作等，规划区域营销活动］和"自下而上"之间，产生了一个区别。SDL 的观点可能强调了自下而上的方法，以及在更具共同创意、合作创造，以及交流地点产品性质方面的作用。

参考文献

Agnew JA（1987）Place and politics：the geographical mediation of state and society. Allen & Unwin，Boston

Aitken R，Campelo A（2011）The 4Rs of place branding. J Mark Manage 27（9-10）：913-933

Ashworth G（1993）Marketing of places：what are we doing？In：Ave G，Corsico F（eds）Urban marketing in Europe. Torino Incontra，Turin，pp 643-649

Ashworth G，Voogd H（1990a）Selling the city. Belhaven，London

Ashworth GJ, Voogd H (1990b) Can places be sold for tourism? In: Ashworth G, Goodall B (eds.) Marketing tourism places. Routledge, London, pp 1-16

Baines P, Fill C, Page K (2011) Marketing, 2nd edn. Oxford University Press, Oxford

Balakrishnan MS (2009) Strategic branding of destinations: a framework. Eur J Mark 43 (5/6): 611-629

Bitner MJ (1992) Servicescapes: the impact of physical surroundings on customers and employees. J Mark 56: 57-71

Bitner MJ (2000) The servicescape. In: Swartz TA, Iacobucci D (eds) Handbook of services marketing and management. Sage, Los Angeles, pp 37-50

Boisen M, Terlouw K, van Gorp B (2011) The selective nature of place branding and the layering of spatial identities. J Place Manage Dev 4 (2): 135-147

Brassington F, Pettitt S (2006) Principles of marketing, 4th edn. Financial Times Prentice Hall, Harlow

Chandler JD, Vargo SL (2011) Contextualization and value-in-context: how context frames exchange. Mark Theory 11 (1): 35-49

Constantin JA, Lusch RF (1994) Understanding resource management. The Planning Forum, Oxford

Corsico F (1993) Urban marketing, a tool for cities and business enterprises, a condition for property development, a challenge for urban planning. In: Ave G, Corsico F (eds) Urban marketing in Europe. Torino Incontra, Turin, pp 75-88

Cresswell T (2004) Place: a short introduction. Blackwell Publishing, Oxford

Cresswell T, Hoskins G (2008) Place, persistence, and practice: evaluating historical significance at Angel Island, San Francisco, and Maxwell Street, Chicago. Ann Assoc Am Geogr 98 (2): 392-413

Day GS, Deighton J, Narayandas D, Gummesson E, Hunt SD, Prahalad CK et al (2004) Invited commentaries on "evolving to a new dominant logic for marketing". J Mark 68 (1): 18-27

Florek M (2011) No place like home: perspectives on place attachment and impacts on city management. J Town City Manage 1 (4): 346-354

Florida R (2002) The rise of the creative class … and how it's transforming work, leisure, community and everyday life. Basic Books, New York

Florida R (2005) Cities and the creative class. Routledge, New York

Fretter D (1993) Place marketing: a local authority perspective. In: Kearns G, Philo C (eds.) Selling places: the city as cultural capital past and present. Pergamon Press, Oxford, pp

163–174

Getz D（1993）Planning for tourism business districts. Ann Tourism Res 20：583–600

Hankinson G（2004）Relational network brands：towards a conceptual model of place brands.J Vacat Mark 10（2）：109–121

Hanna S，Rowley J（2010）Towards a strategic place brand–management model. J Mark Manage 27（5–6）：458–476

Hay R（1998）Sense of place in developmental context. J Environ Psychol 18（1）：2–29

Hernandez B，Hidalgo MC，Salazar–Laplace ME，Hess S（2007）Place attachment and place identity in natives and non–natives. J Environ Psychol 27：310–319

Hildago MC，Hernandez B（2001）Place attachment：conceptual and empirical questions. J Environ Psychol 21：273–281

Hospers G–J（2006）Borders，bridges and branding：the transformation of the Øresund region into an imagined space. Eur Plan Stud 14（10）：15–33

Hunt S，Morgan R（1995）The comparative advantage theory of competition. J Mark 59（April）：1–15

IfM and IBM（2008）Succeeding through service innovation：a service perspective for education，research，business and government. University of Cambridge Institute for Manufacturing，Cambridge

Jansen–Verbeke M（1986）Inner–city tourism：resources，tourists and promoters. Ann Tourism Res 13：79–100

Johnson G，Scholes K，Whittington R（2005）Exploring corporate strategy，7th edn. Financial Times Prentice Hall，Harlow

Kavaratzis M（2007）City marketing：the past，the present and some unresolved issues. Geography Compass 1（3）：695–712

Kavaratzis M，Ashworth G（2005）City branding：an effective assertion of identity or a transitory marketing trick? Tijdschrift voor Economische en Sociale Geografie 96（5）：506–514

Kotler P，Asplund C，Rein I，Haider D（1999）Marketing places Europe：attracting investments，industries，and visitors to European cities，communities，regions and nations. Financial Times Prentice Hall，Harlow

Kotler P，Armstrong G，Wong V，Saunders J（2008）Principles of marketing，5th European edn. Financial Times Prentice Hall，Harlow

Langeard E，Bateson J，Lovelock C，Eiglier P（1981）Marketing of services：new insights from consumers and managers. Report No. 81–104. Marketing Sciences Institute，Cambridge

Lewicka M (2008) Place attachment, place identity, and place memory: restoring the forgotten city past. J Environ Psychol 28 (3): 209–231

Lovelock CH (1991) Services Marketing, 2nd edn. Prentice–Hall, Englewood Cliffs

Lusch RF, Vargo SL (2006) The service–dominant logic of marketing: dialog, debate and directions. M. E. Sharpe, Armonk

Lusch RF, Vargo SL, Tanniru M (2010) Service, value networks and learning. J Acad Mark Sci 38 (1): 19–31

Maglio PP, Sporher J (2008) Fundamentals of service science. J Acad Mark Sci 36: 18–20

Musterd S, Murie A (2010) Making competitive cities. Wiley–Blackwell, Chichester

Paasi A (2002) Bounded spaces in the mobile world: deconstructing regional identity. Tijdschrift voor Economische en Sociale Geografie 93: 137–148

Paasi A (2010) Regions as social constructs, but who or what 'constructs' them? Agency in question. Environ Plan A 42: 2296–2301

Parkerson B, Saunders J (2005) City branding: can goods and services branding models be used to brand cities? Place Branding 1 (3): 242–264

Porter ME (1998) Clusters and competition: new agendas for companies, governments and institutions. In: Porter ME (ed) On competition. Harvard Business School Press, Boston, pp 197–287

Prahalad CK, Hamel G (1990) The core competence of the corporation. Harvard Bus Rev 68 (3): 79–91

Prahalad CK, Ramaswamy V (2000) Co–opting customer competence. Harvard Bus Rev 78 (1): 79–87

Pred AR (1984) Place as historically contingent process: structuration and the time–geography of becoming places. Ann Assoc Am Geogr 74 (2): 279–297

Seamon D (1980) Body–subject, time–space routines and place–ballets. In: Buttimer A, Seamon A (eds.) The human experience of space and place. Croom Helm, London, pp 148–165

Sherry JF Jr (1998) Servicescapes: the concept of place in contemporary markets. NTC Business Books/American Marketing Association, Chicago

Steadman RC (2003) Is it really just a social construction? The contribution of physical environment to sense of place. Soc Nat Resour 16: 671–685

Therkelsen A, Halkier H, Jensen OB (2010) Branding Aalborg: building community or selling place? In: Ashworth G, Kavaratzis M (eds.) Towards effective place brand management: branding European cities and regions. Edward Elgar, Cheltenham, pp 136–155

Tuan Y-F（1974）Topophilia: a study of environmental perception, attitudes, and values. Columbia University Press, New York

Turok I（2009）The distinctive city: pitfalls in the pursuit of differential advantage. Environ Plan A 41（1）: 13-30

Van den Berg L, Braun E（1999）Urban competitiveness, marketing and the need for organizing capacity. Urban Stud 36（5-6）: 987-999

Venkatraman M, Nelson T（2008）From servicescape to consumptionscape: a photo-elicitation study of Starbucks in the New China. J Int Bus Stud 39: 1010-1026

Vargo SL（2009）Alternative logics for service science and service systems. Presentation at service systems workshop, University of Cambridge, March 20. http: //www.servicesysytems.group.cam.ac.uk/serviceforum.html. Accessed 23 April 2009

Vargo SL, Lusch RF（2004）Evolving to a new dominant logic for marketing. J Mark 68（1）: 1-17

Vargo SL, Lusch RF（2008）Service-dominant logic: continuing the evolution. J Acad Mark Sci 36（1）: 1-10

Warnaby G（2009）Towards a service-dominant place marketing logic. Mark Theory 9（4）: 403-423

Warnaby G, Davies BJ（1997）Commentary: cities as service factories? Using the servuction system for marketing cities as shopping destinations. Int J Retail Distrib Manage 25（6）: 204-210

Warnaby G, Bennison D, Davies BJ, Hughes H（2002）Marketing UK towns and cities as shopping destinations. J Mark Manage 18（9/10）: 877-904

Warnaby G, Bennison D, Medway D（2010）Notions of materiality and linearity: the challenges of marketing the Hadrian's Wall place product. Environ Plan A 42（6）: 1365-1382

Warnaby G, Bennison D, Medway D（2013）The management and marketing of archaeological sites: the case of Hadrian's Wall. In: Walker C, Carr N（eds.）Tourism and archaeology: sustainable meeting grounds. Left Coast Press, Walnut Creek, pp 111-126

Warnaby G, Medway D（2013）What about the 'place' in place marketing? Mark Theory 13（3）: 345-363

第四章 反思地方感：一种地方感和多种地方感*

阿德里安娜·坎普洛*

（**Adriana Campelo**）

[摘 要]"地方感"这一概念早在 19 世纪末 20 世纪初就被地理学界研究过了（例如 Friedrich Ratzel，Paul Vidal de La Blache），但是在营销管理学界它是一种新概念。很少有完整的关于地方感的理解及其在市场营销地方品牌化应用方面的研究。本章是以人种学研究（Campelo et al.，2013）为基础，研究地方感的共同理解：影响因素以及它们是如何被当地社区总结创造出来的。本章讨论了产生一种地方感的基础结构，以及每一个结构，如时间、祖先、地形和社区是如何促成共同习惯的。理解地方感对地方品牌开发很重要。每个区域的独特之处在于它的地方感。因此，了解含义和标识是重要的，而这些含义和标识成就了每个地方的独特性。地方品牌的一种独特形式需包括当地社区以及居住环境和地方感。

引 言

地方品牌的发展可能面临社区各阶层包容且具有代表性的挑战。与企业战略

*A. Campelo（✉）
Cardiff Business School，Cardiff University，Cardiff，UK
e-mail：adrianacampelosantana@gmail.com；campelosantanaa@cardiff.ac.uk

© Springer International Publishing Switzerland 2015
M. Kavaratzis et al.（eds.），*Rethinking Place Branding*，
DOI 10.1007/978-3-319-12424-7_4

相反，品牌有助于定义价值和身份，当地居民的社区认同和共同价值观可以驱动一个地方品牌可持续发展。因此，以社区为中心的方法对一个地区品牌化需要了解人们对其所在位置的理解。这些结构通过一种地方共同感来表达。因此，理解地方感是地方品牌发展的一个重要方面，也是本章研究的重点。"地方感"这一概念早在19世纪末20世纪初就已经被地理学界研究过了（例如，Friedrich Ratzel，1844~1904；Paul Vidal de La Blache，1845~1918），但是在营销管理学界它是一种新概念。因此，本章在理解地方感及其在地方品牌营销中的应用方面进行研究。

Tuan（1975）认为地方感是一种恋地情节，而这种恋地情节是通过我们的经历来构建的。Relph（1976）认为地方感是基于人际关系的，而这些人际关系是各种经历背景下人与人之间互动所形成的。这两个概念都包含实践经验，以及随着时光流逝所形成的特定互动和社会实践与认知的相互联系。Manzo（2003）的报告指出，一些学者认为地方感、区域依赖性和区域认同都是区域依恋的形式（Williams et al.，1992；Bricker and Kerstetter，2000），同时，另一些学者认为地方感比区域依恋包含的意义更广。

这个术语源于拉丁语的"地方守护神"（genius loci），被译为一种区域精神，在古典时期被认为是守护神和地方精神，将衍生出其独特的公共特征（Jackson，1994）。地方守护神的经典概念现在被译为"区域氛围"，是对区域精神的一种更通俗的解释。

Campelo等（2013）是通过地方守护神来理解地方感的，不是指一个神圣的守护者，而是一种对区域精神的共同感知。这种共同的氛围包括区域依恋、社会背景、社区关系和祖先关系（Low and Altman，1992；Hay，1998）。区域依恋的概念与地方感密切相关，因为地方感包括感官、情感、认知和主观体验。对一个地区的依恋是影响其根深程度的情感纽带（Kyle and Chick，2007；Stedman，2003）。正是通过人与区域、人与地形和人与人之间形成的纽带，意义才能被构造、发展出来，并归因于物理特征（正如Ryden，1993所记）。

本章基于对新西兰查塔姆群岛的人种学研究（Campelo and Aitken，2011；Campelo et al.，2013），研究调查了地方感的共同理解：影响因素以及它们是如何被当地社区总结创造出来的。特别是，本章旨在反映Campelo等（2013）提出的关于地方感的基础结构，讨论每一个结构都是如何促成一个共同习惯的。习惯的概念是基于 Bourdieu（2002）的定义，即"一种系统部署，即存在、观察、行为和思维的永久方式，或是一种持久的（而不是永久的）感知、概念和行动的方案或模式或结构"（p.27）。习惯被纳入社会交往中，作为"一组习得特性同时也是社会条件下的产物"存在于群体或社区中（Bourdieu，2002，p. 29）。

这里所采用的地方感概念涉及区域的一套共同经验，以一个区域存在的社会关系为基础，受历史、文化、空间位置、地形、经济等因素的影响，由 Tuan（1975）和 Relph（1976）提出通过我们自己的感官来构造。

物理维度和社会结构的碰撞

物理环境的作用可能是归因于地区和地形的象征意义中有影响力的部分（Stedman，2003）。地形和物理环境是不一样的。地形是一种文化结构，其含义是通过反映社会和文化经验的诠释来赋予的。这些含义是共同行为和地形中文化过程相互作用的产物。事实上，环境的物理特性可能会影响区域精神。环境的特征，如形状、颜色和光线、质地、坡度、风、声音和气味等会影响我们的感官和我们与区域的互动方式（Ryden，1993）。人们通过生活过程和/或个人和集体经历来赋予地区含义，这都是经过了同时期的互动和感知的历史关系。即使是个人经验，也几乎总是与他人有某种程度的关系。事实上，这些含义也是通过与他人的互动，构建的社会故事之间，内部的经验分享而产生的（Hay，1998；Kyle and Chick，2007）。

Stokowski（2002）认为，地方感作为一种社会结构的意义不仅因为可由他人调节，还因为它可以通过与他人的接触而得以复制和持续。关于这个区域的互动和故事证实了象征意义，并验证了人们的说法，更新了记忆和仪式，强化了神话、寓言和传统（Hay，1998；Ryden，1993；Stokowski，2002）。对于 Stokowski（2002）来说，语言对一种地方感的形成是至关重要的，它强调语言保留了地区的生活故事，这些生活故事与人、时间和物理环境联系在一起，从而有助于产生地方感。通过叙述，人们分享过去的故事，参与当下的经历，预测未来。一个地区的一系列故事通过代际发展和强化习惯使意义永存（Kyle and Chick，2007）。

物理环境中发生的互动具有不同程度的可触性。地理位置、地形、空间和人都更有形，而社会互动和情感交往则不那么有形。事实上，这些互动的客观事物共同创造了该地区的氛围。虽然一些由情感纽带形成的互动是无形的，但当用习惯的方式表达时，它们又是有形的。一个地区有意义的氛围通过习惯、生活方式、历史和当地文化来体现。因为不同的人以不同的方式与世界接触，所以地方感是多变的、流动的和独特的。

Campelo 等（2013）的研究目的在于理解什么样的社会结构决定了地方感以及它是如何被创造出来的。他们发现了时间、祖先、地形和社区的结构是查塔姆岛人的地方感形成的决定因素。这四种结构是由社区中的人所揭示的，他们认识到这些因素对他们的习惯、生活方式、个人和公共身份产生主要影响（Campelo et al.，2013）。时间、祖先、地形和社区可以在任何有人居住的地区找到，这是显而易见的。然而，重要的是这些结构（Zaltman，2003）在不同的地区有不同的含义。

时间

时间和空间的相互关系支撑着我们活在世上和活在某个地区的经历。时间具有社会影响，因为社会和社区的概念不同（Lévi-Strauss，1963；Bourdieu，1977；Moore，1986；Harvey，1990；Bender，2002）。Heidegger（1924）从世界的"如何"来考察与过去、现在和未来有关的时间。他研究了时间是"如何"影响的——以什么方式和什么手段。换言之，就是研究过去的（态度和意义）如何影响当下。对于查塔姆群岛来说，时间既与过去有关，也与天气有关。

自然力量的影响（例如天气和季节，特别是季风）可能决定周期和局部时间概念。例如，在查塔姆群岛，时间的概念与天气密切相关，实际上这是时间框架的决定因素。天气决定了船舶和飞机的到达和离开时间，并影响了日常工作（渔业或农业）的决定。它与时钟或日历时间不同，创造了另一种不遵循工作日（星期一至星期五）和工作时间（上午9点至下午5点）的框架。Bender（2002）描述了类似的时间概念，他认为时间是"事件驱动"的（p.107）。

Bourdieu（1977）在对北非卡比尔的研究中论证了一种特殊的时间感。基于一系列的文化过程，卡比尔的时间是由个人和集体共同构建的。Giddens（1985）也讨论了由文化约束所决定的时间推算结构，他跟随着 Bourdieu（1977）的脚

步，把时间与"日常活动的基本组成"联系起来（p.284）。Giddens（1985）关于
卡比尔人依据农耕日历判断时间的观点与查塔姆群岛的天气依赖非常相似
（Campelo et al., 2013）。

时间的另一个方面是关于过去如何影响当代生活和现在的习惯。根据 Heid-
egger（1924）的观点，过去不是"什么"，而是"如何"。过去的"如何"（做事
的方式）影响了当下的"如何"，以及未来的"如何"。过去影响着当下的社会结
构、社会再生产和共同经历。这些经历随着时间的推移而演变，并被融入到文化
中。他们在做事的方式上变得根深蒂固，形成了一种进化习惯——"一个不断受
到经验影响的开放制度体系"（Siisiainen，2000，p.15）。

时间作为一种结构可能取决于当地，也可以从与当地文化制约相关的角度来
理解（Bender，2002）。这一联系决定了时间的框架，并因此确立了一个地区的
节奏。它也可能影响当地日历。例如，在萨尔瓦多—巴西，众所周知，商业年和
学年都在狂欢节之后开始。狂欢节活动遵循天主教日历，持续七天直到圣灰星期
三。同一国家的其他城市也不会有相同的时间表。对于地方品牌来说，关键是要
承认不同社会中的时间是不同的（正如 Harvey 于 1990 年所指出的）。重要的是
了解文化制约因素是如何决定一个地区的时间感的每一种排列（反之亦然），并
且认识到它如何影响地区的社会再生产。

地方品牌的含义涉及群体的公共和集体行为是如何与人们理解和做事的方式
联系在一起。时间（无论是传统的、现代的、缓慢的、繁忙的）都会影响到区域
的生活方式以及它对社会再生产、公共和集体行为以及行为过程的重要性。理解
社会秩序是如何建立的，包括明确的和隐含的规则程序，发展中的地方品牌应该
加以考虑。

祖先

在宗谱、传统和史实如何影响当代日常生活实践的问题上，祖先是一个重要
的结构。祖先的构造包含了以特定的方式做事的意义和原因，这影响了习惯。一
个群体的习惯反映了他们是谁，以及他们如何成为现在的自己。在社会再生产中
对祖先影响的认识强化了社会和社区的本体特征，从而解释了以特定的方式做事
的原因。祖先是一个地区社会资本的一部分，包含了价值观、历史和文化。
Bourdieu 将资本视为一种资源，不仅具有经济上的含义，而且也是"诸如地位、

权力、人际关系以及正式和非正式的知识形式等的来源"（Hillier and Rooskby，2002，p.8）。他解释道，"无论以何种形式表示的资本，即在知识的关系中，或者更确切地说，在误解和认同的关系中，象征性地被理解，预先被认为是一种对习惯的干预，这是一种社会构成的认知能力"（Bourdieu，1986，p.56）。

Bourdieu 将社会资本解释为"个人或群体凭借拥有相互认识和认同的或多或少制度化的关系的持久网络，累积的实际或虚拟的资源总和"（Bourdieu and Wacquant，1992，p.119）。有三个要素对于社会资本的定义是很重要的：认识、认同和时间长短。

社会资本本质上来源于与某一群体相联系的集体现象（Bourdieu，1986；Si-isiainen，2000）。它给了 Bourdieu 所谓的属于这个特定群体的"资格"。在过去对现在的影响的意义上，祖先与过去的时间结构有内在联系（Heidegger，1992[1924]）。通过这种方式，社会实践加强了对社会资本的定义，比如认识、认同和时间长度。认识到资本的象征维度，Bourdieu 解释道，"象征资本代表了被认为是合法资本的各种形式"（Bourdieu，1989，p. 17）。符号资本有助于揭示一个地区社会资本的传统、符号和形象。

对于地方品牌，这似乎与 Cayla 和 Arnould（2008）提出的社会文化实体的品牌概念相关。他们提出应该以各种文化形式的案例来研究和管理品牌，这些案例是"内容嵌入和文化相关的；是历史嵌入的；假设品牌含义的来源是（有时是不可预测的）多中心的，尽管有产品或服务的表面功能但在品牌含义上采用神话或象征的观点"（Cayla and Arnould，2008，p.104）。

地形

地形是一种有意义的社会和文化结构，它连接和调节人与物质环境之间的关系。正是通过地形，人们体验了这个地区。不同类型的物理环境，如城市/乡村或海岸/山区，影响人们与周围地形的接触（Sack，1988）。值得注意的是，这种接触也受到社会和文化特征的影响，以及祖先和生活事件（过去和现在）的影响。这种接触并不是连续的线性事件，而是一系列无止境的社会互动，不断地影响着社会再生产。因此，这种接触会影响到做事方式、生活方式和习惯的发展（Hillier and Rooksby，2002）。

虽然地区经历赋予了地形含义，但地形的物质性为人们提供了关于他们经历的共享参考图。最后，像黏合剂一样，地形作为地区的外观为我们的关系和记忆提供了公共视觉背景（Cosgrove，2006）。作为一种结构，它包含着一组对一群与地形有接触的人来说非常特别的意义。这些意义是由社会文化属性和情感纽带创造的。地方品牌的重要性在于，它不仅能够更好地了解当地的居住环境和习惯，而且促进区域形象。

研究地方品牌的学者认为，地形在发展地方品牌中扮演着重要的角色。例如，根据 Dooley 和 Bowie（2005），"新西兰"这一品牌围绕着新西兰的风景和人与自然环境之间的娱乐互动发展。调节人与地区之间的关系，地形反映了我们与外部、有形和可见的世界（Massey，2006）打交道的方式，并构成了我们正在进行的社会交流的一部分。

与地形的互动导致文化与特定区位相联系，并且创造的意义既是对当下的回应，也是对过去的反映。对于市场营销人员来说，了解人们与地形之间可能的互动是很重要的，除了它在提供代表性图像方面的作用。

社区

社区的定义基于区域的定义，它是根据人与周边环境之间的互动发展形成的区域。在很大程度上，这些互动将人类世界的社会、自然和文化方面结合在了一起。这种现象影响个人与环境、个人与个人之间的互动。文化和社会关系创造了社区的集体意识，对这些关系的共识规定了社区的特征。正是由于共同的价值观，人们态度背后的意义和彼此互动将一群人转变成一个社区。总的来说，人们有能力创造和理解一个地区的含义（Creswell，2004）。

这个结构体现了社区的社会互动和社会再生产的特点。它代表了社会资本、符号资本和地区习惯的特征（Bourdieu，1977；Casey，1996）。它完全受到时间、祖先和地形所描绘的含义的影响。务必要注意的是，除了影响社区的每个结构所包含的意义之外，每组意义的"如何"才是最重要的。每一个结构的"如何"适用于发展过程，并将每一个结构插入或包容到习惯中。"如何"进行社会再生产造成了每个社区的特点。

理解习惯

区域因人而充满生机。每个结构的意义取决于它们是如何被社会创造、分享和反映的。理解结构是什么，它们如何运作，以及它们的文化意义形成了对区域习惯的认识。

习惯——体现了历史，内化为第二天性，因而被历史遗忘——是整个过去的积极存在，它是一种产物。因此，正是这一点赋予了它们在当前外部决定下的相对自主权。这种自主权是过去颁布和实行的，以累积资本运作，在历史的基础上创造历史，从而确保变革的持久性，使个体在世界范围内形成团体（Bourdieu，1990，p. 56）。

因此，习惯在社会交往中是一种"后天的特征，是社会条件的产物"，存在于群体或社区之中（Bourdieu，2002，p. 29）。时间、祖先、地形和社区的结构相互作用造就了习惯。习惯包含着"个体的地方感"，但同时也是"其他人的地方感"（Bourdieu，1989，p. 19）。正如 Hillier 和 Rooksby（2002）所说，"因此，习惯是个体（和他人的）的地方感，在个体生存环境的世界中发挥作用等，习惯是一种体现，同时也是一种认知和地方感"（p. 5）。这些定义强化了习惯概念与区域观念的相互关联。

区域观念作为区域氛围，是习惯进化的表现形式，这种习惯进化是在物理环境中社会再生产相互作用结合形成的。这些相互作用的主体具有不同程度的有形性，并且重要性各不相同。然而，这些主体一起创造了区域精神，它们在情感纽带和感官认知方面更为无形，但是在做事方式上表现得非常具体。

展 望

理解地方感在地方品牌开发中很重要。正如 Campelo 等（2013）强调的那样，不是四种结构的存在塑造了地方感，而是重要性、意义、每一个结构 "如何" 决定地方感。每个地区的独特之处在于它的地方感。因此，重要的是要理解创造每个地区独特性的含义和标识。

地方品牌的发展是复杂的，因为它需要得到当地人的认可，承认当地的文化价值观和特性，在笔者看来是一种对公共地方感的理解。地方品牌的独特形式需要包括当地社区、习惯和地方感。

根据 Campelo 等（2013）提出的关于元素与结构之间关系的讨论，说明了每个结构如何影响习惯，以及四个结构之间的相互作用如何创造出一种公共的地方感。未来研究的方向可能是探讨区域环境美学与地方感之间的联系。跟随环境美学的先驱 Hepburn 的脚步，"在探索地方感的逻辑时，重点可以放在情感上、认知上、'美学知识' 上或是 '抓住' 某个区域。以地方感（审美）了解一个地区"（1999，p. 7）。

参考文献

Bender B（2002）Time and landscape. Curr Anthropol 43（S4）：S103–S112

Bourdieu P（1977）Outline of a theory of practice. Cambridge University Press，Cambridge

Bourdieu P（1986）The forms of capital. In：Richardson J（ed）Handbook of theory and research for the sociology of education. Greenwood Press，New York，pp 241–258

Bourdieu P（1989）Social space and symbolic power. Sociol Theory 7（1）：14–25

Bourdieu P（1990）The logic of practice. Stanford University Press，Stanford

Bourdieu P（2002）Habitus. In：Hillier J，Rooksby E（eds.）Habitus：a sense of place. Ashgate，Aldershot，pp 27–34

Bourdieu P，Wacquant L（1992）An invitation to reflexive sociology. University of Chicago Press，Chicago

Bricker KS，Kerstetter DL（2000）Level of specialization and place attachment：an exploratory study of whitewater recreationists. Leisure sci 22（4）：233–257

Butz D，Eyles J（1997）Reconceptualizing senses of place：social relations，ideology and ecology. Geogr Ann B Hum Geogr 79（1）：1–25

Campelo A，Aitken R（2011）Travelling to the past：narratives of place and national identity on the Chatham Islands. In：Frew E，White L（eds.）Tourism and national identities：an international perspective. Contemporary Geographies of Leisure，Tourism and Mobility Abingdon：Routledge，pp 190–201

Campelo A，Aitken R，Thyne M，Gnoth J（2013）Sense of place：the importance for destination branding. J Travel Res（published online 19 July 2013）. doi：10.1177/0047287513496474

Casey ES（1996）How to get from space to place in a fairly short stretch of time：phenomenological prolegomena. In：Feld S，Basso K（eds.）Senses of place. School of American Research Press，Santa Fe，pp 13–52

Cayla J，Arnould EJ（2008）A cultural approach to branding in the global marketplace. J Int Mark 16（4）：86–112

Cosgrove D（2006）Modernity，community and the landscape idea. J Mater Cult 11（1–2）：49–66

Dooley G，Bowie D（2005）Place brand architecture：strategic management of the brand portfolio. Place Brand Public Dipl 1（4）：402–419

Giddens A（1985）A contemporary critique of historical materialism：the nation–state and violence.T.J. Press，Padstow

Harvey D（1990）Between space and time：reflections on the geographical imagination. Ann AssocAm Geogr 80（3）：418–434

Hay R（1998）Sense of place in developmental context. J Environ Psychol 18（1）：5–29

Heidegger M（1992［1924］）The concept of time. Blackwell，Oxford

Hepburn R（1999）Knowing（aesthetically）where I am. University of Lancaster，Department of Philosophy，Lancaster

Hillier J，Rooksby E（2002）Introduction. In：Hillier J，Rooksby E（eds.）Habitus：a sense of place. Aldershot，pp 3–25

Hummon DM（1992）Community attachment：local sentiment and sense of place. In：Altman I，Low S（eds）Place attachment. Plenum，New York，pp 253–278

Jackson JB（1994）A sense of place，a sense of time. Yale University Press，New Haven

Kyle G，Chick G（2007）The social construction of a sense of place. Leisure Sci 29（3）：209–225

Lévi–Strauss C（1963）Structural anthropology. Basic Books，New York

Low S，Altman I（1992）Place attachment：a conceptual inquiry. In：Altman I，Low S（eds）Place attachment. Plenum，New York

Manzo LC（2003）Beyond house and haven：toward a revisioning of emotional relationships with places. J Environ Psychol 23（1）：47–61

Massey D（2006）Landscape as a provocation：reflections on moving mountains. J Mater Culture 11（1–2）：33–48

Moore B (1986) Space, text and gender. Cambridge University Press, Cambridge

Relph E (1976) Place and placelessness. Pion, London

Ryden KC (1993) Mapping the invisible landscape: folklore, writing, and the sense of place. University of Iowa Press, Iowa City

Sack RD (1988) The consumer's world: place as context. Ann Assoc Am Geogr 78 (4): 642–664

Siisiainen M (2000) Two concepts of social capital: Bourdieu vs Putnam. In: ISTR fourth international conference: the third sector: for what and for whom? Trinity College, Dublin, Ireland, 5–8 July 2000

Stedman RC (2003) Is it really just a social construction? The contribution of the physical environment to sense of place. Soc Nat Resour 16 (8): 671

Stokowski PA (2002) Languages of place and discourses of power: constructing new senses of place. J Leisure Res 34 (4): 368

Tuan Y–F (1975) Place: an experiential perspective. Geogr Rev 65 (2): 151–165

Williams DR, Patterson ME, Roggenbuck JW, Watson AE (1992) Beyond the commodity metaphor: examining emotional and symbolic attachment to place. Leisure Sci: Interdiscipl J 14 (1): 29–46

Zaltman G (2003) How customers think: essential insights into the mind of the market. Harvard Business School Press, Boston

第五章　区域认同的反思

格雷格·克尔，杰茜卡·奥利弗 *
（**Greg Kerr**，**Jessica Oliver**）

[摘　要] 本章再次证实了区域营销和地方品牌化的必要性，并且提出了对区域有效的市场理论。我们提出的区域购买决策过程，即进行考察、投资和定位的过程，是一个高介入和以 Rossiter–Percy 网格模型（Rossiter-Percy Grid）为引导的过程。在区域购买决策过程中，如果消费者存在购买的可能性，那么广告信息就必须被消费者相信是真实的。那么，为了迎合消费者的购买动机，商家必须提供某个问题的解决办法或者为人们提供某种形式的享受，甚至是社会认可。我们认为，应该在地方品牌化和营销策略的基础上揭示并选择一个区域认同。在这个过程中，一个地方品牌战略将更具区域代表性，将更好地调整区域广告与其他区域交流的沟通渠道。我们除了在相关的广告和通信框架的指导下，也通过我们的研究和相关文献来支持我们的观点。本章的目的是加深对区域认同的理解和其在区域营销和地方品牌化战略中的有效作用。

*G. Kerr（✉）
Faculty of Business，University of Wollongong in Dubai，Blocks 5，14 & 15，
Dubai Knowledge Village，P.O. Box 20183，Dubai，UAE
e-mail：GregKerr@uowdubai.ac.ae
J. Oliver
Faculty of Business，University of Wollongong，Northfields Ave，
Wollongong，NSW 2522，Australia
e-mail：jlb209@uowmail.edu.au
© Springer International Publishing Switzerland 2015
M. Kavaratzis et al.（eds.），*Rethinking Place Branding*，
DOI 10.1007/978-3-319-12424-7_5

引　言

　　区域营销近年来涌现出越来越多的学术著作，也引起了更多企业相关人士的广泛兴趣和应用。科特勒等（1993）提出，尽管早期已经有关于区域销售和推广的著作，但是对加强营销方法的探索仍然很有必要。他们判定在新居民、企业总部、游客和会议代表、投资者和出口商的所在地存在着区域市场。一个营销方式存在的具体原因包括以下四个方面：①这个区域和它的市场之间有供需关系的存在；②这个区域可以进行市场细分；③这个区域可以吸引更多的市场参与竞争；④这个区域的购买者有着不断增长的流动性和品牌转换能力。地方品牌是一个符合之前地名定义的具有识别和区分的名称（American Marketing Association，2005）。营销教科书在讨论产品层次时（核心层、形式层和附加层），把产品品牌作为产品形式的一部分。尽管在过去的十年中，关于品牌的意义、重要性和品牌管理的研究都有了很大的进步，但是从某种程度上来说，一个组织仍然可以采取由内而外，将品牌作为一个组织的中心及其战略的认同驱动方法，来确定其品牌定位（Urde et al.，2011，p.15）。对于这一点，许多概念（例如品牌、品牌定位、品牌认同、品牌形象、品牌情感和品牌忠诚）被用于区域营销和地方品牌化研究领域，在这两个方面的应用要优先于其他领域。地方品牌的研究者运用这些概念和相关的理论来指导他们的研究。在本章中，我们也采取了类似的方法，目的是为品牌认同应用于地方品牌化等相关方面做出贡献。为此，我们采用了被用于指导广告策略的 Rossiter-Percy 网格模型（Rossiter and Percy，1997）。我们早期的一些研究成果和当前的文献著作都很好地验证了我们的论点。我们方法的核心是要有一个区域，对于这个区域的要求是商家能够吸引和留住包括游客、投资者和新居民在内的顾客。我们指出，对于一个区域有效的市场和品牌的管理来说，了解区域消费者的购买需求，以及其属于何种购买决策类型是至关重要的。我们认为区域认同是由一个区域所赋有的，并且代表着"区域内消费者"的购买价值。

区域购买

如同其他品牌类型，地方品牌同样有着传播功能和象征意义（Hankinson and Cowking，1995）。理想情况下，这些含义应该与利益相关。也就是说，能够提供价值。这个价值可能会产生一个购买动机，提供价格溢价空间，提高品牌资产忠诚度。对于地方品牌的象征意义，我们开始通过讨论广告对地方品牌化的作用，来展示区域认同的重要性。

这应该让我们知道，广告是为了激励消费者尝试或者重复购买。区域市场的广告目标是鼓励人们尝试在该区域内消费（例如，让游客去参观，让投资者去投资，让新居民定居）。能否重复购买（包括决定再次参观、再次投资或持续居住），取决于市场的性质。对于区域市场的重复购买，消费者忠诚是很重要的。忠诚、区域情感和区域满意度的相关概念，得到了地理学家（Brown and Raymond，2007）、环境心理学家（Hidalgo and Hernandez，2001）和营销人员的关注（Zenker et al.，2013；Zenker and Rütter，2014）。

为了解释区域购买决策（试验或重复购买），我们引入 Rossiter–Percy 网格模型（Rossiter and Percy，1997），如图 5.1 所示。

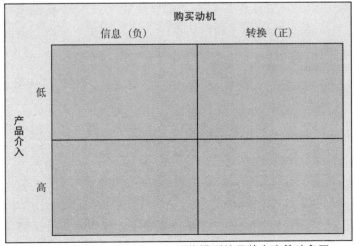

图 5.1　来自 Rossiter–Percy 网格模型的品牌态度策略象限
资料来源：Percy and Rosenbaum-Elliot，2012.

Rossiter-Percy 网格模型是一个 2×2 的消费者态度框架，纵轴是消费者介入度，也就是说，消费者对决策风险的感知度。这种风险有可能是来自资金、产品功能、心理或社会等方面，并将其划分为"高"或"低"两种等级。消费者努力度不仅能够减少消费者做出错误决策的可能性，还可以预示一个决策风险的高低。决策风险高低的分类是通过对消费者的定性访谈来决定的（Rossiter et al.，2000）。网格模型被公认为没有经验数据更加具有说服力，因此，我们认为选择所要购买的区域（用来参观、投资、定居）是一种高介入度的决策，它们大多涉及资金、产品功能以及在某些情况下的心理和社会风险。相反，低介入度的决策预示着作出错误决策的风险小，因此，当消费者在已定区域内做出购买决策时就不会有太多的预期。

在网格模型所示的横轴上，Rossiter 和 Percy 区分了消极的购买动机和积极的购买动机，指出消极动机本身并不阴暗，而是在解决问题、避免问题或者不完全满意等方面的沟通目标上所体现的消极导向（Percy and Rosenbaum-Elliot，2012，p. 185）。相反，积极的购买动机与人们的兴趣一致并且得到社会的认可。我们认为炫耀性消费（Veblen，[1899] 1931，p. 36）、地位消费（O'Cass and McEwen，2004，p.34）和个性消费（Hebdige and Potter，2008）都与积极的消费动机有关。时尚是与区域消费有关的（Atik and Firat，2013），并且是融入区域消费中的（Lewis et al.，2013）。

关于区域购买有两个主要方面：首先，我们能想到的是，潜在的购买者必须有一个对区域（品牌）的认识；其次，是对可能购买的区域有一个积极的态度（而不是积极动机的混淆）。对于积极的态度必须基于某个利益。我们认为这个利益需要存在于区域认同中，并且，我们进一步指出，不应投入一个"虚构"的口号、标语和（或者）简单而又引人注意的韵律，就将其称为"品牌"。我们通过利用 Rossiter-Percy 网格模型分析高介入决策来支持这一观点。

特别指出的是，确定购买区域的决策可能是基于积极或者消极的动机。对于不受战争影响或离开经济落后区域的人们，消极的购买动机可能是解决问题方案动机的根源。搬迁的人们给孩子提供更好的教育和更多的职业发展机会，是避免问题动机的一个例子，而人们寻找一个更好的生活方式是为了解决不完全满意。相比之下，人们可能会在积极的动机下确定购买区域的决策。也就是说，享受地方（感官的满足）或给他人留下深刻印象（社会认同）。为了进一步讨论购买动机，参阅 Percy 和 Rosenbaum-Elliot（2012，p.185）。

然而，对于消极动机（信息策略）和积极动机（转移策略），Percy 和 Rosenbaum-Elliot（2012）强调采用不同的传播策略是必要的，在这两种情况下，我们认为有与区域相关的共同需求。如果这个区域购买决策是基于消极动机，那么必须以某种方式来提供说服目标受众的信息。这其中包括要了解消费者当前的态度。如果消费者是消极的态度（不是消极的动机），那么他们的态度即使是过时的或者是错误的，也不可能去购买。因此，区域营销人员必须了解那些潜在区域购买者的消费态度，以及哪些人可以影响他们的消费决策。在我们的一家咨询公司里，我们通过从区域营销相关行业中招聘外部的舆论领袖来解决这个问题（Baxter et al.，2012）。弄清楚哪种利益对于潜在的区域购买者来说是重要的，这一点也很重要。

如果区域购买决策是建立在积极的动机之上，并且与 Rossiter-Percy 网格模型一致，那么目标受众对所接受的信息就必须认为是真实的，并且，他们必须对商品的品牌和商品所描绘的好处有自己的判断（Percy and Rosenbaum-Elliot，2012，p. 193）。也就是说，消费者所要购买商品的区域能为他们带来感官满足或社会认可。当我们在考虑与区域营销和地方品牌相关的区域认同的时候，重要的一点就是存在高介入购买决策的潜在购买者必须接受传播的好处并被认为其是真实的，这就是区域认同争论的关键。

本部分建立了消费者参与选择购买区域的决策模型。我们认为，广告当然仅仅只是传播形式的一种，其他的传播形式所传达的有关地方品牌或者其他方面的信息应该保持一致，例如，Ashworth（2009，p.1）说明了人们"通过对他们思想接触点的理解来构建他们对区域的认识"。这些接触点包括：个人经验的积累；电影、小说和媒体报道的表现形式；以及对城市规划设计相关政策干预的思考。

传　播

正如本章一开始所提到的，通过使用那些已经确立的区域营销和地方品牌化相关的概念和理论来指导他们的研究，这样做所具有的好处和局限性通常是被普遍认同的。关于传播的研究就是一个很好的例子。

Kavaratzis（2004）提出的城市形象传播模型与 Balmer 和 Gray（1999）提出的企业形象识别传播模型之间存在相似之处。Kavaratzis（2004）解释了区域传播的内容和结果是城市形象的形成，然而，Balmer 和 Gray（1999）假定企业形象识别是品牌传播内容对企业形象和声誉的结果。我们认为区域认同是区域传播的内容和结果。区域传播的内容是对区域认同正式和非正式的传播。Kavaratzis（2004）提出的模型将城市景观、基础设施、政府结构和内部利益相关者的行为作为一级的传播特征。与 Balmer 和 Gray 提出的模型类似，这些模型的一级传播特征都是指利益相关者在区域（或组织）的亲身经历。二级的或正式的传播包括公共关系、视觉识别系统、促销和广告；这些二级的或正式的传播方式就是本章关于 Rossiter-Percy 网格模型在前面讨论的焦点。最后，三级传播包括口头语言（内部利益相关者之间和内、外部利益相关者之间），以及媒体和竞争对手的传播。在旅游背景下，Kerr 等（2012）指出"炫耀"的作用和潜力，这一点可能与其他区域市场有相关性。记住居民是区域产品的制造者，区域认同也就是区域传播的结果。居民把他们内在地影响产品本身的能力解释为一级、二级和三级传播。我们将会在以下部分扩展这一点。

我们现在回到前一部分中提到的重点，关于品牌广告效益的要求（正式沟通）是被在高介入度的消费决策（无论何种动机）中的潜在购买者所接受并认为是真实的。如果广告传播的内容不符合其他传播形式，在这种情况下，我们就认为广告传播的区域信息是无用的。所谓的品牌口号是可以通过广告的方式进行传播，但是如果这个口号不是通过一级和三级的渠道传播的，那么这将不太可能被潜在的购买者接受并认为是真实的。由已经购买过的消费者向潜在消费者进行三级口头语言的传播就是一个很好的例子。由于这个原因，这种认同驱动方法对于区域营销和地方品牌化将是至关重要的。我们现在来解释区域认同。

区域认同

区域认同是一个被应用于包括环境心理学和地理学在内的其他学科的概念。

关于企业的认同描述是"我们是一个怎样的组织"（Brown et al.，2006，p. 102）。
Brown 等（2006）解释，认同的持有者不仅参与组织认同的创建，而且也是由其
发展形成的。组织成员是组织认同的生产者和消费者。我们参考 Scott 等（1998）
提出的关于识别的结构模型，这个模型是在 Giddens（1984）提出的支持认同和
识别的二元结构模型的基础上建立的。他们解释道，识别不仅是一个依附的过
程，而且是这个过程的产物。识别不仅与新兴认同有关，也与我们在地方品牌化
所确立的认同驱动方法相关。个人认同及其认同的传播所表达的归属感，也就是
指对于区域内各种各样的集体的依附。Scott 等（1998）提出了维持各种认同的
社会成本和价值，我们认为这一点与区域购买的高介入决策相关，这实际上是一
个识别区域购买者寻求一个既与他们感知一致又能符合他们认同的区域的过程。
个人或组织在一个区域内的参观、投资或者定居的决策就是有助于逐渐出现认同
识别的一个例子。创意阶层的影响就是识别过程的一个例子，也是认同逐渐浮现
的一个结果。一些区域认同的特征现在也被提出来了。

居民是认同持有者

类似于组织及其员工，居民也是一个区域的认同持有者。居民对于区域的情
况有他们自身的看法。具体而言，在理想情况下，在做出地方品牌化策略时，需
要把作为认同持有者的居民考虑在内。一个偏离区域认同的品牌策略将不会被居
民接受并认为是真实的，更不用说对于那些区域广告传播的外部接受者了。

区域认同的多元化

关于多元化认同是建立在个人（Barker and Galasinski，2001）、组织
（Balmer and Greyser，2003）和区域（Baxter et al.，2013）的相关文献基础之上
的。关于国家，de Cilliat 等（1999，p.200）认为"不存在唯一的国家认同"。
Hall（2003，p. 194）解释这些多元化认同多发生在"积极和消极的（区域）评
估"。一个区域的独特性和特殊性受制于这个区域所居住的人，并且与他们的经
历是相对的。所以说，区域认同（认同设定）可能包括赞美或贬损的认同；这不
仅对区域及区域内所居住的人而言，甚至对采用区域营销和品牌战略来说也是
如此。

区域认同的流动性

作为一个和社会相关的概念，区域认同本质就具有流动性和变化性（Minca，2005；Mueller and Schade，2012）。它是影响认知的一种社会预期，也是预期价值和个人环境重要性的一种反应（Stokols and Shumaker，1981；Wynveen et al.，2012）。Altman 和 Low（1992，p. 7）认为区域是人际交流、社区以及文化交流发生的孕育地。尽管区域认同来自区域内的个人理解，但区域认同还是受制于认同持有者的文化环境。我们同意 Kalandides（2011）、Kavaraztis 和 Hatch（2013）的观点，认为区域认同的流动性意味着区域认同不仅是一个过程，也是一个研究的结果。这是因为区域认同是流动的，并且受内外部区域环境的影响，所以对于区域认同的不断监督和管理是很重要的。

区域认同的合作生产

区域认同的合作生产指的是居民和区域之间对于区域认同意义构建的过程，也就是说，居民是区域认同的创造者和消费者。我们认为区域认同的多元化是人们与他们居住的区域长期的意义构建过程的结果。区域认同是居民对于区域元素的理解，例如文化、自然环境和建筑环境。这个区域不同于需要人际交流的空间。比如一个户外篮球场最简单的形式就是只有一块混凝土板。随着人们对空间的利用，这块场地变成了一块运动场地并且可以供社会上的人使用。区域认同也是通过人与区域之间、人与人之间的交流过程而形成的。

区域认同是一种社会化的存在，它如同城市的外貌景观一样存在于"人的经历、眼中、心中"（Relph，1976，p.5）。Hague（2005，p.7）认为，从城市规划师的角度来看，环境认知是通过社会结构过滤感情、含义、经验、记忆和行动的过程。此外，Wynveen 等（2012）认为，提出区域意义构建的过程受环境、个人以及个人社会观的影响（Wynveen et al.，2012，p.287）。因此，我们说，区域的本质是社会化。Aitken 和 Campelo（2011）在他们的地方品牌化模型中强调了共同创造的意义。这个模型的核心是需要理解区域内共享的认同。理解了共享认同以及它们如何代表人们的日常生活，对于创建真实的地方品牌来说是至关重要的。

在前文阐述区域营销和地方品牌化必要性之后，我们已经论述了区域购买决策的本质，以及在对区域认同做出解释之后提出的区域传播过程的类型。接下来我们通过自己的调查研究和相关文献，进一步详细阐述区域认同和地方品牌管理之间的关系。

区域认同和地方品牌管理

我们指出在早期的研究中（Baxter et al.，2013），在区域认同和地方品牌认同之间存在误区。区域认同是多元和流动的。不同的是，地方品牌认同是被选择和设计的，并被进行更正式的传播。图 5.2 是关于伍伦贡市的相关研究，Baxter（2011）用澳大利亚作为例子来解释这一点。

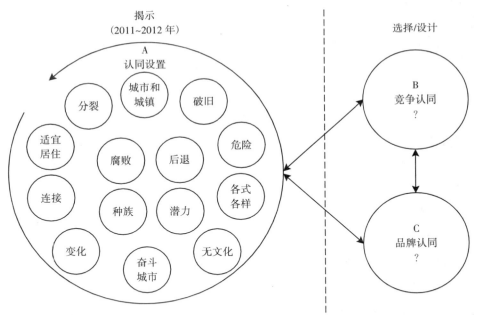

图 5.2　区域认同、竞争性区域认同和地方品牌认同关系
资料来源：改编自 Baxter et al.（2013）。

对伍伦贡市居民通过有目的地选择样本来做半结构式访谈，是为了用来揭示伍伦贡市的区域认同。在图 5.2 中"A"的目的是揭示"认同群体结构"。"A"中的开放箭头是指区域认同的流动性。与其他区域开发和实施的品牌策略不同，伍伦贡市在我们研究的十年之前就选择和设计了"城市创新"的标语作为其自身的竞争认同和品牌认同。有趣的是，尽管用了数百万美元的促销和十年的时间，伍伦贡市创新的主题并没有得到明显的认同，反而带来了一些关于品牌战略合理性和有效性的问题。这给我们带来了一个问题，地方品牌化在认同管理中有什么作用。例如，在提到一个地方品牌策略的有效性时，关于区域认同的纵向研究显示，随着时间的推移认同可能会发生变化，甚至是对于前文提到的刚出现的区域认同；我们当然也承认区域认同不仅是受到品牌策略的影响。

凭借后见之明的好处，以及从区域认同和地方品牌化本质中获得更好理解所带来的优势，我们的建议是从被揭示的区域认同集合"A"中选择一组有竞争力的认同，并将品牌认同的设计与此结合。我们指出认同的设计（图 5.2 中的"B"和"C"）代表着战略选择，那么既然这样，就应该由当地的委员会去领导。

关于对图 5.2 的讨论带我们回到了本章关于参观、投资、定居的高介入区域购买决策的主要论点上去。Rossiter–Percy 网格模型强调，广告信息必须被区域购买者在思想上接受并认为是真实的。我们将这个争论扩展到包括被 Kavaratzis（2004）认定的其他形式的沟通，尤其是来自区域购买者的口碑。我们质疑怎样的传播方式会刺激区域购买决策，图 5.2 再次提到了"城市创新"品牌策略和与之相关的广告活动。它对一个问题的解决方案有帮助吗？它真的有利于消费者感官的满足和得到社会认可吗？信息是被接受并且被认为是真实的吗？

从我们的研究中发现，正如图 5.2 所示，"潜力""变化"和"连接"的认同设定就是区域认同的一个例子，它们被选为竞争认同和品牌策略的基础形式。这些认同的好处在于广告信息可能被潜在区域购买者接受并认为是真实的。这些认同可以向不同的市场传播不同的利益。例如，"潜力"和"变化"可能会吸引投资者和新的居民，但是较少能吸引来游客。这也提出了一个问题，一个被选择和设计出来的品牌认同是否能影响多个市场。Kerr 和 Balakrishnan（2011）在他们的地方品牌构建的讨论中提到了这个问题。除了外部关系，一个被选定的地方品牌策略可能是孤立的，甚至疏远一些内部的利益相关者群体。无论地方品牌策略怎样展开，与认同有关的连接都不应该被忽视。

我们关于地方品牌化的方式就是认同驱动。Kavaratzis 和 Hatch（2013）也支持了这个观点，他们认为认同选择作为产生品牌认同的方式，就应该通过参与的方式与利益相关者协商。使用 Kavaratzis 和 Hatch（2013）基于地方品牌模型认同的术语，这里的目标就是在传播中反映和表达区域认同。

小　结

根据市场的需要，我们认为如果目标是吸引和保留那些渴望得到的细分市场，那么就必须理解区域购买的消费决策。我们讨论的核心就是高介入的区域购买决策。如果信息在某些方面与区域认同不一致，那么什么样的广告能被接受并被认为是真实的就成为一个艰难的任务。进一步来说，理想情况下，一级传播、二级传播、三级传播应该一致。如果信息是一致的并且被潜在购买者接受并认为是真实的，那么区域购买决策才更有可能发生。为了达到这一点，我们认为最基本的就是一个认同驱动的方式。一个以被称赞的认同为基础的品牌承诺，不仅容易被相信，而且它还可以搁置甚至消除那些消极的认同。我们认为需要通过市场和品牌策略更好地理解认同的形成，进而转向艾滋病认同的管理。我们的首要任务就是使新理论的发展具有学术性和实践相关性。

参考文献

Aitken R，Campelo A（2011）The four Rs of place branding. J Mark Manage 27（9–10）：913–933

Altman I，Low SM（eds.）（1992）Place attachment. Plenum Press，New York

American Marketing Association（2005）Dictionary of marketing terms. http：//www.marketing power.com/mg–dictionary–view329.php?. Accessed 20 June 2007

Ashworth G（2009）The instruments of place branding：how is it done? Eur Spat Res Policy 16（1）：22

Atik D，Firat AF（2013）Fashion creation and diffusion：the Institution of Marketing. J Mark Manage 29（7–8）：836–860

Balmer J，Greyser S（2003）Revealing the corporation. Routledge，London

Balmer JMT，Gray ER（1999）Corporate identity and corporate communications：creating a competitive advantage. Corp Commun Int J 4（4）：171–177. doi：10.1108/eum0000000007299

Barker C，Galasinski D（2001）Cultural studies and discourse analysis：a dialogue on lan-

076 | 反思地方品牌建设：城市和区域的全面品牌发展
Rethinking Place Branding: Comprehensive Brand Development for Cities and Regions

guage and identity. Sage Publications, London

Baxter J (2011) A systemic functional approach to place identity: a case study of the city of Wollongong. Masters by research masters by research thesis, University of Wollongong, Wollongong. http: //ro.uow.edu.au/cgi/viewcontent.cgi? article=4371&context=theses

Baxter J, Kerr G, Clarke R (2013) Brand orientation and the voices from within. J Mark Manage 29 (9–10): 1079–1098. doi: 10.1080/0267257x.2013.803145

Baxter J, Kerr G, Clarke RJ (2012) Identities and images of Wollongong. Wollongong City Council, Wollongong

Brown G, Raymond C (2007) The relationship between place attachment and landscape values: toward mapping place attachment. Appl Geogr 27 (2): 89–111

Brown T, Dacin P, Pratt M, Whetten D (2006) Identity, intended image, construed image, and reputation: an interdisciplinary framework and suggested terminology. Acad Mark Sci J 34 (2): 99

de Cillia R, Reisigl M, Wodak R (1999) The discursive construction of national identities. Discourse Soc 10 (2): 149–173

Florida R (2002) The rise of the creative class. Basic Books, New York

Giddens A (1984) The constitution of society. University of California Press, Berkeley

Hague C (2005) Planning and place identity. In: Hague C, Jenkins P (eds) Place identity, participation and planning. Routledge, Oxfordshire, pp 3–19

Hall S (2003) Representation: cultural representations and signifying practices. Open University, Sage

Hankinson G, Cowking P (1995) What do you really mean by a brand? J Brand Manage 3 (1): 43–50

Hebdige D, Potter A (2008) A critical reframing of subcultural cool and consumption. Eur Adv Consum Res 8: 527–528

Hidalgo MdC, Hernandez B (2001) Place attachment: conceptual and empirical questions.J Environ Psychol 21 (3): 273–281

Kalandides A (2011) The problem with spatial identity: revisiting the "sense of place". J Place Manage Dev 4 (1): 28–39

Kavaratzis M (2004) From city marketing to city branding: towards a theoretical framework for developing city brands. Place Brand 1 (1): 58–73

Kavaratzis M, Hatch MJ (2013) The dynamics of place brands an identity–based approach to place branding theory. J Marketing Theory 13 (1): 69–86

Kerr G, Balakrinshnan M (2011) Challenges in managing place brands. J Place Brand Public Dipl 8 (1): 6–16

Kerr G, Lewis C, Burgess L (2012) Bragging rights and destination marketing: a tourism bragging rights model. J Hosp Tour Manage 19(1): 7–14. doi: http: //dx.doi.org/10.1017/jht.2012.17

Kotler P, Haider D, Rein I (1993) Marketing places: attracting investment, industry, and tourism to cities, states, and nations. Free Press, New York

Lewis C, Kerr G, Burgess L (2013) A critical assessment of the role of fashion in influencing the travel decision and destination choice. Int J Tour Policy 5 (1/2): 4–18

Minca C (2005) Bellagio and beyond. In: Cartier C, Lew A (eds) Seductions of place: geographical perspectives on globalization and touristed landscapes. Routledge, Abingdon, pp 103–120

Mueller A, Schade M (2012) Symbols and place identity, a semiotic approach to internal place branding–case study Bremen (Germany). J Place Manage Dev 5 (1): 81–92

O'Cass A, McEwen H (2004) Exploring consumer status and conspicuous consumption. J Consum Behav 4 (1): 25–39

Percy L, Rosenbaum–Elliot R (2012) Strategic advertising management, 4th edn. Oxford University Press, Oxford

Relph E (1976) Place and placelessness. Pion, London

Rossiter J, Donovan R, Jones S (2000) Applying the Rossiter–Percy model to social marketing communications. Paper presented at the ANZMAC 2000, Gold Coast, Australia

Rossiter J, Percy L (1997) Advertising communication and promotion management, 2nd edn. McGraw–Hill, New York

Scott C, Corman S, Cheney G (1998) Development of a structural model of identification in the organisation. Commun Theory 8 (3): 298–336

Stokols D, Shumaker SA (1981) People and places: a transactional view of settings. In: Harvey J (ed) Cognition, social behaviour and the environment. Erlbaum, Hillsdale, pp 441–488

Urde M, Baumgarth C, Merrilees B (2011) Brand orientation and market orientation–from alternatives to synergy. J Bus Res 66 (1): 13–20

Veblen T ([1899] 1931) The theory of the leisure class: an Economic Study of Institutions. The Viking Press, Inc., New York

Wynveen CJ, Kyle GT, Sutton SG (2012) Natural area visitors' place meaning and place attachment ascribed to a marine setting. J Environ Psychol 32 (4): 287–296. doi: 10.1016/j.jenvp.2012.05.001

Zenker S, Petersen S, Aholt A (2013) The citizen satisfaction index (CSI): evidence for a four basic factor model in a German sample. Cities 31(0): 156–164. doi: http: //dx.doi.org/10.1016/ j.cities.2012.02.006

Zenker S, Rütter N (2014) Is satisfaction the key? The role of citizen satisfaction, place attachment and place brand attitude on positive citizenship behavior. Cities 38 (0): 11–17. doi: http: //dx.doi.org/10.1016/j.cities.2013.12.009

第六章 虚拟和在线地方品牌化的反思

罗伯特·戈弗斯 *
（Robert Govers）

[摘　要] 本章探讨了技术和互联网对于地方品牌声誉的影响和在线工具是如何在地方品牌化中被使用的，以及未来地方品牌化将会是什么样子。在本章讨论中穿插了案例研究，例如：昆士兰（澳大利亚）在世界上发起的最好工作活动；在 Twitter 上的旋转账户 @Sweden（位于荷兰的林堡省）；对迪拜、阿布扎比和卡塔尔的社交媒体分析。我们得出结论：由于个人经验和口碑在区域市场的重要性，信息技术和社交媒体将很快取代作为"品牌化"主要工具的主流媒体广告。然而直至今天，技术仍然是以自身为目的在地方品牌化过程中被经常使用，只是为了反映被商品化的虚拟品牌价值的现代性、开放性和创新性，而不是通过作为内容和象征性行动的一个工具来反映有意义的、独特的、相关的和真正的品牌价值。

引　言

考虑到地方品牌化学科已经存在十年多了（*Place Brand and Public Diplomacy*

*R. Govers（✉）

Antwerp，Belgium

e-mail：rgovers@rgovers.com

ⓒ Springer International Publishing Switzerland 2015

M. Kavaratzis et al.（eds.），*Rethinking Place Branding*，

DOI 10.1007/978-3-319-12424-7_6

杂志在 2014 年举办了十周年庆典），现在是时候对地方品牌化的概念进行反思了。因此，本书及时结合当今无处不在的媒体、网络和移动技术，提出了"虚拟和在线地方品牌化"这一章节。另外，你也许会奇怪为什么这个话题会成为独立的一章内容，而不是在本书的开头介绍它，那是因为，如果放在本书的开始，就会带来一个问题——并不是所有的地方品牌化在一定程度上都是虚拟的。也许，在一些关于地方品牌化融合的核心问题上，真实的地方品牌化和虚拟的地方品牌化还是存在于不同的地方。这就要求我们在开始本章讨论之前，先要对关于网络发展塑造地方品牌化的方式以及未来网络如何影响地方品牌化这两个问题做出解释。

地方品牌是一种虚拟化的现象。品牌试图创造一个独特的心理联想，这种联想使消费者通过一个名字、象征或者其他识别的特点就能联想到这个品牌。换句话说，地方品牌试图为消费者创造一个能够识别产品、服务或者其他实质性东西（如区域）的一种方式，并且也为与产品有关的实体创造知名度，进而在消费者心中建立一个积极的形象，最后，形成消费者忠诚度（Aaker and Joachimsthaler，2000）。因此，地方品牌试图从供应需求和真实感受的角度来调整其被消费者感知到的形象（Gallarza et al.，2002）。然而，与企业、产品、服务的品牌以及我们每天面对的实体零售环境或者产品体验所不同的是，地方品牌在很大程度上是虚拟的。人们对一个区域的真实经历是这个区域的当地人和那些相对稀少的国际游客参观这个特定区域（可能除了几个已经被很多人参观过的全球城市）的先决条件。

对于绝大多数人来说，大部分区域的品牌形象几乎是完全虚拟的，因此，口碑被认为是人们形成区域形象最重要的信息来源之一，这一点毫不奇怪（Beerli and Martín，2004；Sirakaya and Woodside，2005）。进一步来说，社交媒体变得越来越重要也就不足为奇了（Xiang and Gretzel，2010）。由此看来，互联网已经彻底改变这一领域，并且将主导地方品牌化，这是因为它允许通过网络的"民主"和意见、评论、观点的分享以及同行的信息和见解等许多新的方式来提高区域的真实性和代表性。

因此，互联网将使广告和一些地方品牌化的活动看起来是在浪费资源甚至是无效的（Govers et al.，2007；Hildreth，2010）。虽然广告是将信息推送给不情愿的观众，但搜索和社交媒体却是为乐意的消费者提供了参与的机会，把他们吸引进来并分享他们关于区域对自我选择观众感兴趣的故事，进而促进品牌的共同创造。这就是地方品牌的虚拟特性，当然这也是网络为地方品牌化提供的重要机会。所以网络提供了什么以及地方品牌化的实践如何提高，这也是本章其余部分将要进行阐述的。

地方品牌化和技术的影响

地方品牌化影响地方品牌形象的形成（通过声誉管理）。有许多影响形象的方式和许多信息的来源都潜在地影响着人们理解世界的方式。这些都被 Gartner（1993）称为"形象形成代理"。最重要的代理形式就是人们心中的形式认知，当然，还有他们自己的经历（也被称作"感官代理"），其次是同事之间口口相传的经历，以及朋友、亲戚或者其他网络的联系（这被称作"社会代理"）。其他重要的信息来源都是新闻媒体提供的（"自主代理"）。最后一种为争夺注意力的代理就是"诱导代理"，即带有商业目的的传播营销信息。人们是不接受最后一种代理的（Beerli and Martín，2004；Gartner，1993；Govers and Go，2009）。大部分商业品牌都依赖于感官代理和诱导代理，这通常可以通过设计来产生影响。精心策划的产品用途、零售环境或者旗舰店操纵着感官代理，精心整合的营销传播影响着诱导代理。然而，自主代理对大多商业化品牌来说是相对不重要的，这主要是相对于区域来说，因为区域有着多方面的性质，它们倾向于在新闻媒体中得到更多的关注，并且会比企业和产品提供更多、更广泛的话题和问题（实际上，大多数新闻媒体都担心这些信息会产生商业影响）。

另外，从逻辑上来说，正是由于高水平的介入（Dhar and Wertenbroch，2000；Hirschman and Holbrook，1982；Leemans，1994），人们才更愿意分享他们愉快的购物经历或故事（他们的旅行、他们读过的书、他们看过的电影），而不是他们使用的产品（他们的吸尘器、牙膏，他们喜欢的饮料）。我们注意到这些享乐性产品多与区域有关联。另外，区域的复杂性允许更强烈的互动和参与，那么社交媒体会对区域营销活动产生很大的影响也就不足为奇了（Fouts，2010；Xiang and Gretzel，2010）。因此，看起来似乎很明显的是，控制一个区域的形象形成代理比控制一个企业的形象形成代理要复杂得多。考虑到区域向外界所提供的促销产品大部分是关于"体验式服务"的（提供旅游、研究、投资、工作、居住机会），因此，对于这些产品口碑一直是一个极其重要的形象形成代理，并且由于考虑到广告的无效性，以及区域营销人员越来越承认网络和社交媒体的重要性，因此他们会考虑更丰富有内涵的经验分享（ETC/UNWTO，2013）。

虽然旅游业现在已经备受关注，但我仍然认为把"世界上最好的工作"这个获奖项目作为一个案例进行研究能够更好地说明这一点。这个项目的挑战就是为大堡礁岛屿打造全球知名度。昆士兰旅游局通过在报纸上发布分类广告而不是花费巨额的广告，向世界各地宣称他们提供他们自己所称的"世界上最好的工作"，这个工作职位是岛屿看守者，将有每月8800美元的工资，并免费提供一栋带有瀑布下的水潭的三卧室别墅。这个活动的网址在当天一个小时内就有400万的点击量（这比英国谷歌网址的点击量都多）。6周后，网站接到约350万的访客申请程序，发布了约35000个视频应用程序。这在全世界范围内产生了6000条新闻故事，并且媒体报道带来的价值估计有8000万美元。如果地方品牌化反映了区域认同并且构建了独特的声誉、知名度和在全球观众心中感知的形象，那么昆士兰就在这方面做了一项不错的工作，它利用互联网提供的这样一个新的机会，来刺激所有主要的形象形成代理，而不是只针对一个方面（他们没有把资源浪费在广告里）。这个项目通过允许爱好者以发布视频应用的方式成为项目的参与者，并且希望被邀请到该岛进行面试这两种方式来运用感官代理。同时，通过运用隐藏的诱导代理（分类广告）来启动这个计划。这导致了对社交媒体舆论（邮件转发、博客、社交网站提醒）的冲击，并且被当时的新闻机构和电视节目所报道（自主代理）。个人经验的创建和分享（即消费者自己产生的内容）是这个项目成功的关键。昆士兰旅游局通过利用网络调整、构建和促生了品牌线上阶段的发展。随着社交媒体开始主导地方品牌的发展，在未来我们会看到更多像昆士兰这样以更多种形式和更高水平出现的案例。

未来的在线地方品牌化

那么，如何对地方品牌化的这些过程产生影响？首先，地方品牌化项目需要几个元素。像大多数项目一样，地方品牌化的第一阶段也是分析和评估。无论是在文献中还是实践工作中，他们似乎都不同意这个观点。剩下的人仍然对此持争议的态度。然而，Anholt 提出的"战略、实质和象征性行动"的竞争认同框架被得到广泛认可（Anholt，2007）。Govers 和 Go（2009）确定了品牌本质、品牌构建和品牌传播的元素。包含品牌目标和品牌定位形成在内的品牌本质设计和基于国家、地区或城市认同的品牌价值，这两方面构成了一个想要出名的区域的有抱负的战略眼光。这与 Anholt 所提及的战略一致。品牌构建涉及的政策、投资、项目和创新就是 Anholt 提到的实质。在这样的背景下，第三个要素传播就不能解释为营销传播，这其中甚至很少有广告的成分。它的目的是作为人际交流、沟通和参与的基本形式；他们会因为故事的吸引力，而分享这些故事。这似乎也是 Anholt 提到的象征性行动："它的实质是有一种内在的交际能力，以及特别提示的、引人注目的、令人难忘的、风景如画的、有新闻价值的、局部的、诗意的、动人的、奇怪的、戏剧性的和象征性的策略。"（Anholt，2010，p.13）信息技术影响着上面提到的这些要素，而且将会继续显著影响着它们。实际上，上文提到的"世界上最好的工作"就是一个明显通过信息技术影响象征性行动的案例；一个富有想象力的实质——对一份在一个真实岛屿上工作的竞争和一个真实的电视节目——通过网络媒体走向了全球。

在地方品牌化分析中包括三个尤其相关且至关重要的方面（Govers and Go，2009）：身份分析（我们是谁？）、感知的形象分析（我们的声誉是什么？）、投射形象分析（我们怎样去交谈？）。在地方品牌的发展阶段，得到一个区域彻底的认同感是至关重要的。这仍然是一个艰难的集中定性分析的过程和案头研究。观察在线参与的当地人和流散的人，也能揭示关于当地认同有价值的见解，所以在线机会才会在这个区域出现。例如，点击进入 http：//www.nzedge.com 这个网址就会看到，新西兰人在世界各地加强他们的认同，并培养他们的全球社区。

在通常情况下，一个网上地方品牌的优势很显然是由这个品牌的优势决定的。现有的形象调查，例如 Anholt–GfK Roper 的国家和城市品牌指数，以及委托感知的区域形象调查都继续提供有价值的输入。虽然这些调查是在网上进行的，但由于这其中仍然包括传统的调查研究方法，所以不管是在线还是离线访谈预计不会有太大的差异。然而，有许多预测地方品牌评估的新颖机会，这其中有一些在未来将变得更加重要。在线品牌的优势（它的投射形象）可以通过以下方式来测量（ETC/UNWTO，2013），例如：

● 关键词调查——人们对于一个区域搜索的开发程度和他们使用的相对于竞争对手来说的关键词类型；

● 内容审计——对部分内容库存进行一个定性的审查。这个评估是为了审查营销信息在多大程度上支持品牌目标并且符合地方品牌策略、实质和象征性行动；

● 品牌维护——通过社交媒体和在线主流新闻媒体，评估所提到品牌的次数、具体发生的地点、形象关联的本质和提到品牌时的情绪。

目前，社交媒体的监控将会为地方品牌管理者提供意见领袖"只"关于投射形象方面的见解。因此，它不适合识别感知形象。即使社交媒体逐渐成为主流并且一般消费者都与它相连接，但只进行社交媒体分析仍然不能够测量感知形象，这是因为人们在网上表达的不一定就是他们所想的，并且不是他们想的每一件事都必须在线（或离线）表达。

案例研究：迪拜和其在中东地区竞争对手的社交媒体分析

下面通过全球社交媒体的内容分析和使用 Radian6 对网络新闻媒体的分析，关于迪拜相比于阿布扎比、卡塔尔和巴林获得品牌竞争地位的研究案例做了简要的描述（Govers，2012）。

Radian6 能提供基于在线新闻和社交媒体的内容和情绪分析。在对 2011 年的分析中，Radian6 得到了 1.5 亿多次的浏览记录，9000 多万条推特（Tweets），增加了 2500 个主流新闻网站，420 多条视频和图像分享网站，以及在讨论版、脸谱网（Facebook）、社区聚合网（Friendfeed）和领英网（LinkedIn）上 17 种国际语言成千上万的回复。这里使用的主要指标是帖子的数量，而不是社交媒体分析提供的情绪得分。尽管前者是一个简单的定量计算，而后者要求一个更加复杂的自动化处理过程，不仅需要评估帖子是否可以发出，而且更主要的是对于帖子内容是正面的、中性的还是负面的情绪的具体定性。

新闻媒体与社交媒体从 2008 年 6 月 30 日到 2011 年 6 月 30 日三年的每日帖子数量如图 6.1 所示。图中显示，迪拜吸引新闻和社交媒体的关注最多。这些关注大部分是积极的方面，当然除了大量的对在 2009 年底宣布的迪拜债务危机的媒体报道。竞争能够在短期内吸引更多积极的关注，然而，偶尔也会使其黯然失色，例如：迪拜在近些年与阿布扎比、巴林大奖赛以及与卡塔尔竞争申请 2022 年国际足联世界杯的主办方（两个事件迪拜都以失败告终）。最后，一个戏剧性的变化发生在 2011 年第二季度，事实上社交媒体对于巴林的关注（比主流新闻媒体的关注更多些）已经淹没在这个区域的竞争中。然而，这些竞争是围绕反对派抗议活动和政府反应的，通常是非常消极的。所以，总的来说，迪拜自身似乎还是有很多有利条件的。

然而，似乎整个区域都是在 2010 年初吸引了更多的关注，尽管这也可能是由于增加使用社交媒体的反应。其中，有两次大的事件引起了全球的关注。第一件事是关于卡塔尔被世界足联选为 2022 年国际足联世界杯的主办方，这在所有社交媒体中引发了总计 178116 条帖子。其次是关于巴林抗议作为阿拉伯之春的一部分，这在很长一段时间内引起了巨大的轰动。这一事件在新闻媒体和社交媒体中一天最多的帖子数分别为 4334 条和 214631 条。这些数据并没有在图 6.1 中显示出来，图 6.1 中只显示了截止到 50000 条社交媒体帖子的数据，这样做是为了使这个图看起来更清楚。

特别有趣的是一些事件得到了新闻媒体的关注，但是并没有引起较多社交媒体的关注，例如 2011 年 4 月在利比亚的多哈峰会和阿拉伯联盟峰会。另外，其他事件引发了相对主流媒体来说社交媒体更多的关注，例如：巴林的抗议或运动（相关）事件（室内田径锦标赛和 F1 方程式赛车得到新闻媒体相似的报道，但后者在社交媒体中产生更多关注）。这些对于在哪些区域应该投资实质和象征性的行动，以及它们如何与整合的内容和社会化相连接都是很重要的见解。

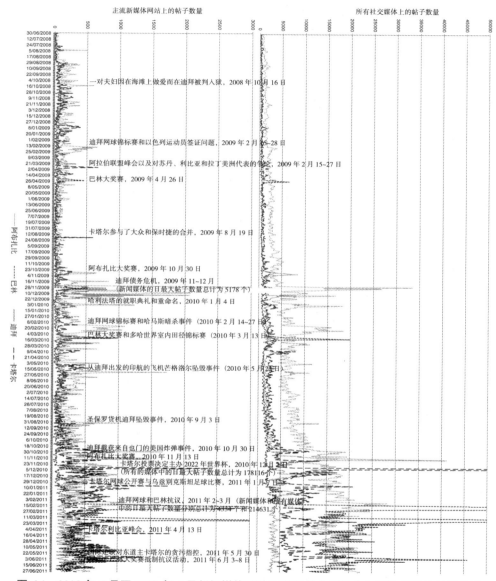

图 6.1 2008 年 6 月至 2011 年 6 月新闻媒体网站和所有社交媒体中与事件相关的帖子数量
资料来源：Govers，2012，经许可后使用。

在线地方品牌策略和实质

地方品牌策略和技术的关系似乎是一种矛盾。在区域都试图向世界展示他们能够在全球范围内竞争的情况下，许多区域集中展示他们的创新和高科技，即使这是反直观思考现有区域存在的观念，例如，弗兰德斯（比利时）和威尔士（Govers and Go，2009）。许多区域并不是把使用技术作为品牌化的工具，而是作为一个目标（用来反映品牌的进步价值）。当然，很少有区域从全球化中孤立出来，所以使用技术本身作为一个品牌定位是不太可能成为一个区分声誉定位的要素。矛盾就在于全球化通常归咎于品牌化的需要，但它也导致始终体现着与全球化驱动品牌价值相同的品牌策略（也就是说，无数的区域把他们自己定位为有活力的、创业型的、有创造力的、创新的、高科技的）。

一个最好的例子就是 @Sweden 的案例。自 2011 年 12 月以来，瑞典政府在瑞典的 Twitter 用户之间旋转其国家账户 @Sweden，每周分配一个新的瑞典"策展人"。然后，给予这些所谓的策展人喜欢什么和什么时候喜欢的自当控制权，目的是让全球观众通过技术窗口看到瑞典的现实生活。这也被称为"旋转策展国家品牌化"，这样的项目要求一个城市和国家真实的品牌形象。然而，瑞典在推出 @Sweden 之后，所得到的媒体关注的重点并不是这些策展人说了关于他们国家的事情。更重要的是，这是围绕着开放性、审查制度和民主的讨论。瑞典很快就认为这些人试图在传达预期的品牌价值。然而，Christensen（2013）发现：瑞典在 Twitter 用户策展人选择的过程中，Twitter 用户的有限范围、明确的参与规则，以及"想象的观众"问题，导致了项目内容范围的缩小。因此，相对于使用技术作为品牌战略实施工具的一部分，技术发展战略本身凸显出技术的使用和（假装）品牌价值的透明度。这种矛盾导致了政策的商品化（Christensen，2013），山寨政府和创意机构可以复制这些没有固定的地方感受和进入壁垒的举措。正如Christensen（2013）所说的那样："在全球政治开始在社交媒体领域寻找一个区域时，对于国家来说，一个关键的挑战就是如何利用这些媒体的潜力，而在同一时间控制（尽可能）消息之间的互动。因此，似乎可以认为，从批判的视角来看，透明、民主和开放的品牌声誉不是 @Sweden 项目最终想要的瑞典品牌，而是公共关系的敏锐，以及如何利用技术话语和商业化的理解逻辑应用于地缘政治舞台上塑造国家形象所带来的结果。"

建立有竞争性的品牌目标和在线定位，以及在网络背景下建立的内容，这些都是独特内容的创建（Munro，2011）。这需要一个独特的、真实的、激励性的、相关的和有意义的策略。最近一个有趣的例子就是荷兰的林堡省（Anholt et al.，2012）。该地区作为荷兰进入欧洲心脏的一个跨国走廊，林堡省已经对其在历史过程中不断的边界动荡做出了处理，如今已经成为比利时和德国，以及卢森堡和法国的接口。林堡省本身已经在过去的欧洲边界产生重大影响。在公元 870 年，《墨尔森条约》（接近现在的马斯特里赫特和亚琛的一个乡村，在那里，查理曼大帝，别名查尔斯大帝，接替了法院村）取代了公元 843 年的《凡尔登条约》，继续把欧洲划分成加洛林帝国遗留的三部分。林堡省的人认为，他们对这种分裂的修复和欧洲的统一是作为 1992 年《马斯特里赫特条约》的结果。

林堡省制定了品牌战略，旨在推动该地区、其居民和公共、私营和民间社会的利益相关者可以同时恢复和利用林堡作为一个边境地区相关的名誉和自豪；在荷兰境内再次成为"欧洲性"的温床；发挥作为一个无国界的欧洲（和一个无国界的世界）历史原型区域有意义的作用，并维持其强大的本土身份。这个策略涉及员工的创造力和想象力，林堡省以自己的方式处理涉及边界的动态，使他们不是成为障碍，而是作为一个接口，把自己作为荷兰的一个独特的欧洲走廊。林堡省的策略旨在通过提出一些项目的方式来建立实质性内容，例如：跨境就业信息平台；一个欧盟的工作门户网站；跨境工业园区；一个包含个人竞争的全球性奥运会，而不单是国家的（即国籍是无关的，未上市）；在跨境南部马斯特里赫特的泥灰岩洞穴走私体验博物馆的经历；一个林堡省边境的研究所和宣传地；边境地区结对。

有趣的是，随着这些事物的发展，如基于信息传递的谷歌地图/地球、增强现实技术，以及基于位置的服务、信息提供、对等网络的参与及评论等，营销传播和物质的发展之间的区别变得越来越模糊。这些为物质的创造、集成的虚拟和物理的发展提供了越来越多的机会。关于林堡省的例子就包括形象化的跨境和成员资料库国际网络的领英应用程序；以及类似于图 6.2 中所示柏林的例子（其中包含游戏的潜力，如通过 http：//www.foursquare.com 网站做尽可能多的边境口岸采集点），即通过基于智能手机位置服务的可视化和增强现实技术开发的包括信息图表、边界摄像头和历史边界的虚拟边界天文台应用程序。

图 6.2　基于智能手机模式下增强现实技术的柏林墙重建

资料来源：Govers，2012，经许可后使用。

在网络背景下建立的象征性的行动和因此出现的沟通被称为社会化（即体验）（Munro，2011）。社交媒体的增长意味着客户很高兴与别人分享他们的经验和故事。以上关于林堡省领英应用程序的例子就为社会化提供了这样的机会。另一个例子是 I–AMsterdam 应用程序，它能成为一个成功的品牌项目不是因为它通过采用巧妙的设计手段开发应用来构建品牌资产的，而是因为它允许人们对已经感到自豪或参与的事情进行社会化。这样品牌资产就已经产生了。标志和巨型的"I–AMsterdam"标语围绕在城市中供人们去拍照，这些只是在帮助创造一些表征和共享权益（即品牌）。林堡省可以通过景观设计、艺术和虚拟行程做一些来强调申根（Schengen）或历史性边界的事情。目前的技术允许区域营销人员通过消费者的电脑和移动设备来管理所有内容，借此支持了一个强大的品牌策略和对不同看法的管理。作为大众媒体的地方品牌活动越来越无效，因为它们没有适当的针对性，这将为在线品牌化创造巨大的商机。在线品牌化是与技术相结合的，如环境智能，增强现实和虚拟环境所提供的技术，这些都允许完全自定义，但必须提供与虚拟的区域体验和客户互动相一致的内容。

结　论

考虑到技术的存在，有效的在线地方品牌管理的潜力是明显存在的。同时，由于个人经验和口碑传播在区域营销的重要性，信息技术和社交媒体将在未来取代以广告驱动的品牌化。然而，很少（如果有的话）出现城市、区域、国家有最佳实践的范例，这个实践是要设法提出一个合适的品牌战略；实质性的发展；适当地创建、管理和整合相关的在线内容；并围绕它建立社会化，目的是建立持久的声誉，以控制形象形成代理到个人消费的所有方式。

事实上，正如 @Sweden 的例子所说明的，技术通常不是被作为一种工具应用于特定环境中的地方品牌化，而是作为目的本身。然而，一种前沿、创新、开放和透明的技术用于地方品牌中就是一种商品化的过程，并且无处不在，致使每个人都可以做到。在区域中技术全球化释放的作用越来越普遍，所以区域仍专注于在品牌化的努力中使用技术建立一个强大的品牌来反映现代品牌的价值。现在是时候开始使用技术作为达到目的的一种手段，而不是选择快速模仿的策略了。

参考文献

Aaker DA，Joachimsthaler E（2000）Brand leadership. The Free Press，New York

Anholt S（2007）Competitive identity：the new brand management for nations，cities and regions.Palgrave MacMillan，Basingstoke

Anholt S（2010）Places：identity，image and reputation. Palgrave Macmillan，Basingstoke

Anholt S，Govers R，Hildreth J（2012）Competitive identity Limburg. Limburg Provincial Government，The Netherlands

Beerli A，Martín JD（2004）Factors influencing destination image. Ann Tour Res 31(3)：657–681

Christensen C（2013）@Sweden：curating a nation on Twitter. Pop Commun 11（1）：30–46

Dhar R，Wertenbroch K（2000）Consumer choice between hedonic and utilitarian goods. J Mark Res 37（1）：60–71

ETC/UNWTO（2013）Handbook on E-marketing for tourism destinations，2nd edn. World

Tourism Organization, Madrid

Fouts J (2010) Impact of social media and immersive spaces on place branding. In: Go FM, Govers R (eds.) International place branding yearbook 2010, vol 1. Palgrave Macmillan, Basingstoke, pp113–120

Gallarza MG, Gil Saura I, Calderon Garcia H (2002) Destination image: towards a conceptual framework. Ann Tour Res 29 (1): 56–78

Gartner WC (1993) Image formation process. J Travel Tour Mark 2 (2/3): 191–215

Govers R (2012) Brand Dubai and its competitors in the Middle East: an image and reputation analysis. Place Branding Publ Dipl 8 (1): 48–57

Govers R, Go FM (2009) Place branding: glocal, virtual and physical, identities constructed, imagined and experienced. Palgrave Macmillan, Basingstoke

Govers R, Go FM, Kumar K (2007) Promoting tourism destination image. J Travel Res 46 (1): 15–23

Hildreth J (2010) Place branding: a view at arm's length. Place Branding Publ Dipl 6 (1): 27–35

Hirschman EC, Holbrook MB (1982) Hedonic consumption: emerging concepts, methods and propositions. J Mark 46 (3): 92–101

Leemans H (1994) The multiform book: using information in purchasing hedonic products. Eburon, Delft

Munro J (2011) The digital challenge. In: Morgan N, Pritchard A, Pride R (eds) Destination brands: managing place reputation, 3rd edn. Butterworth-Heinemann, Oxford, pp 141–154

Sirakaya E, Woodside AG (2005) Building and testing theories of decision making by travellers. Tour Manage 26 (6): 815–832

Xiang Z, Gretzel U (2010) Role of social media in online travel information search. Tour Manage 31 (2): 179–188

第七章　反思数字时代中的地方品牌战略

索尼娅·阿扎德·汉纳，珍妮弗·罗利 *
（Sonya Azad Hanna，Jennifer Rowley）

[摘　要] 地方品牌采取一种连贯的战略方法是重要的，特别是这种方法是多渠道的，包括数字地方品牌。本章首先回顾了地方品牌战略管理的实质，并确定了该过程的关键变量，作为一种基础反映了如何管理一个重要的数字媒体，这可能对未来的地方品牌战略管理模式产生影响。其次，提出了数字地方品牌战略管理的7C策略：渠道、杂波、社区、交谈、沟通、共同创造和联合品牌。最后，确定这些7C策略与地方品牌战略管理过程的变量匹配。

引　言

当地方品牌作为相关概念讨论时，它的实践和理论就有了很大的进展，但并不总是能被有效地理解或应用（Hankinson，2001）。地方品牌正成为一种越来越

* S.A. Hanna
Bangor Business School，Bangor University，Bangor LL57 2DG，UK
e-mail：abse29@bangor.ac.uk
J. Rowley（✉）
Department of Languages，Information and Communications，Manchester Metropolitan University，Manchester M15 6BH，UK
e-mail：j.rowley@mmu.ac.uk

© Springer International Publishing Switzerland 2015
M. Kavaratzis et al.（eds.），*Rethinking Place Branding*，
DOI 10.1007/978-3-319-12424-7_7

重要的战略方法，并在区域发展中创造竞争优势（Alonso and Bea，2012），吸引资源、商业搬迁、外商投资、游客和新居民（Kavaratzis and Ashworth，2005）。此外，现在人们普遍认识到需要采取整体和战略性的方法来建立地方品牌。许多学者提出了地方品牌过程模型（Laws，2002；Cai，2002；Hankinson，2004，2007，2009；Kavaratzis，2004，2009；Baker，2007；Gaggiotti et al.，2008；Balakrishnan，2008，2009；Moilanen and Rainisto，2009；Zenker and Braun，2010）。最近，基于这些模型，我们提出并检验了地方品牌战略管理模型（Strategy Place Brand Management Model，SPBMM）（Hanna and Rowley，2011，2013）。

　　也有越来越多的学者利用互联网研究区域营销（Park and Gretzel，2007；Law et al.，2009；Diaz-Luque，2009；Chiem et al.，2010；Trueman et al.，2012；Bulhalis and Neuhofer，2012；Alonso and Bea，2012）。伴随而来的是越来越多的人认识到互联网对地方品牌的重要性（Buhalis and Costa，2006；Bulhalis and Neuhofer，2012）。Roig 等（2010）认为，对一个地区或目的地的感知可以受到虚拟世界的影响，就像传统沟通渠道对它的影响一样。此外，最近一些研究把地方品牌引入数字空间范畴中，但这些研究往往侧重于地方品牌管理过程的某些方面，如利益相关者（Merrilees et al.，2012）、公司与城市品牌之间的关系（Trueman et al.，2012）或游记对目的地品牌的影响（Munar，2011）。因此，无论是学者还是研究文献，都很少讨论数字媒体对地方品牌战略管理过程的意义。然而，数字媒体对地方品牌的重要性比对其他类型的品牌更强，因为潜在的和现有的投资者，访客和居民越来越多地利用网络来探索和研究区域，并就将地区、地点、资源或事件列入其考虑范围做出决定，以执行交易和预订，并收集流动的信息。本章试图寻找数字时代下地方品牌战略管理中的关键考虑因素。

　　本章开始对品牌战略管理的性质进行回顾，接纳不同的观点，以寻求对地方品牌过程的理解。本章确定了这一过程的关键变量，作为一种基础反映了如何管理一个重要的数字媒体，这可能对未来的地方品牌战略管理模式产生影响。下一步，借鉴更多关于数字品牌理论与实践的文献，结合前人对数字空间中地方品牌的有限研究，本章提出了数字地方品牌战略管理的7C策略：渠道、杂波、社区、交谈、沟通、共同创造和联合品牌。

地方品牌战略管理

尽管地方品牌最近扎根于旅游营销领域（Papadopoulos，2004；O'Leary and Deegan，2005；Kerr，2006；Morgan et al.，2004，2011；Baker，2007；Ruzzier，2010），但地区越来越意识到需要在广大范围内进行品牌推广，把地方品牌扩展到旅游领域之外。激烈的全球竞争加剧了商品和人口的自由流动，许多地区正面临着增加的可替代性和竞争，它们必须提供一个不仅有效地争取新资源、外国投资、居民和游客，而且还能维持和满足现有的经济、商业和住宅活动的环境。一些学者认为，由于许多地方的经济基础受到侵蚀，各地区为了生存而相互竞争（Kerr，2006；Olins，2002）。因此，一个地区面临的问题不是如何去推广，而是如何去管理这个过程。管理与某地区相关的品牌及其资产（如声誉、形象、身份和经验）的战略方法必须适应地方品牌结构的复杂性。特别是需要向利益相关者提供集体认同感和/或传达一种能引起共鸣的地区体验，同时制定一个既重要又具有挑战性的战略方法（Hankinson，2009）。

为了清楚地了解地方品牌发展过程及其管理，一些学者提出了各式各样的模型，其中大部分都集中在目的地品牌上（例如，Cai，2002；Baker，2007；Balakrishnan，2008，2009；Moilanen and Rainisto，2009）。其他一些学者专注于城市品牌（例如，Kavaratzis，2004，2009；Gaggiotti et al.，2008）。重要的是，虽然这三个模型都经过实证检验（Cai，2002；Balakrishnan，2008；Moilanen and Rainisto，2009），但没有一个是在一定地理范围经过实证检验，而只有另外一个从先前的地方品牌模型中汲取了基础，这表明缺乏商定的知识体系（Kavaratzis，2009）。此外，除了 Balakrishnan（2008，2009）、Moilanen 和 Rainisto（2009）是以整体视角进行研究，其余模型都从各种视角研究品牌发展过程。这意味着不同的模型包含了品牌管理过程中的不同变量。例如，城市形象传播模型（Kavaratzis，2004）包含了品牌评估、基础设施、利益相关者参与、领导力、品牌传播和口碑；Hankinson（2007）的"地方品牌管理框架"包括利益相关者参与、领导力、品牌标识和品牌传播。这些模型一起揭示了地方品牌管理过程的若干重要方面，为我们建立地方品牌过程的整体理论模型奠定了丰富的基础，我们在 Hanna 和 Rowley（2011）的基础上提出"地方品牌战略管理模型"（SPBMM），随后对地方品牌从业人员进行实证检验（Hanna and Rowley，2013）。这一模型影响了数字时代我们关于地方品牌的后续讨论，特别是数字品牌管理趋势和地方品牌管理过程之间的映射关系。

该模型提出后，对区域管理过程中的 10 个变量进行了实证检验（Hanna and Rowley，2011，2013）。表 7.1 中列出了这些变量及其描述。图 7.1 显示了理论模型（Hanna and Rowley，2011）。我们对不同的城镇、城市和地区中的地方品牌从业者进行了实证研究，证实了理论模型中所有变量都是地方品牌管理过程中的组成部分，但这只是部分证实了理论模型中的关系。进一步探讨这一点是有用的，但我们怀疑这是因为不同的区域和它们的区域管理者在模型中的变量之间建立了不同的联系（Hanna and Rowley，2013）。地方品牌领导者必须了解这些变量之间的关系，以及与其特定背景相适应的过程、活动和成功因素，同时考虑到这些过程之间的联系的复杂性，这些过程可能随时间而变化，也在利益相关者之间变化。

表 7.1　地方品牌战略管理模型中的变量描述

变　量	描　述
品牌评估	用于收集品牌体验反馈的方法
品牌基础设施（更新）	品牌功能和体验属性的存在、可及性和充分性
利益相关方参与（管理）	用于识别利益相关者，他们的兴趣和他们的互动管理的方法
品牌领导力	利益相关者通过提供要点和促进承诺来参与（管理）
品牌架构	设计和管理当地社区品牌的投资组合的过程
品牌标识	品牌的本质，各种特征造就了"它"
品牌符号	通过品牌名称、标志、色彩和图像来表达品牌的视觉与语言的特性
品牌传播	用于传播品牌的推销综合技术
口碑	品牌体验的"消费者"之间的非正式沟通
品牌体验	消费者与品牌的接触

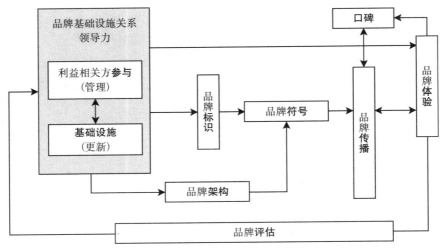

图 7.1 地方品牌战略管理模型

资料来源：基于 Hanna and Rowley，2011，2013。

该模型包含了一些变量及其联系，它们可能受到地方品牌的数字媒介的影响。因此，详细说明图 7.1 中所包含的过程是很有用的。可以从任何一个变量开始对模型进行讨论，事实上，有些人会选择从审计过程（品牌评价）开始，其他人会选择从理解区域/品牌标识开始。然而，我们选择以品牌基础设施、关系和领导力为起点，它概括了与区域相关的一些关键资产，这些关键资产影响了区域标识、形象和体验，从而巩固了品牌的标识和体验。品牌基础设施是指区域的功能（如建筑环境、公共空间）和体验属性（如休闲、旅游和服务设施）。基础设施由一系列利益相关者所有，而且往往被视为超越了地方品牌领导人的控制，但基础设施是实现品牌承诺的关键，因此必须努力将品牌基础设施建设与品牌标识和品牌传播相结合。为了实现这一目标，品牌领导者需要与利益相关者，包括居民、活动团体，当地和国内企业、员工，该地区的其他地方，当地、区域和国家的政府和游客，因为利益相关者对区域基础设施的功能和体验方面的政策制定有重要的影响。

品牌基础设施中的过程和机构的相互作用、关系以及领导力导致并影响区域标识及其品牌架构。为了信誉和一致性，区域标识必须是地方品牌架构及其关键价值和属性的基础。具体来说，品牌标识必须通过会议、讨论和论坛来阐明，利益相关者能够探索并分享他们对自己所处位置（现状）的看法，以及他们希望如何（愿望）。地方品牌架构以地方品牌组合为基础，例如不同地区利益相关者组成的品牌，以及这些品牌之间的相互作用，无论是在标识和价值观上，还是在品牌符号和传播方面。其中许多品牌将由利益相关者组织拥有，可能包括教堂、足球队、大学或其他。实现高水平的协调可能是具有挑战性的，而且不会适合所有与某地区相关的品牌，因为各利益相关者的目标和需求可能不兼容；这可能导致一个相当模糊和不完整的地方品牌架构。

一旦形成品牌标识，过程的其余阶段就被视为品牌的核心。第一个变量——品牌符号，是通过各种营销媒介呈现出来，包括它的视觉和语言特性，通过品牌名称、标志、色彩和图像来表达。其次，品牌传播关注与品牌标识传播相关的活动，包括用于传播品牌的推销综合技术。品牌推广过程最终取决于消费者的品牌体验，反过来又影响了他们对该地区的看法。品牌化过程的方方面面影响着品牌体验，包括品牌符号、营销传播、口碑营销、服务交付以及品牌基础设施的体验或功能的其他方面。最终，品牌体验和品牌传播都可能影响口碑，并与他人交换意见和体验。品牌评估对于评估品牌体验，以及其他有助于体验的品牌推广活动和过程是很重要的。最终，品牌评估不仅可以为未来的营销和品牌推广活动提供信息，而且有助于了解品牌基础设施、利益相关者参与、地区和品牌标识的发展。

数字地方品牌战略管理的 7C 策略

总的来说，任何规模的地区都有数字地方品牌组合，也许有多个品牌代表。品牌组合的一个重要变量是目标营销组织（Destination Marketing Organisation，DMO）网站，但这是以十个与某地区相关的其他组织（如市议会或公民组织，以及推荐和社交媒体网站的评论）的网站作为补充。然而，数字空间中关于地方品牌管理的研究却很少。这种知识的缺乏体现了品牌理论的主要差距，并没有给后人带来多少指导。缺乏知识的可能因素是，DMO 将其网站的设计委托给数字机构，仅将其视为"只是另一种渠道"（Rowley，2004）。数字品牌最近才开始得到研究人员更多的关注（Ibeh et al.，2005；Simmons，2007），地方品牌作为一门新兴学科，无可非议地占据着理论发展的核心部分。因此，本部分认识到数字空间的重要性，并提出数字空间中地方品牌的关键特征，品牌管理者在数字时代需要考虑的策略；以及数字地方品牌战略管理的 7C 策略。这一观点是基于数字品牌以及地方品牌领域中最新的研究和讨论。它旨在帮助反思数字地方品牌战略管理，从而促进理论与实践的发展。本部分的其余内容将依次讨论 7C 策略中的每一个策略。

渠道

传统地方品牌推广主要通过印刷渠道，包括宣传册、传单和其他通过环境媒体进行的品牌推广，如海报、广告牌、告示、标志和其他传播形式，例如公路、公共汽车和建筑。推出网站，开发其他类型的数字媒介，增加了另一种营销传播渠道，它作为一种传播媒介具有非常独有的特征。例如，Rowley（2004）认为，互联网是交互式的、可访问的、广泛可用的，并将营销传播与商业交易和服务整合起来。

地方品牌管理者现在面临多渠道营销的挑战。需要做出战略选择，以确定哪些服务或信息将通过哪些渠道传递给哪些受众（Chaffey et al.，2009）。此外，从业人员需要做出决定，是要将观众推向特定渠道，还是促进渠道之间的切换。也必须对每个渠道的相对投资水平和渠道之间的营销传播的一致性进行选择，以便实施旨在实现和维持后者的战略。

此外，网络空间本身包括许多子渠道，包括博客、社交媒体、搜索引擎和移动平台。随着智能手机的发展，"品牌掌握在手中"，而且目前一直维持着。移动营销，特别是随着智能手机的出现，可以通过短信、移动广告、基于许可的营销、移动内容传递、用户生成内容和移动商务来建立与品牌的客户关系（Persaud and Azhar，2012）。移动平台在推广地方品牌方面有巨大的潜力，它的特点之一是根据用户位置提供信息，如找到附近的设施/服务、交通信息、导游；电影和音乐会票务；收集店铺和餐厅折扣优惠券（Yuan and Zhang，2003）。另一种选择是使用移动应用（Apps）来创建个性化内容，从而促进品牌参与（Chiem et al.，2010）。

杂波

"杂波"，有时被称为信息过载，是互联网的一个特点；几乎任何人都可以加载任何东西（只要它是数字的）。区域也不能幸免。地方品牌理论倾向于假设只有一个与每个地区的实体和名称相关联的地方品牌。虽然这种错觉可能在其他渠道是可持续的，但一个地区中不同组织创建和维护的品牌不太可能并存，它很快就会通过快速的网络搜索而消失。在最近的一项研究中，Rowley 和 Hanna（2013）发现，欧洲和英国的城市通常有两个或两个以上的地区网站，分别由市议会、DMO 和其他商业组织或公民运营。这些网站，连同其他以其名字命名的组织（如曼彻斯特联队、曼彻斯特博物馆），都出现在谷歌搜索的第一页中。此外，这种网站之间的联系是罕见的，因为没有与品牌符号相协调的方法。

城市是多品牌地区，所以在这些品牌里面哪些是"地方品牌"呢？哪一类受众是与地方品牌标识保持一致和沟通的？答案取决于用户是游客、投资者还是公民，有时，但不总是，网站内容似乎针对不同的受众。其他学者提出了不同利益相关者群体的多品牌愿景，并表达了对品牌的一致性影响的担忧（Trueman et al., 2004；Virgo and de Chernatony, 2006）。Merrilees 等（2012）认为，组织可能需要质疑一般的品牌假设，即一致性是必要的，并朝着能适应多方面的、多含义的地方品牌的方向发展，以适应不同的市场和受众。地方品牌领导需要决定如何回应不是"城镇唯一的品牌"，并开始确定与某个地区相关的品牌组合，特别是那些推广相同地名的品牌。在确立这些品牌组合上，领导可以决定是否寻求联盟或差异化或竞合（同时合作与竞争），认识到他们有责任提出一个协调的（如果在数字空间中不协调）地方品牌组合。

社区

目前，地方品牌的描述是从利益相关者方面进行讨论的；个人和组织在某地区有利害关系或利益。一些学者强调对利益相关者的需求是对地方品牌标识和地方品牌体验传播的认同（Baker, 2007；Kavaratzis, 2012；Pryor and Grossbart, 2007），这被视为领导者的责任，通过参与和谈判达成。然而，品牌理论优先于品牌关系和社区的概念，尤其是随着数字品牌的出现（Morgan-Thomas and Veloutsou, 2011；Muniz and O'Guinn, 2001；Rubenstein, 2002）。在关系营销理论的指导下，重点是吸引、培养和授权社区成员，他们将忠于地方品牌，提供建设性的反馈，并充当品牌的倡导者（Morgan and Hunt, 1994）。此外，由于消费者社区成员之间的意见交流可以被视为一种电子口碑（eWOM）（Henning-Thurau et al., 2004），品牌社区成员可能会影响顾客的态度和行为。

据 Shang 等（2006）的观点，虚拟社区的体验可能是品牌消费者体验的重要组成部分。此外，一些学者认为，品牌社区可以创造品牌价值和品牌资产（Bruhn et al.，2012；Schau et al.，2009）并就如何实现这一目标提出建议（Drury，2008）。在接下来的章节中，交谈的主题进一步发展，但首先要强调的是，发展一个地方品牌社区可能是一个比利益相关者参与更有效的方法。数字平台提供了一个场所，在这里面的社区可以相互交流，表达观点，展示故事。地方品牌领导者需要制定一个战略方针来发展地方品牌虚拟社区，这个战略方针是通过设定计划目标、制定和发展行动纲领来完成的，从而提高他们对当地品牌社区及其成员的了解，以及加深这些社区与受众的关系。

交谈

在数字空间，尤其是在博客、旅游网站上的在线评论（如旅行顾问、Sim-monseeks）和社交媒体，如 Facebook 和 Twitter，以及 DMO 管理的任何社交媒体平台，都有很大的讨论空间。人们对谈论和分享他们的假期和旅行的照片传统方式已经被转向网络。例如，社交媒体有助于提升城市品牌的知名度（Sigala，2009）。这种交谈，或者是电子口碑，可能会被传递到亲友中，或者被传递到更广泛的受众中。

首先，组织担心用户生成内容对品牌的影响，因为他们无法控制来自互联网上不满意的用户的负面信息（Muniz and O'Guinn，2001）。品牌管理者认为，Web 2.0 具有产生用户生成内容的能力，这对传统的单向营销传播构成了威胁（Ketter and Avraham，2012）。然而，随着数字交谈，社交媒体已经成为日常生活中的主要内容，各组织发现正面和负面评论之间的平衡会创造一种普遍有益的言论，并且产生知名度和兴趣，各组织也正在学习如何利用社交媒体中更具互动性的沟通方式。尽管如此，关于社交媒体将品牌的权力平衡从组织转移到消费者的作用，目前仍存在争议（Bernoff and Li，2008；Fisher and Smith，2011）。根据 Christodoulides（2009）的观点，后互联网品牌化是为了促进品牌对话，共同创造意义。简言之，通过社交媒体，消费者有权根据自身的体验和观点对一个品牌进行评价，即使他们选择告知寻求传播的品牌持有者一个不一样的品牌故事。因此，在数字时代，地方品牌领导者不仅需要寻求建立品牌社区，而且还要采取策略性的方式来听取和参与这些社区。

尽管他们有与利益相关者合作的历史和他们协商品牌标识的经验，以及相关的符号和传播，数字时代要求地方品牌领导者开发过程，支持以更积极主动的方式来促进品牌含义和标识的共同创造。Dijck 和 Nieborg（2009）认为，虽然"人群"不能很容易地被控制，但他们可以被"操纵"。Ketter 和 Avraham（2012）提供了一组非常有用的例子，说明一些 DMO 如何利用社交媒体在市场营销活动中"操纵"。他们建议，来源、信息和接收者不再被明确区分，因为这些活动授权用户，并鼓励他们在创建和发布活动消息中发挥积极作用。

传播

传播是社区建设和维护的核心。虽然 DMO 进行双向传播，服从区域交谈很重要，传统营销和品牌传播仍然重要，但需要适应动态数字环境，以便继续提升地方品牌知名度，吸引地区注意力，并传播地方品牌标识。这种营销传播的主要场所和任何与之相关的服务交付，是 DMO 和其他区域营销者的网站（Diaz-Luque，2009）。网站提供了一个不容易通过其他渠道实现的机会，用于动态沟通，提供有关活动、新闻和特别优惠的信息。这些网站的移动版本可能会被用户"移动"访问，这反过来又会对 DMO 网站可能包含的内容类型产生影响。DMOs 还应该考虑到他们的网站在声誉管理中的作用，例如，报道冲击国内和国际新闻头条的不良的自然、社会或者犯罪事件。与其他相关组织合作的另一个机会是交易，但由于许多 DMO 网站限制自己提供信息，他们错过了这个机会。网站也被不同的国际观众所访问；他们的内容和设计需要满足这些不同的文化需求。为了回应这些问题，DMO 需要特别关注网站设计和内容管理。

Rowley 和 Bird（2011）认为，目的在于提升品牌的网站设计需要注意以下几个方面：标志，图形和图像，文本和复制品，形状，最新颜色和布局。此外，通过搜索引擎优化、搜索引擎营销、联盟网络和合作伙伴计划、电子邮件通信和其他类型的通信、宣传或病毒式营销，以及网站的离线推广，推动网站流量。Law 等（2009）提供了一份关于旅游网站评价的有用的总结，但仅对一部分关于 DMO 网站的研究进行了总结。其中，Park 和 Gretzel（2007）有效提炼出目标营销网站的成功因素，但应采取更广泛的营销视角，而不是专注于品牌上。他们认为以下因素是重要的：信息质量、易用性、响应性、安全/隐私、视觉外观、信任、交互性、个性化和实现。

共同创造

共同创造涉及与地方品牌社区合作，通过共同创造品牌标识和与品牌相关的体验来增加物理和数字空间中的品牌资产。地方品牌网站不仅提供详细的信息，还创造了虚拟产品体验（Alonso and Bea，2012）。因此，据说对一个地方品牌的潜在或实际体验的感知可以通过传播工具间接实现（如颜色、字体、网站、广告）（Addis et al.，2007）。Schmitt（1999）称这些体验提供者或体验媒介必须以三种方式管理：①条理清晰（以集成的方式）；②始终随着时间；③注重细节，并充分利用每一个体验媒介来创造体验。基本的假设是，整体品牌与各种形式的信息有着不可分割的联系，这些信息可能受到刺激因素的影响，但也可以通过消费体验来影响。

总的来说，线上环境使基于网络的交互式媒体成为一个经济、可访问和有效的工具，用于创造和展示将虚拟世界的中介体验与现实世界的生活体验结合在一起的体验（Tynan and McKechnie，2009）。在目的地品牌的背景下，Allen（2007）认为，旅行者对某个目的地的选择在很大程度上取决于顾客在访问之后以及之前持有的印象。因此，在物理空间之外创造一个引人入胜的品牌体验变得越来越重要。随着通信技术变得越来越复杂，丰富一个地区的前/后物理体验的能力显著增加。

此外，由于采用了在线通信技术，消费者与消费者之间的沟通使得消费者和其他利益相关者的直接接触达到前所未有的水平（Kavaratzis，2012）。这一因素重点强调了利益相关者作为区域体验的共同创造者的作用。

合作

合作是利用机会建立一个与数字空间中的地方品牌相关联的品牌网络，实现互利互惠，从而增强与地方品牌相关的数字体验。因此，当品牌与某个地区有联系时就变复杂了，包括企业品牌和"分地"品牌。先前的案例研究列举了一些在国家层面上保护品牌推广的有趣的模型（Gnoth，2002；Iversen and Hem，2008；Kavaratzis，2004；Trueman et al.，2004），也有一些关于地方品牌架构和品牌网站的理论讨论（Anholt，2004；Hankinson，2005；Hanna and Rowley，2013），但整体的地方品牌网站却很少受到关注。尽管如此，数字空间是消费者、公民和其他利益相关者越来越多地与地方品牌互动的场所，地方品牌将以不同于其他背景和媒体的方式并存着；品牌领导应该创造性地和协作地管理这个机会（Christodoulides，2009；Munar，2011）。

合作理念的核心是协调合作品牌组织身份的重要性，以及对合作品牌实体之间的负面形象和声誉转移的担忧（Kahuni et al.，2009）。一些学者提出了不同利益相关方群体产生的多品牌愿景问题，以及品牌一致性和连贯性的影响（Trueman et al.，2004；Virgo and de Chernatony，2006）。Trueman 等（2012）进行了一项有趣的研究，探讨了布拉德福德的城市品牌和与城市相关的公司品牌之间的关系。值得注意的是，研究发现，城市品牌的负面声誉并没有转移到组织品牌，而布拉德福德的企业，通过它们的网站，能够影响城市品牌。更多关于建立品牌关系的后果研究是必要的。

小　　结

表 7.2 总结了前一部分的讨论，介绍了与地方品牌数字空间的每个特性相关联的关键管理过程。另外，将这些流程与地方品牌战略管理模型联系起来，以此确定最有可能受到品牌数字空间的特定特征影响的地方品牌的变量。

表 7.2　网络地方品牌的 7C 与 SPBMM 模型中的变量对应关系

数字空间中地方品牌的特点	数字品牌管理流程	相关的 SPBMM 模型中的变量
渠道	开发并实施多渠道战略，其中包括数字渠道、移动渠道和支持渠道切换	品牌标识
		品牌传播
		品牌符号
		品牌体验
杂波	识别和评估与某地区相关的品牌组合，并为该地区创建一个相关的数字媒体做出贡献	品牌基础结构
		利益相关者参与
社区	通过管理或促进数字空间的品牌社区和聚集交流，为区域社区做出贡献	品牌传播
		利益相关者参与

续表

数字空间中地方品牌的特点	数字品牌管理流程	相关的 SPBMM 模型中的变量
交谈	听取和参与区域在线口碑，并承认需要赋予参与区域标识发展的权力	品牌评估
		品牌标识
传播	通过网站设计和其他渠道接口或互动，创造动态的数字通信，以满足不同受众不断变化的需求	品牌传播
		品牌符号
共同创造	与社区成员合作，共同创造地方品牌体验，既包括数字贡献，以增强现实世界的区域体验，也包括创造地区的数字体验。共同创造引起了不断变化的体验，因此，评价过程是不可或缺的	品牌评估
		品牌体验
		品牌传播
合作	利用数字空间提供的机会，传达地方品牌之间的战略联系，并在此基础上进行区域数字体验合作。合作的最终目标是提升整体品牌资产	品牌符号
		品牌传播
		品牌基础设施

证据表明，地方品牌战略管理的所有变量都受到了数字空间参与度的影响。这反过来意味着 DMO 和其他与地方品牌相关的组织需要积极地发展他们的数字媒体，并在加深他们对数字空间（如通信、服务交付和品牌媒体）的独特性的理解。通过分享良好的实践和标杆，可以在他们的努力中得到支持。此外，为了更好地理解数字地方品牌，还有相当大的空间进行进一步的研究和开发：

● 有效利用地方品牌网站作为管理信息超载的工具；

● 实践者影响该地区的前/后物理体验的方法是网站设计；

● 实践者对电子口碑的影响或控制，与他们对品牌价值和品牌资产的影响一样。

参考文献

Addis M，Miniero G，Scopellite I，Soscia I（2007）Creating consumption experience to build brand image. Conference paper, thought leaders international conference on brand management, Birmingham Business School, UK

Allen G（2007）Place branding: new tools for economic development. Des Manage Rev 18（2）: 60–68

Alonso I，Bea E（2012）A tentative model to measure city brands on the Internet. Place Brand Publ Dipl 8（4）: 311–328

Anholt S（2004）Foreword. Place Brand Publ Dipl 1：4-11

Baker B（2007）Destination branding for small cities：essentials for successful place branding. Creative Leap Books，Portland

Balakrishnan M（2008）Dubai—a star in the east：a case study in strategic destination branding. J Place Manage Dev 1（1）：62-91

Balakrishnan M（2009）Strategic branding of destinations：a framework. Eur J Mark 43（5-6）：611-629

Bernoff J，Li C（2008）Harnessing the power of the oh-so-social-web. MIT Sloan Manage Rev 49（3）：36-42

Bruhn M，Schoenmueller V，Schafer DB（2012）Are social media replacing traditional media in terms of brand equity creation? Manage Res Rev 35（9）：770-790

Buhalis D，Costa C（2006）Tourism management dynamics：trends，management and tools. Elsevier Butterworth Heinemann，Oxford

Bulhalis D，Neuhofer B（2012）Everything you need to know about Internet marketing. Ann Tour Res 39（2）：1266-1268

Cai L（2002）Cooperative branding for rural destinations. Ann Tour Res 29（3）：726-742

Chaffey D，Ellis-Chadwick F，Mayer RE，Johnston KJ（2009）Internet marketing：strategy，implementation and practice. FT Prentice Hall，Harlow

Chiem R，Arriola J，Browers D，Gross J，Limman E，Nguyen PV，Sembodo D，Song Y，Seal KC（2010）The critical success factors for marketing with downloadable applications：lessons learned from selected European countries. Int J Mob Mark 5（2）：43-56

Christodoulides G（2009）Branding in the post-internet era. Mark Theory 9（1）：141-144

Diaz-Luque P（2009）Official tourism websites and city marketing. In：Gasco-Hernadez M，Torres-Coronas T（eds.）Information communication technologies and city marketing：digital opportunities for cities around the world. Information Science Reference，Hershey

Dijck JV，Nieborg D（2009）Wikinomics and its discontents：a critical analysis of Web 2.0 business manifestos. New Media Soc 11：855-874

Drury G（2008）Social media：should marketers engage and how can it be done effectively. J Dir Data Digit Mark Pract 9（3）：274-277

Fisher D，Smith S（2011）Co-creation is chaotic：what it means for marketing when no one has control. Mark Theory 11（3）：325-425

Gaggiotti H，Cheng P，Yunak O（2008）City brand management（CBM）：the case of Kazakhstan. Place Brand Publ Dipl 4（2）：115-123

Gnoth J （2002） Leveraging export brands through a tourism destination brand. J Brand Manage 9 （4）： 262–280

Hankinson G （2001） Location branding： a study of the branding practices of 12 English cities. J Brand Manage 9 （2）： 127–142

Hankinson G （2004） Relational network brands： towards a conceptual model of place brands. J Vacat Mark 10 （2）： 109–121

Hankinson G （2005） Destination brand images： a business tourism perspective. J Serv Mark 19 （1）： 24–32

Hankinson G （2007） The management of destination brands： five guiding principles based on recent development in corporate branding theory. J Brand Manage 14 （3）： 240–254

Hankinson G （2009） Managing destination brands： establishing a theoretical framework. J Mark Manage 25 （1–2）： 97–115

Hanna S， Rowley J （2011） Towards a strategic place brand–management model. J Mark Manage 27 （5–6）： 458–476

Hanna S， Rowley J （2013） A practitioner–led strategic place brand management model. J Mark Manage 29 （15–16）： 1782–1815

Henning–Thurau T， Gwinner K， Walsh G， Grenter D （2004） Electronic word–of–mouth via consumer opinion platforms： what motivates consumers to articulate themselves on the Internet? J Interact Mark 18： 38–57

Ibeh KIN， Luo Y， Dinnie K （2005） E–branding strategies of internet companies： some preliminary insights from the UK. J Brand Manage 12 （5）： 355–373

Iversen N， Hem L （2008） Provenance associations as core values of place umbrella brands： a framework of characteristics. Eur J Mark 42 （5–6）： 603–662

Kahuni A， Rowley J， Binsardi A （2009） Guilty by association： image spill–over in corporate cobranding. Corp Reput Rev 12： 52–63

Kavaratzis M （2004） From city marketing to city branding： toward a theoretical framework for developing city brands. Place Brand 1 （1）： 58–73

Kavaratzis M （2009） Cities and their brands： lessons from corporate branding. Place Brand Publ Dipl 5 （1）： 26–37

Kavaratzis M （2012） From necessary evil to necessity： stakeholders' involvement in place branding. J Place Manage Dev 5 （1）： 7–19

Kavaratzis M， Ashworth GJ （2005） City branding： an effective assertion of identity or a transitory marketing trick? Tijdschrift voor economische en sociale geografie 96 （5）： 506–514

Ketter E, Avraham E (2012) The social revolution of place marketing: the growing power of users in social media campaigns. Place Brand Publ Dipl 8 (4): 285–294

Kerr G (2006) From destination brand to location brand. J Brand Manage 13: 276–283

Laws E (2002) Tourism marketing: service and quality management perspectives. Stanley Thames, New York

Law R, Qi S, Buhalis D (2009) Progress in tourism management: a review of website evaluation in tourism research. Tour Manage 31 (3): 297–313

Merrilees B, Miller D, Herington C (2012) Multiple stakeholders and multiple city meanings. Eur J Mark 46 (7–8): 1032–1047

Moilanen T, Rainisto S (2009) How to brand cities, nations and destinations: a planning book for place branding. Palgrave Macmillan, Basingstoke

Morgan–Thomas A, Veloutsou C (2013) Beyond technology acceptance: brand relationships and online brand experience. J Bus Res 66 (1): 21–27

Morgan RM, Hunt SD (1994) The commitment–trust theory of relationship marketing. J Mark 58 (3): 20–38

Morgan N, Pritchard A, Pride R (2004) Destination branding: creating a unique destination proposition. Elsevier, Butterworth Heinemann, Oxford

Morgan N, Pritchard A, Pride R (2011) Destination brands: managing place reputation, 3rd edn.Elsevier, Oxford

Munar A (2011) Tourist –created content: rethinking destination branding. Int J Cult Tour Hospitality Res 5 (3): 291–305

Muniz AM, O'Guinn TC (2001) Brand community. J Consum Res 27 (4): 412–431

O'Leary S, Deegan J (2005) Ireland's image as a tourism destination in France: attribute importance and performance. J Travel Res 43 (3): 247–256

Olins W (2002) Branding the nation–the historical context. J Brand Manage 9(4–5): 241–248

Park YA, Gretzel U (2007) Success factors for destination marketing with web sites: a qualitative meta–analysis. J Travel Res 46 (1): 46–63

Papadopoulos N (2004) Place branding: evolution, meaning and implications. Place Brand 1 (1): 36–49

Persaud A, Azhar I (2012) Innovative mobile marketing via smartphones: are consumers ready? Mark Intell Plan 30 (4): 418–443

Pryor S, Grossbart S (2007) Creating meaning on the street: towards a model of place branding. Place Brand Publ Dipl 3: 291–304

Roig AH, Pritchard A, Morgan N (2010) Place making or place branding? Case studies of Catalonia and Wales. In: Ashworth G, Kavaratzis M (eds.) Towards effective brand management. Edward Elgar, Cheltenham, pp 116–136

Rowley J (2004) Just another channel? Marketing communications in e–business. Mark Intell Plan 22 (1): 24–41

Rowley J, Bird D (2011) Online branding. In: Pattinson HM, Low DR (eds.) E–novation for competitive advantage in collaborative globalization: technologies for emerging e–business strategies. IGI Global, Hershey, pp 122–142

Rowley J, Hanna S (2013) One place, one brand? the elephant in the closet. Academy of Marketing Conference, Cardiff University, July 2013

Rubenstein H (2002) Branding on the Internet–moving from a communication to a relationship approach to branding. Interact Mark 4 (1): 33–40

Ruzzier M (2010) Destination branding. LAP Lambert Academic Publishing, Germany

Schau HJ, Muñiz AM, Arnould EJ (2009) How brand community practices create value. J Mark 73 (5): 30–51

Shang R–A, Chen Y–C, Liao H–J (2006) The value of participation in virtual consumer communities on brand loyalty. Internet Res 16 (4): 398–418

Sigala M (2009) Web 2.0, social marketing strategies and distribution channels for city destinations: enhancing the participatory role of travellers and exploit their collective. In: Gasco–Hernadez M, Torres–Coronas T (eds.) Information communication technologies and city marketing: digital opportunities for cities around the world. Information Science Reference, Hershey, pp 221–245

Schmitt B (1999) Experiential marketing. J Mark Manage 15 (1–3): 53–67

Simmons GJ (2007) I–branding: developing the Internet as a branding tool. Mark Intell Plan 25 (6): 544–562

Trueman M, Klemm M, Giround A (2004) Can a city communicate? Bradford as the corporate brand. Corp Commun Int J 9 (4): 317–330

Trueman M, Cornelius N, Wallace J (2012) Building brand value online: exploring relationships between company and city brands. Eur J Mark 46 (7): 1013–1031

Tynan A, Mckechnie S (2009) Experience marketing: a review and reassessment. J Mark Manage 25 (5–6): 501–517

Virgo B, de Chernatony L (2006) Delphic brand visioning to align stakeholder buy–into the city of Birmingham brand. J Brand Manage 13 (6): 89–96

Yuan Y, Zhang JJ (2003) Towards an appropriate business model for m-commerce. Int J Mob Commun 1 (1-2): 35-46

Zenker S, Braun E (2010) The place brand centre-a conceptual approach for the brand management of places. Paper delivered at 39th European marketing academy conference, Copenhagen, Denmark

第八章　从实践角度反思地方品牌：与利益相关者合作

朱利安·斯塔布斯，加里·瓦纳比 *
（Julian Stubbs and Gary Warnaby）

[摘　要] 本章考察了利益相关者在地方品牌发展中的作用，了解谁是利益相关者，以及他们对于地方性质的看法，这些应该是任何地方品牌策略的关键性决定因素。在简要回顾了谁拥有"品牌"的问题之后，本章更全面地讨论了利益相关者的概念。使用第一作者多年的地方品牌实践案例，确定可能存在的潜在利益相关者的范围（包括居民、政治家、政府组织、促销机构、基础设施、运输提供者、文化体育组织、商业、学术组织、学校以及宗教组织）。本章随后的讨论包含了利益相关者承诺进行品牌活动的过程中所涉及的关键问题，包括利益相关者研讨会、共同愿景和定位等问题，以及发展密切关系并制定内部品牌参与计划等。

* J. Stubbs
Up There，Everywhere，P.O. Box 100，193 23 Sigtuna，Sweden
e-mail：julian@uptereeverywhere.com
G. Warnaby（✉）
School of Materials，University of Manchester，Sackville Street Building，Oxford Road，Manchester M13 9PL，UK
e-mail：Gary.warnaby@manchester.ac.uk
ⓒ Springer International Publishing Switzerland 2015
M. Kavaratzis et al.（eds.），*Rethinking Place Branding*，
DOI 10.1007/978-3-319-12424-7_8

引言：所有权和地方品牌

消费品牌和地方品牌最重要的区别之一就是品牌本身的所有权。正如 Clegg 和 Kornberger（2010, p. 9）所说："从法律上讲，商业品牌是由拥有版权的组织所拥有的，但谁拥有一座城市了？"在快速消费的背景下，通常许多营销活动中的品牌所有权是明确的，尽管有时候有些问题可能与对消费者观念产生负面影响的特定外部因素进行对抗（如在危机管理情况下，又如产品污染恐慌等），品牌所有者在品牌市场的管理方面具有自主权。最终，品牌所有者控制品牌、营销、销售和分销的所有元素，具有完全的控制权，负有全面责任。

然而，地方品牌却截然不同，也复杂得多。事实上，这被认为是将地方的营销和品牌与更加刻板的营销环境区别开来的关键因素（Warnaby, 2009）。这种差异体现在多个方面。虽然所有品牌都被出售，但除出售或销售之外，地方还具有各种重要功能。地方最重要的是居住在那里的人和其中存在的社会关系。因此，地方通过卫生和福利制度构成就业、教育和社会保障的位置。地方是我们居住、工作和学习的地方。它们还提供重要的社区文化和基础设施需求（娱乐和体育设施、博物馆和画廊、餐馆、商店、运输系统等文化设施）。各种"产品"构成的概念（例如，Jansen-Verbeke, 1986；Getz, 1993）明确地承认了这种地方元素万花筒式的复杂混合性。复杂性和差异性的第二个领域是广泛的人群、团体和组织对地方的成功感兴趣，而关键的是，如何实现这一成功（参见 Clegg and Kornberger, 2010；Houghton and Stevens, 2011；Kotler et al., 1999）。此外，可以规划和实施地方营销活动的机制通常以复杂性为特征（Van den Berg and Braun, 1999；Warnaby et al., 2002），表现为存在许多组织，通常具有不同的具体（并且可能存在冲突）职权范围、操作方法以及判断成功的标准。

因此，营销人员很有可能与大量不同群体和个人合作，而这些群体和个人对地方品牌的兴趣不同。因为，这些确定的不同利益相关者团体是负责营销和品牌推广的负责人之一。所以确定需要与谁合作去获取成功，以及如何让每个人协同合作将是至关重要的。在某些阶段，重要的是在某种形式的视野下尽可能多地达成共识。尽管机场被视为地方的缩影（参见 Augé，1995），例如，2002 年，本章第一作者参与了斯德哥尔摩主要国际机场的重新定位和品牌推广：斯德哥尔摩—阿兰达，当时由 Luftfartsverket（LFV）——瑞典民航局运营。

在这里，开发新品牌策略的关键是首先要确定哪些组织对机场及其运营的成功有着重要的意义。利益相关者不仅是瑞典民航局及其各部门，还有航空公司、机场零售商、机场租户、当地市政府、斯德哥尔摩市、国家政府以及邻近地区的用户和居民。从更广泛的角度来看，实际上谁对这个地方或目的地感兴趣，显而易见，没有一个单一的实体可以完全掌控地方品牌的成功。一旦确定了主要的利益相关者，与每个合作伙伴建立牢固的关系就成为开发正确的品牌和营销方式的关键。这可能是一个漫长的过程。在斯德哥尔摩—阿兰达的案例中，花了一年时间，制定了一种被认为适合于机场的战略和新特性，并且与所有主要利益相关者的合作伙伴的投入和反馈相匹配。所以问"谁拥有地方品牌"是个错误的问题。正确的问题也许是"谁与地方品牌有利害关系"（并且可以认为，最终所有参与该地方的人都对其品牌有利害关系），因此，营销人员如何将可能是一个非常不同的利益相关者的意见纳入地方品牌的发展中？本章将讨论这些问题。

我们从更广泛地讨论利益相关者的概念开始。随后，我们利用第一作者多年的品牌实践案例，确定可能存在的潜在利益相关者的范围，并讨论与获取利益相关者致力于建立地方品牌活动有关过程的关键问题。最后我们分析总结地方品牌实践对未来的影响。

"利益相关"的概念

在早期的开创性工作中，Freeman（1984，p.46）将利益相关者定义为"可以影响组织目标实现的任何团体或个人"，并认为利益相关者感受的程度受组织目标成就（或不成就）的影响，通常将与已投资的感知资源利益（在时间、金钱等方面）有关。

如今已经出现了可以分类和理解利益相关者的各种方式（Mitchell et al.，1997）。从商业组织的具体角度来看，对不同类型的利益相关者进行分类，而这些分类可能源于他们所感知到的特征——例如 Clarkson（1995），区分主要和次要利益相关者（主要利益相关者是那些对幸福感至关重要的个人或群体组织，次级利益相关者被定义为与组织相互作用但对其生存至关重要的人员），以及自愿和非自愿利益相关者（主要区别在于非自愿利益相关者不选择建立关系，也不能轻易撤回其股份）。Savage 等（1991）根据两个关键标准推进利益相关者分类制度，即与组织有威胁或与组织合作的潜力。从这个角度，他们确定了四个关键的利益相关者类型：①支持性利益相关者（支持组织的目标和行动，即"理想"利益相关者）；②边际利益相关者（既不高度威胁也不特别合作，虽然他们对组织和决策有利害关系，但一般不关心大多数问题）；③非支持性利益相关者（潜在威胁高，合作潜力低）；④混合利益相关者（具有相同的威胁和合作潜力）。

　　管理文献还试图通过互动来了解和分类利益相关者。例如，Podnar 和 Jancic（2006）确定了利益相关者和组织之间的三个主要互动层次：①不可避免的互动是最强大的，发生在组织存在所必需的利益相关者身上；②必要的互动是重要的，虽然利益相关者的权力较小，但依然与组织有影响力的协会相关联；③理想的互动，这些互动是与有权力影响组织的利益相关者发生的，但互动不是组织生存的必要组成部分。因此，组织必须根据这些不同层次的互动来定制与利益相关者的活动。

　　Clarkson（1995）认为，组织对所有利益相关者群体都有责任和义务，尽管他们潜在的利益不同，但实际上可能会是多种多样的（Anheier，2000；Clarkson，1995；Freeman，1984；Macedo and Pinho，2006）和矛盾的（Bruce，1995；Dartington，1996）。因此，关于组织管理者是否能够满足所有利益相关者，或者一个群体的满意是否以牺牲另一个群体为代价来进行，这些一直存在争议（Strong et al.，2001）。鉴于地方品牌的上述性质，可能有多个利益相关方投入到品牌开发中，这种争议是非常贴切的。由营销/品牌化的特殊性引起的另一个问题也有可能影响利益相关者的管理方式。管理文献中利益相关者理论的核心是"公司"的概念——"组织"的一个明显简写术语，它位于给定的利益相关者关系网络的中心。就地方品牌化而言，规划和实施活动的组织机制的潜在复杂性使得这种中心概念有些问题。Van den Berg 和 Braun（1999）使用"战略网络"一词来描述参与开发和实施城市营销/品牌活动（换句话说是利益相关者）的各方，我们现在来考虑品牌主要利益相关者是谁。

识别地方品牌利益相关者

地方品牌利益相关者将有许多不同的形式和规模，并能够构成各种政府和非政府组织。所有人都会对地方有所了解并存在不同的看法，同时或多或少地有合法的理由被倾听。因此，持续地与这些利益相关者团体合作是非常重要的，需要被视为非一次性的活动，而是长期的承诺。然而，在某些时候，不可避免地需要做出一些决定。在这种情况下，试图讨好这方面的每个人通常并不总是可行的。事实上，以前在城市再生伙伴关系背景下的研究强调了固有关系的困难 ——例如，Peck（1995）认为，尽管规模、数量和组织有所不同，但这种伙伴关系通常代表着狭隘的地方利益，往往倾向于特定的以市场为导向的议程。伙伴关系机构的成员可以反映旧的"持续代表"的"权力基础"（Sadler，1993，p.187）。这种潜在的利益相关者关系中存在的紧张和不平等会导致可能的冲突，这可能使得人们对许多这样的伙伴关系机构（Peck，1995；Peck and Tickell，1994）的寿命产生怀疑，或者说，合作伙伴关系建立在脆弱的共识基础上，它的持续主要是通过避免可能分裂的艰难选择来实现的（Bassett，1996）。

然而，如果利益相关者具有足够的投入，并且觉得他们了解品牌战略的发展原因（尽管可能与自己的具体目标不完全一致），那么他们仍然可以合理地参与其中。促进这一点的一个方法是制定一个共同的愿景。这将在本章后面更详细地讨论，但本节的其余部分将标识出一些关于地方品牌的不同利益相关群体，以及他们的代表性观点。

居民

在地方品牌活动中居民往往被忽视（Braun and Zenker，2012；Kavaratzis，2012），第一作者有被邀请参加一些地方品牌和营销项目的经验，当地居民甚至不包括在最初的概要中。将生活在一个地方的人们的观点和感受考虑进来是至关重要的——如 Braun 等（2013）指出，居民可以在地方品牌方面发挥不同的作用：①其特点和行为能够作为地方品牌的一个组成部分；②作为大使，传达信息的信誉；③作为公民和选民，他们有助于地方品牌的政治合法化。

第一作者的地方品牌实践经验表明，让当地人不仅是被动地支持，而且积极地参与任何城市或地方的推广或营销活动的重要性都不能夸大。许多地方在市场营销方面资金不足（Warnaby et al.，2002），在这种情况下，品牌的主要载体是实际来自该地方的居民，而不是广告，即使是在病毒式营销中，据 Baines 等（2011，p.746），"这是无偿的对等通信……的内容（即与此相关的地方）来自一个使用互联网传递并说服或者影响受众的一个确定的赞助商"。因此，把当地人作为大使，让当地人民促进自己的城市发展，无论在国内还是国外，都是一笔巨大的财富。

当然，在某些情况下，居民可能无动于衷，在最坏的情况下甚至怀疑和阻碍当地的营销（以及随之而来所感知的商品）。不能忽视的一个根本点是，城市、自治区和大多数其他地方存在更多的重要关联，而不仅是以某种形式进行市场化，地方依恋感（Hildago and Hernandez，2001）将会深入到许多居民内心（Hernandez et al.，2007）。这可能会导致居民对营销/品牌宣传活动的对抗，特别是如果这些活动被认为不足以表达他们地方的看法。鉴于这一点，对营销人员来说对这个问题有真正的感触很重要——在开发地方品牌计划时，充分了解当地居民的观点是至关重要的。

当与斯德哥尔摩当地人进行研究时，第一作者发现，当地人似乎对他们的家乡城市非常关心，他们对此表示热情。相比之下，来自瑞典第二城市哥德堡的人不仅可以回答营销人员所面临的任何问题，而且还会愉快地继续进行交谈。大多数人在谈论他们的家乡时感到非常热心和积极。进一步的调查显示，斯德哥尔摩明显存在这种缺乏参与的现象，其两百万人口中，大约有一半不是原本来自这座城市的，甚至在瑞典也是这样。因此，寻找一些让居民了解自己城市的方式成为斯德哥尔摩推广的重要内容。一个成果是斯德哥尔摩名人长廊。伴随人们走过机场到达地区，许多与城市有联系的著名人物的肖像被展示出来。图片不仅包括熟知的名人（如 ABBA 和 Björn Borg），而且还包括对当地民众运动有意义的个人，如高尔夫选手 Annika Sörenstam，女演员 Greta Garbo 和 Britt Ekland，炸药发明家 Alfred Nobel，宇航员 Christer Fuglesang 等近一百多个。这个名人长廊已经存在了十多年，并仍然在不断发展。这已被证明是一个聪明而又相对较低的成本推广，利用地方居民，这种方式也被运用在许多其他机场中。

政治家

无论是国家、城市还是自治区，政治家在许多方面都是决定一个地方（包括其品牌和推广）的命运好或坏的关键因素。营销人员必须处理的最大问题之一是制定长期的品牌战略。许多最知名的消费品牌已经存在了几十年，可以说地方品牌也不例外——10年、15年或20年的观点应该是目标。然而，在大多数国家，政治变化往往每四年或者五年发生一次，这可能导致战略和资金制度的变化，就地方营销/品牌而言，特别是政治家想要表明与从前在职人员的"改变"。尽管承认对许多地方的看法，但这可以对抗品牌需求的一致性和持久性——以及由此在用户心中的位置——可能是持久的［实际上，需要改变现有（通常是负面的）观念，而"重绘"活动是地方营销文学中的一个重要主题，例如Ward（1998）］。

第一作者的实践经验表明，一个关键的任务是让政治分歧的双方与城市或地方的长期品牌或营销计划一致——获得他们作为主要利益相关者的意见，并同意着眼长期，坚持长期的品牌和计划。长期的愿景和目标是重要的，这些都是必须早日解决的问题。通常，负责营销地方的组织或团体更有成效，他们与政治家一起推动这一进程，并共同协商。有时在发展地方品牌活动中，第一作者不得不在不同的会议期间应对不同的政治团体，以防止他们通过主持一次联席会议成为潜在的不具有建设性的政治辩论家。

与政治家（以及一些非政治任命的公务员）合作时，需要考虑的另外一个问题是，他们倾向于采用不可能疏远任何群体的宣传信息和活动（可能与第一个利益相关者以上提到的事实有关，该地方的居民如果不同意以他们的名义制定的政策，则在未来的某个时候他们有最终的制裁权，并不得将其驳回）。因此，许多政治家更倾向于使用一般性，而不是采用最低的共同特征，更不是特定或使用硬质的品牌声明或立场，这可能有助于发展该地区的特色定位。事实上，营销文学中的一个主题是营销和促销活动的同质性（例如，Barke and Harrop，1994；Burgess，1982；Clegg and Kornberger，2010；Eisenschitz，2010；Harvey，1987；Holcomb，1994；Young and Lever，1997）。Kavaratzis和Ashworth指出，品牌的关键要素应该是"发现或创造独特性，以提高市场竞争地位"（2008，p.154）。然而，政治家倾向于不冒犯重要的选区，可能会违背这一点。

政府组织

另一个重要的利益相关者团体是当地的城市/政府机构，以某种方式使用或与地方品牌合作。在许多方面，他们提供的服务将支持品牌或潜在的损害，因为他们通常会负责地方产品的组成部分（如学校和其他教育机构、废物回收和能源设施、公园、休闲设施和文化事业、交通运输和就业机构等），获得管理这类活动的群体的见解和积极支持是一个重要而持续的过程。例如，如果如能源或废物管理这样的服务不能真正支持这一特定的要求，那么声称"绿色的"城市就是品牌战略的一部分，并不能真正获得城市的支持交付。在吸引新居民甚至外来投资方面，一个关键问题可能是教育和儿童学校。如果城市或市政府不做任何支持索赔的事情，那么这个地方的供应就会被破坏。与当地政府机构合作，了解机构能够供应什么，然后确定实际可行的内容是非常重要的。

推广机构

如上所述，地方营销/品牌宣传的特点之一，可能是个别地方的多个促销机构，谁实际负责管理（如果不是全部，至少也是一些具体方面）代表城市进行的品牌/推广活动。通常在这些机构中，特别是如果以公共部门为导向，许多营销角色可以由不一定具有营销技巧或经验的人填补。同样，许多一般的促销顾问也很快找到与地方营销有关的机会。这些顾问和外部机构在其他领域可能有较强的经验，但经常低估成功的品牌和市场营销的挑战性和持久性。这提出了挑战，在某些情况下导致对所涉问题的复杂性的补充。通常，被低估的领域是了解利益相关者的重要性，并且以多种方式与他们合作。与利益相关者有关的工作是艰巨而苛刻的。然而，经验表明，与发起没有得到支持的倡议，或者因为没有解决关键问题而失败的这些问题相比较，它的工作要少得多。第一作者的实践表明，负责任的政府部门、主要利益相关者团体和任何外部顾问之间建立开放和协作的关系，对开发成功的地方品牌和营销计划至关重要。

基础设施和运输服务供应商

许多地方的营销信息强调了地理位置，即使在索赔的基础上，例如，中心性和可访问性也许是可疑的（Burgess，1982；Holcomb，1994；Ward，1998）。

Kotler 等（1999）将"基础设施营销"这一短语描述为强调维持生活质量和支持经济生产力所需要的因素（参见 Short and Kim，1999；Short，1999）。特别是在机场、道路和铁路等方面，这是许多地方的命脉。如果一个地方没有良好和方便的联系，地球上的所有营销就会浪费钱，许多运输基础设施被认为是重要的地方产品要素（Kotler et al.，1999）。在瑞典中部的一个市政当局，第一作者被要求提供关于地方品牌建议的意见，经过斯德哥尔摩 6 小时的旅行，在与负责人的晋升部门负责人的会议中，他们想知道他们能够做的事情会对他们的目的地产生什么重要影响。作者建议他们建立斯德哥尔摩直达铁路，或从距离高速公路 5 公里的当地的 E4 高速公路附近建一个高速公路出口，沿着整条高速公路竖立大牌，告诉人们这个地方的位置。评估地方品牌的基础设施和后勤资产并利用它们，甚至可能改变它们是至关重要的。

文化和体育组织

另一个能够对地方品牌产生强大影响，并且自身也具有影响力的利益相关团体是文化和体育组织。例如，一个"品牌"，如利物浦足球俱乐部，是利物浦本身的一个资产，特别是足球爱好者。从全球性来讲，利物浦作为一个地方，因为这样的资产，比其可比规模的城市更为人所知。使这些利益相关者成为品牌建设的一部分，获得支持和见解至关重要。在较小的规模上，第一作者的市政客户之一拥有广泛的地方体育组织网络，涵盖了众多活动。在与这个品牌合作的时候，花了相当多的时间倾听这些基层组织，以此来了解他们的意见，同时观察他们带来的感知价值是如何被利用的。

诸如博物馆、艺术画廊和音乐场所等文化组织为居民提供了高价值和吸引游客的潜力，古根海姆博物馆对西班牙城市毕尔巴鄂命运的影响也得到了很好的证明（虽然使用这种"标志性"的架构是有关键的评论——更多的细节，例如参见Jones，2011）。太多地方品牌将这些资产留给自己而不是充分发挥潜力。在一个特定地点进行地方审计时，第一作者发现存在有大量的文化事件，但负责这些事件的各个组织都在隔离这些事件。通过共同努力，将目的地的文化属性带到一起，产生了更大的影响。事实上，地方营销文学丰富了地方文化设施的影响，从地方特定协会（例如，Ashworth，2009）的发展到奥运会等壮观的事件（参见例如，Ward，2010；Waitt，1999）再到欧洲文化命名之都（Garcia，2004a，

2004b；Richards and Wilson，2004；Sjøholt，1999）。

企业

当地企业显然是任何地方的重要利益相关者。在其品牌实践中，第一作者通常将本地企业划分为两个不同的群体：那些直接相关或参与某个地方品牌的人（例如酒店或餐馆等）；那些直接参与或依赖地方品牌成功的人，可能对一个地方的昌盛和繁荣更感兴趣，因为他们可能雇用了许多当地人（例如较大的制造公司等）。第一个群体，对于品牌成功的重要性以及为什么他们应该对其发展感兴趣，这些都是明确的，他们的投入为目的地提供了有价值的见解。然而，第二个群体，则是不直接参与的，更多的时候是很难搞定。了解他们参与地方品牌倡议的动力很重要。他们往往是当地的重要雇主，投资至关重要。经验表明，这些团体必须在个案基础上加以考虑，并且对自己的目标进行了真实的了解，同时将其理解为能够充分参与到利益相关组织进程中。理想的情况是，他们成为"大使"，因为他们自豪地宣称，他们作为一个组织的成功是在某种程度上与其所依据的领域有关（与经济集群的概念一致——Porter，1998）。此外，第一作者的地方品牌经验表明，最重要的商业部门之一是当地的房地产公司，这些将与地方捆绑计划的成功直接相关联。营销人员的成功将对他们的业务产生非常直接的影响，他们的观点和投入可以非常有价值，因为它们处理了真正和可衡量的价值（当然，品牌的目标是远远超过不断增加的房地产价值和收益）。

学术机构和学校

教育机构，如大学和学校，可能是非常重要的品牌利益相关者，强调人力资本作为营销活动长期要素的重要性（Ward，1998）。Ward 将大学描述为"后工业化（城市）组合中的主要成分"（1998，p.189）。根据佛罗里达州，它们构成了"创意经济的基础设施基础"（2002，p.291），因此，它们所在的地方是"巨大的潜在竞争优势"（2002，p.292），就经济发展（Charles，2006）和一个地方的"创意环境"而言（Landry，2000，p.133）。因此，许多组织在学术资源和基础设施的高期望清单上，希望找到一个新的地方安置或开放设施。获得受过良好教育的劳动力可以成为许多公司选择特定地点的真正动机（Charles，2003），这是上述经济集群概念的一个特定因素。

还有一些领域的公司，为企业员工的家庭成员和子女成立优质的学校和教育机构，特别是那些为需要迁移的国际雇员提供良好的国际项目的公司。本章第一作者与一个北欧城市合作，那里特别缺乏优质的大学以及良好的国际学校，这在发展计划中已被证明是一个真正的障碍。

宗教组织

在某些目的地，宗教组织也应该被归类为重要的利益相关者和影响力群体。它们不仅可以提供一些重要的观点，即从更具商业性的群体处可能无法获得的，但根据该地区形势，这些群体也可能对当地居民甚至立法产生深远的影响（尽管必须强调一个地方的宗教组织可能并不一定构成同质团体）。

在英国，大约有 10%~15% 的人口定期参加宗教活动（Gallup，2004），在美国，该数字约为 40%（Gallup，2013）。在具体的地方，这些可以构成人口中重要的比例，代表和表达其民众意见的人可能是有影响力的利益相关者。在瑞典，平均不到 5% 的人口经常参加宗教活动（Gallup，2004）。然而，在一个特定的项目中，在该国南部的一个传统蓝领就业区，当地居民强烈的教堂习惯和信仰导致了当地餐馆对饮料许可证的批准超过了当地的正常法律。第一作者被要求考虑如何帮助将这个传统的制造业区域发展成为一个更大的白领区域，尤其是创造性的集体焦点。诸如餐馆、酒吧和社交娱乐等设施是创意课程中许多人的首要任务（Florida，2002）。与当地的宗教领袖谈话，就是为了把这些调整作为一个计划而获得他们的意见和投入。

在本章的总结中，一个重要的观点（是前面的章节中是例证）是这样的，即特定的混合和相对重要性 ——个体利益相关者将投入到特定的地方品牌活动的发展中。这反映了地方特色城市的概念，这被认为是营销和品牌推广的一个因素（Warnaby，2009），并要求负责发展地方品牌活动的人员做出有意义的努力，以确定利益相关者是谁，同样重要的是，要确定它们之间的相互作用和权力关系的性质（可能利用前文"利益相关者概念"一部分中概述的一些分类框架），以便就地方品牌战略达成共识。在本章的下一部分中，我们从实践中吸取一些一般性的经验教训，希望能够优化这一过程的有效性。

参与地方品牌的利益相关者

本部分旨在解决当目的地的特定关键利益相关者群体确定后，他们的投入和参与应如何被捕获的问题。下面讨论了与此有关的一些问题。

利益相关者研讨会

第一作者在许多地方的工作经验表明，利益相关者研讨会的会议可以提供非常有价值并且丰富的信息。这些通常被设计为短时间，2~3小时，或更长时间，长达6小时。关于研讨会参与者的组成决定，通常将不同的利益相关者混在一起，以获得一定程度的交叉融合和互动。这些工作坊的团体规模各不相同，但通常在8~20人，这对于一个单独的研讨会来说是正常的（其分为小型"分组"小组，以在研讨会期间承担要素责任）。如果有必要也会聘请一大批人，连续两天举办两三场研讨会。

研讨会是有目的、有安排地结合，结合一些简短的教育要素，通过品牌或地方营销的特定方面参与者，然后参与更具体的话题和练习，其间要求与会者共同合作，就特定感兴趣的领域提供反馈意见。这可以涵盖诸如愿景和价值观、目标受众、身份、价值主张、故事讲述、竞争对手等主题。会议保持短暂、有趣和高度的吸引力，要求所有与会者参与开发并提交最后反馈，要求参与者将结论提交给全组，这点是特别重要的，因为它有时会刺激辩论、讨论和明显的分歧。但是，通过这样做，将小组的思想暴露给更大的群体，更有效地检验了与会者的态度和思想的力量，同样，对于主持人来说，很快就能很好地说明主要问题和讨论点。多年来一直举办这样的研讨会，第一作者建议，每个会议都会发展自己的动态，很少有两届会议是一样的。除了提供有价值的见解和学习外，这些研讨会重要的是让与会者积极参与到这个课题的过程中——这可能是任何目的地成功的重要因素之一。当然，一旦利益相关者参与，就必须保持势头，重要的是保持利益相关者的参与，并对目的地发生的事情提供不间断的反馈和更新，以保持其高度的参与度。

共同愿景和定位

尽管有不同的观点或意见，但让不同的利益相关者团结合作是一个重要的课题。显而易见，利益相关者参与该过程，因为对目的地有真正的兴趣，或者更常见的情况是因为他们从自己的角度来看他们之间有利害关系，并希望影响未来的任何决定或计划。鉴于事实（在本章开始时强调），没有一个人或组织拥有一个地方品牌，那么这些不同的利益相关者将以某种方式找出共同点，以制定地方品牌的战略。这可能提出了明显的挑战，但其中的一个关键方面，是为支持每个利益相关者的地方制定一个共同愿景，使他们能够保持自己的个人目标（但不降低到前面提到的一般和平淡观点的最低界限）。伴随地方品牌的愿景，任何品牌建设倡议的核心是定位。即确定你是什么，你代表并象征什么，关于这些，开发标签和口号是不行的，关键的是，用掌握的数据证据来支持它。

斯德哥尔摩市是本章第一作者进行的品牌推广工作中的一个例子。在与关键利益相关者进行的初步研讨会上，呈现出多样性的目标，并且在与之前确定的一些离散目标受众有关的群体间广泛传播。最初的目标是促进城市旅游业，并将其定位为一个庞大而宏伟的旅游目的地，以及在北欧地区度过假期或选择短暂的城市休息的自然之地。此外，也有必要与各种商业群体接触，并希望吸引会议和工业界，并将斯德哥尔摩作为强大的会议和展览场所。但存在一个非常困难的挑战，那就是如何吸引所有这些不同的个体同时保持强大的单一定位。这个城市的定位以前是非常不一致的，首先集中在一个话题和一个个体身上，然后跳到另一个新的、重要的话题和个体上。

答案是制定一个定位战略，使城市品牌能够在相关背景下更有效地沟通所有这些话题，并保持一致的焦点（参见 Iverson and Hem，2008）。因此，斯德哥尔摩被定位为斯堪的纳维亚首都。由此，斯德哥尔摩作为一个品牌，将代表斯堪的纳维亚的最佳元素。使用这种伞型定位方式，而不是过分关注或疏远任何已经成为品牌发展过程的一部分内部利益相关者，这将使与地方品牌相关的广泛主题进行的谈话变得更容易。寻找到这种共同点和定位，使斯德哥尔摩品牌需要参与的各个主题有了很大的灵活性（这是与文化、商业和中心地位有关的三条支柱），并保持了共有的参照点。这种定位策略有些争议，其他斯堪的纳维亚城市的反应也不可避免。找到共同的愿景和品牌定位并不总是容易的，而且需要时间和精力，但是，这可能是将一组不同的利益相关者目标统一起来的极有价值的方式。

发展紧密关系

尽管开发地方品牌的共同愿景和定位有其固有的优势，但面临的一个显著的问题是不同利益相关者群体之间的潜在竞争。此外，这种竞争可以存在于特定的、广泛的利益相关者群体之中：例如，目的地的酒店将彼此视为竞争对手，并且更侧重于如何相互竞争，而不是为了促进目的地中每个人的福利。最成功的方法是再次找到一些共同点，这些潜在的竞争对手可以聚在一起，真正地进行、共同关注。与斯德哥尔摩北部四万人口的目的地进行合作，第一作者发现，不同利益相关者群体之间的合作非常密切，并愿意共同努力，帮助目的地的整体情况发展。整体品牌定位的一部分重点是环境活动，而在酒店和会议部门，通常将彼此视为竞争对手的公司愿意放弃竞争性问题，共同采取行动，就其环境方面进行合作，以便促进这方面的总体定位战略。

内部品牌参与计划

容易被忽视或低估的一个方面就是品牌参与。使利益相关方充分符合品牌和营销策略，并随着情况的进展定期更新。一般来说，负责消费者品牌管理的人员认识到内部营销的价值，即在组织内应用营销理念和原则，通常针对员工，以鼓励他们支持和认可组织的策略、目标和品牌（Baines et al., 2011）。如果在消费者世界中是这样的话，鉴于地方利益相关者的性质往往是非常不同的，所以对于地方来说更是如此。因此，负责地方品牌的人需要一个品牌持续参与的计划，以保持关键利益相关者组织的意识发展，并提醒他们总体战略。对于许多客户而言，第一作者每 6~18 个月运行一次这样的利益相关者更替会议，使利益相关者回到桌面，告知他们成功、失败以及所需的任何变化。通常，利益相关者组织的人员流动便是如此，所以利益相关者群体的一半面孔将是新的，也因此需要提醒人们注意愿景、战略、定位和目标。

小 结

本章试图展示，使所有利益相关者参与地方品牌活动的开发和实施是非常重要的。如上所述，"产品"/品牌本身的复杂性以及其开发和管理的组织机制，已被确定为区别营销和品牌与其他应用环境的关键特征（Warnaby，2009）。因此，可以说，营销的成功实践将是高度特别的。事实上，如上所述，非常不同的地方发展极其同质的营销/品牌活动的趋势已经被提升为对营销实践的批判——Eisen-schitz（2010，p.27）认为，许多相同的营销技术是常用的，"一旦配方被采用，那么没有一个城市会有独特的卖点"。Barke 和 Harrop（1994，p.99）认为，地方营销活动的融合可以被认为是"商品化"中的重要一步。在开发品牌知名度的过程中，Kavaratzis 和 Ashworth（2008）认为，在成功营销/品牌推广方面很重要，充分了解利益相关者的融合以及他们之间的相互作用和权力关系 ——这将会随着地点的不同而有所不同——非常关键，从上述第一作者的实践中可以看出，发展这种理解可能是耗时的，需要付出很多努力，但从长远来看是值得的。

这也反映了这样一个事实，正如本书其他章节所提到的那样，产品和品牌是由一个地方的人共同创建的。换句话说，就是那些拥有某种"股份"的人。这样的观点与地方本身的概念联系在一起，就像个人或组织背景下，人们及其行为所创造和产生的东西一样。这清楚地表明了 Cresswell（2004）概述的社会建构主义和现象学层面，就地方品牌而言，建议那些对开发和管理负责的人，应该尽可能广泛地利用利益相关者参与品牌发展。

参考文献

Anheier HK（2000）Managing non-profit organisations: towards a new approach. Civil society working paper 1, London School of Economics. http://www.lse.ac.uk/collections/CCS/pdf/cswp1.pdf. Accessed 21 July 2008

Ashworth GJ（2009）The instruments of place branding: how is it done? Euro Spat Res Policy 16（1）: 9-22

Augé M（1995）Non-places: an introduction to supermodernity. Verso, London

Baines P, Fill C, Page K（2011）Marketing, 2nd edn. Oxford University Press, Oxford

Barke M, Harrop K（1994）Selling the industrial town: identity, image and illusion. In: Gold JR, Ward SV（eds.）Place promotion: the use of publicity and marketing to sell towns and regions. Wiley, Chichester, pp 93–114

Bassett K（1996）Partnerships, business elites and urban politics: new forms of governance in an English city? Urban Stud 33（3）: 539–555

Braun E, Zenker S（2012）I am the city—thus I own the brand! The problem of ownership in place branding. Paper presented at special session on rethinking place marketing: the necessity of marketing to citizens, European Marketing Academy Conference, Lisbon, May

Braun E, Kavaratzis M, Zenker S（2013）My city—my brand: the role of residents in place branding. J Place Manage Dev 6（1）: 18–28

Bruce I（1995）Do not-for-profits value their customers and their needs? Int Mark Rev 12（4）: 77–84

Burgess J（1982）Selling places: environmental images for the executive. Reg Stud 16（1）: 1–17

Charles D（2003）Universities and territorial development: reshaping the regional role of UK universities. Local Econ 18（1）: 7–20

Charles D（2006）Universities as key knowledge infrastructures in regional innovation systems. Innovation 19（1）: 117–130

Clarkson MBE（1995）A stakeholder framework for analysing and evaluating corporate social performance. Acad Manag Rev 20（1）: 92–117

Clegg SR, Kornberger M（2010）An organizational perspective on space and place branding. In: Go FM, Govers R（eds.）International place branding yearbook 2001: place branding in the new age of innovation. Palgrave Macmillan, Houndmills, pp 3–11

Cresswell T（2004）Place: a short introduction. Blackwell Publishing, Oxford

Dartington T（1996）Leadership and management: oedipal struggles. Leadersh Organ Dev J 17（6）: 12–16

Eisenschitz A（2010）Place marketing as politics: the limits of neoliberalism. In: Go FM, Govers F（eds.）International place branding yearbook 2001: place branding in the new age of innovation. Palgrave Macmillan, Houndmills, pp 21–30

Florida R（2002）The rise of the creative class … and how it's transforming work, leisure, community and everyday life. Basic Books, New York

Freeman E (1984) Strategic management: a stakeholder approach. Pitman, Boston

Gallup (2004) Religion in Europe: trust not filling the pews. http: //www.gallup.com/poll/ 13117/Religion-Europe-Trust-Filling-Pews.aspx. Accessed 26 Mar 2014

Gallup (2013) In U.S., four in 10 report attending church in last week. http: //www.gallup. com/poll/166613/four-report-attending-church-last-week.aspx. Accessed 26 Mar 2014

Garcia B (2004a) Cultural policy and urban regeneration in Western European cities: lessons from experience, prospects for the future. Local Econ 19 (4): 312-326

Garcia B (2004b) Urban regeneration, arts programming and major events: Glasgow 1990, Sydney, 2000 and Barcelona, 2004. Int J Cult Policy 10 (1): 103-118

Getz D (1993) Planning for tourism business districts. Ann Tourism Res 20: 583-600

Harvey D (1987) Flexible accumulation through urbanisation: reflections on postmodernism in the American city. Antipode 19 (3): 260-286

Hernandez B, Hidalgo MC, Salazar-Laplace ME, Hess S (2007) Place attachment and place identity in natives and non-natives. J Environ Psychol 27: 310-319

Hildago MC, Hernandez B (2001) Place attachment: conceptual and empirical questions. J Environ Psychol 21: 273-281

Holcomb B (1994) City make-overs: marketing the post-industrial city. In: Gold JR, Ward SV (eds.) Place promotion: the use of publicity and marketing to sell towns and regions. Wiley, Chichester, pp 115-132

Houghton JP, Stevens A (2011) City branding and stakeholder engagement. In: Dinnie K (ed) City branding: theory and cases. Palgrave Macmillan, Basingstoke, pp 45-53

Iverson NM, Hem LE (2008) Provenance associations as core values of place umbrella brands: a framework of characteristics. Eur J Mark 42 (5/6): 603-626

Jansen-Verbeke M (1986) Inner-city tourism: resources, tourists and promoters. Ann Tourism Res 13: 79-100

Jones P (2011) The sociology of architecture: constructing identities. Liverpool University Press, Liverpool

Kavaratzis M (2012) Participatory place brands: stakeholders in the foreground. Paper presented at special session on rethinking place marketing: the necessity of marketing to citizens, European Marketing Academy Conference, Lisbon, May

Kavaratzis M, Ashworth G (2008) Place marketing: how did we get here and where are we going? J Place Manage Dev 1 (2): 150-165

Kotler P, Asplund C, Rein I, Haider D (1999) Marketing places Europe: attracting investments, industries, and visitors to European cities, communities, regions and nations. Financial Times Prentice Hall, Harlow

Landry C (2000) The creative city: a toolkit for urban innovators. Comedia/Earthscan, London

Macedo IM, Pinho JC (2006) The relationship between resource dependence and market orientation: the specific case of non-profit organisations. Eur J Mark 40(5/6): 533-553

Mitchell RK, Agle BR, Wood DJ (1997) Toward a theory of stakeholder identification and salience: defining the principle of who and what really counts. Acad Manage Rev 22 (4): 853-886

Peck J (1995) Moving and shaking: business elites, state localism and urban privatism. Prog Hum Geogr 19 (1): 16-46

Peck J, Tickell A (1994) Too many partners ... the future for regeneration partnerships. Local Econ 9: 251-265

Podnar K, Jancic Z (2006) Towards a categorisation of stakeholder groups: an empirical verification of a three-level model. J Mark Commun 12 (4): 297-308

Porter ME (1998) Clusters and competition: new agendas for companies, governments and institutions. In: Porter ME (ed) On competition. Harvard Business School Press, Boston, pp 197-287

Richards G, Wilson J (2004) The impact of cultural events on city image: Rotterdam, cultural capital of Europe 2001. Urban Stud 41 (10): 1931-1951

Sadler D (1993) Place marketing, competitive places and the construction of hegemony in Britain in the 1980s. In: Kearns G, Philo C (eds.) Selling places: the city as cultural capital past and present. Pergamon Press, Oxford, pp 175-192

Savage GT, Nix TW, Whitehead CJ, Blair JD (1991) Strategies for assessing and managing organisational stakeholders. Acad Manage Exec 5 (2): 51-75

Short JR (1999) Urban imagineers: boosterism and the representation of cities. In: Jonas AEG, Wilson D (eds.) The urban growth machine: critical perspectives two decades later. State University of New York Press, Albany, pp 37-54

Short JR, Kim Y-H (1999) Globalisation and the city. Longman, Harlow

Sjøholt P (1999) Culture as a strategic development device: the role of "European Cities of Culture" with specific reference to Bergen. Euro Urban Reg Stud 6(4): 339-347

Strong KC, Ringer RC, Taylor SA (2001) THE* rules of stakeholder satisfaction (*timeliness, honesty, empathy). J Bus Ethics 32 (3): 219-230

Van den Berg L, Braun E (1999) Urban competitiveness, marketing and the need for organizing capacity. Urban Stud 36 (5-6): 987-999

Waitt G (1999) Playing games with Sydney: marketing Sydney for the 2000 Olympics. Urban Stud 36 (7): 1055–1077

Ward SV (1998) Selling places: the marketing and promotion of towns and cities 1850–2000. E. & F.N. Spon, London

Ward SV (2010) Promoting the Olympic city. In: Gold JR, Gold MM (eds) Olympic cities: city agendas, planning and the world's games. Routledge, London, pp 1896–2016

Warnaby G (2009) Towards a service–dominant place marketing logic. Mark Theory 9 (4): 403–423

Warnaby G, Bennison D, Davies BJ, Hughes H (2002) Marketing UK towns and cities as shopping destinations. J Mark Manage 18 (9/10): 877–904

Young C, Lever J (1997) Place promotion, economic location and consumption of the city image. Tijdschrift voor Economische en Sociale Geografie 88 (4): 332–341

第九章 重新思考文化在地方品牌塑造中的作用

格雷戈里·J.阿什沃思，米哈利斯·卡瓦拉兹斯 *
（Gregory J. Ashworth and Mihalis Kavaratzis）

[摘　要] 在地方品牌中，文化被假定为与地方建立积极联系的因素，而且事实上确实如此，因此，文化因素被广泛使用于地方品牌中。然而，我们认为，对文化的这些理解是不够的，这些不充分的理解会导致本地文化和地方品牌不衔接，也不协同。这里将用一个常用的关键评价方法揭示文化误解和简单化。本章讨论了某些文化元素和演员的主导地位和身份的影响，并讨论了显著的紧张关系。品牌与文化之间的关系，通过重新欣赏其复杂性和互惠性来重构。在理解文化中协同效应作为一个有意义的生产过程被发现，并明确地方品牌（作为文化现象本身）在文化中的作用。

我们一起来了解"文化"

2014 年 7 月发行的《孤独星球旅行者》杂志发表了一篇以"克里特岛文化"

* G. J. Ashworth
Faculty of Spatial Sciences, University of Groningen, Groningen, The Netherlands
e–mail: g.j.ashworth@rug.nl
M. Kavaratzis（✉）
School of Management, University of Leicester, Leicester, UK
e–mail: m.kavaratzis@le.ac.uk
ⓒ Springer International Publishing Switzerland 2015
M. Kavaratzis et al.（eds.）, *Rethinking Place Branding*,
DOI 10.1007/978–3–319–12424–7_9

的"迷你指南"为选题的文章，文章认为"克里特文明是欧洲第一个先进社会的发源地，这个希腊岛上除了探索独特习惯和历史传统之外还有丰富的古代宝藏"。该指南强调了三个博物馆（伊拉克里翁考古博物馆、Myrtia 的 Nikos Kazantzakis 博物馆和玛利亚附近的 Lychnostatis 博物馆）和三个考古遗址（克诺索斯遗址、Gortyna 和 Lato）。此外，三大艺术节被提及（Paleohora 和 Houdetsi 的音乐，伊拉克里翁的艺术）。在这个指南中，克里特文化的诠释重点主要集中在两个因素即历史和艺术中，或许确实如此。这是发展政策和旅游广告中常见的一种解释，但这并不是唯一可能的解释。艺术和当地的历史无疑是地方文化，这是唯一的或主要表达的文化吗？或是它们使地方成为"值得参观的"（Dicks，2010）？为什么没有其他方面的文化呢？虽然著名的克里特美食或悠闲的克里特岛的生活方式在"克里特岛文化"中是不可缺少的部分，但在这种情况下，它们都没被提及。

同时，在波兰地铁"逃生工具"专栏（星期一，2014-09-06，p. 34）有一篇名为《获得格丹斯克修养》的规范标题的文章。简短的文章首先阐明 Krakow 是这个国家的文化资本，但这是在"博物馆里来的仲夏"，所以我们建议改为"为了（我们的）文化修复，去格丹斯克寒冷的波罗海的海港"。城市中的两个博物馆作为我们可以了解"文化修养"的地方被提及，即琥珀博物馆和国家海事博物馆。在这里，文化被解释为博物馆展览。在同一页上，有一篇题为《西班牙塞维利亚艺术攻击》的文章，文章开始阐述："拥有画廊、花园、教堂的塞维利亚，是一个消失的附庸风雅夏天的神圣的地方。"花园和教堂将更容易与更广泛的"文化"术语有关，而不是与更狭隘的术语相关，这是让人相当意想不到的。随后两个画廊被提及（安达卢西亚中心的现代艺术和美术博物馆）。奇怪的是，文章继续说"在塞维利亚，食物也是一种艺术形式"，所以我们建议去最好的地方"享用小吃"。所以，这里对于"艺术"的解读实际上远比"文化"解读更为广泛。本章首先从了解目的地文化和地方品牌的定位入手，并不包含文化的全面复杂性。我们质疑基于文化的品牌策略在一定程度上加强并重新创造了本地文化。我们质疑以文化为基础的品牌策略在多大程度上增加和重新创造的地方文化。此外，如 Miles（2007，p.1）还指出，"不同用途的这样的条款表示不同的假设"。我们的目标是在探索这些假设和澄清他们对于地方品牌的意思是什么。

文化的新世界

在这本书中，和世界各地的许多其他当代管理一样，有一个持续的主题是如何运行，无论是政府、企业或个人，可以或应该做出反应，并利用不断变化的环境，在其中运作。有新的目标：我们在所期望的地方去做并使之实现，作为公民和消费者，这是一种新的交流方式，正是在塑造不同的个人之间的关系，包括他们的经验和使用的地方服务和设施。存在一种新的想法，就是将公民和他们的政府相关联，最明显的是，在市场营销和新的竞争领域，从地方到全球范围内，无论是在一个地方或者地方之间，都包含着竞争加剧的混乱和地方之间越来越必要的合作。两者的背景，无论是物理空间设置或经济社会环境，变化的过程产生的是结果，而不是预期，其中以不断变化的城市景观和城市经验范围最为突出。不管是否刻意，在当代城市治理下的一些不同的处理过程中强调了尝试"重塑形象"的城市，从而连接到地方品牌的地域名。在地方品牌的方法中，包括在这本书的章节中的几种常见的线程是很明显的，并且这些线程已在文献中有所研究。许多常见的线程没有一个可以清楚地将轨迹导致的设想结果归类为趋势，这些线程在某种形式或其他形式中编织着文化。

当然，文化是一个众所周知有着多种定义的词语，它的多种定义取决于谁下的定义和定义的目的。这足以说明，文化是一个"意义共享系统"（McEwan，2005），它使我们能够理解世界，并通过无数的"文化"实践传达别人的感受，文化实践定型的同时不断塑造着文化。因此，它是一个社会的定义，并不断重新定义（例如，Rodseth，1998），是过程而不是结果。着手考虑在城市及其相关的地方、地方营销和地方品牌中所有文化的定义，是近乎不可能的任务，这不是我们的意图。我们公司的宗旨是，"……而不是试图揭示它的本质，我们应该注重方法和使用这些方法"（Meethan，2001，p. 115）。我们的目的是把重点放在文化与场所的交汇处，即文化的简单任务，在某种形式上，它的表现形式越来越多地被用于地方品牌的建设中。简单的观点是，文化必然与地方品牌紧密相关，尤其是一个地方如何看自己以及如何希望被别人看到。然而，这种关系打破了曾经的目标和成果，也打破了技术和详细的检查过程。

囊括"城市文化"和"文化引用"的两个不同但相关的思想往往混为一谈。存在一系列的活动，让大多数人和他们的政府认识到"文化"，城市中文化的生产和消费与城市共存。然而，以前的文化，在这个意义上的艺术作品被视为一个优点，满足了一次又一次的基本需求之后，就开始沉迷于生产过剩。在当代城市文化也被视为一种资源，尤其是经济发展。在城市的文化中，经济和文化一度被视"自己"和"其他"；他们现在认为是相连的，共构或无缝地交织在一起（Castree，2004，p. 206）。

反思理由和依据

在地方管理中，无论是原因还是结果，输入或输出没有什么特别的新颖之处。文化有着明显的特征，这些特征总是使文化对政府有吸引力。首先，正如所有的人都有必要了解他们的世界和传达这种理解，这种文化资源是持久的并且在特定的空间无处不在。其次，文化是普遍可访问的，它经常作为一种公共产品，具有经济和社会意义。它是一种无所不在并且容易获得的资源，当人们觉得需要加强政府对他们的影响时，它已经进行自动而内在的参与。鉴于这些优点，文化作为许多管理目标的实现工具也不足为奇（Ashworth and Kavaratzis，2014）。因此，文化被使用是不争的事实，但它如何被使用，并被创新性使用且是值得研究的。

传统文化的运用通过艺术和表演提供消费审美体验，因为人们在这一过程中享受到一些乐趣和满足。在这个意义上，文化是"人能产生或感觉到的最好的"（Arnold，1869，1925），并且作为"艺术为艺术的缘故"被定义为没有超越自己的使用。作为提高地方体验的公共便利设施和增加它在生活、工作、重建或访问中的价值，这个想法可以从个体到地方以某种形式的文化延伸，增加其价值的一个位置，包括生活、工作，娱乐或参观。一个完全不同的观点是把文化作为一种资源，而不是一种消费品。Kearns 和 Philo 已经注意到（1993，p.3）：

纳入销售场所标题下的中心活动常常是有意识的，并且在努力提高地方的吸引力和兴趣上刻意操纵文化，尤其是对于相对富裕的、受过良好教育的高技术产业的劳动力，但也有市场游客、会议组织者及其他赚钱的活动组织者。

创意产业将一同或经济性地替代其他生产行业（Kunzman，2004）生产适销对路的文化产品。考虑更多的细节后，"创意城市"（Landry，2000）不仅是消费文化，它是自觉的生产文化产品。

这与文化之间有联系但又不同于"创造性课堂"的理念（Florida，2002）。在这里，"创意"这个词已经将它的意义从文化产品的生产转向创造性和超越传统艺术领域中开拓新思想的有创造性的个人。链接是双重的：首先，这样的人，被视为特殊的空间移动，他们被吸引到了包含原始意义上的文化体验机会的地方。其次，由于他们的存在和经历，他们创造了一个市场，从而又吸引其他市场，但这些活动往往是"非创造性的"。此外，文化与旅游业的主要经济和社会活动有着直接的联系，作为一种创造游客消费的艺术体验的资源——无论是作为他们访问的最主要理由还是"文化旅游业"作为他们访问期间的辅助娱乐——以及对包含许多地方产品在内的广义地方氛围的贡献，无论"文化"是不是第一感，它都是为旅游消费产生的。最后，综上所述，文化在艺术生产和生活方式上的意义就是成为地方特征的表达，无论是联合国有意识地在一个地方和它的居民中赋予其独特的品质还是故意作为一种从其竞争的邻居中区分这个地方的促进属性。

总之，文化消费往往提供适销对路的审美经验，它作为经济活动的一种资源，通过文化活动或具有少量文化内容的活动直接或间接地吸引文化旅游者，它吸引了一个所谓环境宜人的"创造性课堂"，文化是一个地方对自身和世界的认同。即使这样一个简短、不完整的文化角色总结，它不仅揭示了文化的多样性，也揭示了文化的差异性。经常有心照不宣的假设，使用在现实中有可能不兼容甚至矛盾的不同目的的不同文化会以某种方式相互支持对方。即使所有人都在为不断发展的品牌做贡献，它也未必能如愿。

工 具

可以断言的是，我们现在知道文化如何应用于地方品牌和品牌的重塑。在过去的 20 年甚至更长的时间里，地方管理部门已经进行品牌开发，最初是通过风险承担和实验，之后通过最佳实践交流，这些就如同一个工具盒的工具被人们广泛熟悉。事实上鼓励一个几乎自动化的工具是非常常见的，除了具体的环境和地方目标，这种仪器的应用还作为一个看似容易的成功路线。有三个稳定的技术被使用，即特征结构、纯度和人格关联事件。

签名电和标志性建筑

各国政府用建筑对他们自己、他们的公民、世界其他人和后代表达他们的存在、思想及政策，这种思想在大多数历史时期像家常便饭一样不可抗拒。形容词"特征性"暗示一个独特的个性表达，通过自身的独特性甚至不光彩的架构，而不是它的美学质量，宣布一个独特地方的存在。形容词"标志性的"传达这种建筑的目的不仅是容纳各种功能，还通过他们的非常显著和令人难忘的存在，来明确陈述当局的有关性质和政策。正如 Dicks（2003，p. 1）所介绍的那样，"通过在建筑、艺术、设计、展示空间、绿化及各种重建城镇的大量投资，城市和农村展示出他们拥有不同的文化价值观"。在实践中设计这样的结构可能是基于历史的或当代的，甚至是未来的。所有的都是要注意的，但信息的内容不同。历史主义认为，地方是经久不衰的传统，而未来主义指出它是大胆前卫的。通过"明星建筑师"来使用吸引人注意的原设计（Richard Rogers 和 Renzo Piano）是 1977年巴黎的"蓬皮社中心"艺术画廊，是第一个以房屋的文化实体来建立一个公共房屋的城市。其他城市注意到即时宣传的作用，其信息致力于文化和实验的创意，迅速跟随，直到在一些引人注目的风格已经成为老生常谈的东西上建立这样一个新的博物馆或画廊，"Beaubourging"成为一个明显和普遍适用的策略，但它们的主要目的并不明显。

不管一个城市拥有怎样的物理和美学特征，因为它不可能在一个建筑中展现其复杂性和多重性，所以标志性建筑就经常被扩展到整个区域的形象塑造中。城市名片是通过相关建筑物的集成，空间和街道景观元素表达的，包括标识、道路、街头特有景物，尤其是地区的标识。目标不只是设计一个连贯的统一体，而是作为一个整体对区内外人士进行表达。两种最常见的解释是，"我们是历史悠久的"，或者"我们是有文化的"，这些取决于该地区是不是基于历史性的保护和历史形式的再创造，如现在经典的"文物保护区"或通过剧院、博物馆文化体验

进行呈现与消费的。如此的标志性文化街区设计是为了反映整个城市与周边街区
的不同（Evants 在本书中进行了详细的分析），尤其是那些主要活动和形象展示
与文化无关的城市。（一个典型的案例就是在法兰克福美因河畔的博物馆。那里，
这个城市就宣称它不仅是一个金融服务中心）。

标志性事件

在城市，几乎只要有城市，文化活动就被承载在城市里了。首先，品牌的关
联性在于增加事物的"特点"，这些特点涉及有助于整个城市地方品牌发展。这
样的贡献可能不仅是向市民和外部世界展示该地区能够成功举办这样活动的组织
技能和政治承诺。其次，除了强调它的存在和能力，它还通过事件的重要性获得
了重要地位。最后，地方利益与事件的内容关联。事件可能是政治、体育或商业
的，它们往往作为文化，在这种情况下的内容很少提供给地方品牌，但与文化内
容有一些潜在的有益关联。这些都可以是文化生产的长期性和延续性，包括居民
对当代文化的创意或是对艺术的欣赏、消费和赞助。总之，我们有着悠久的文化
生产历史，我们是文化创造者，是有文化的人。上述三者能否同时被认可还值得
商榷，但我们必须常常面临一个二选一的选择，就是把使用这些活动作为鼓励当
地文化创造力的有效刺激，还是把它作为向世界展示这个地方作为全球文化生产
的贡献者。对这些潜在好处的有效性程度取决于规模和连续性，这种连续性从地
方消费的一次性小型文化活动到在节日城市里地方品牌在全球市场的大型常规活
动（爱丁堡、萨尔茨堡、斯特等），他们的品牌和大部分的地方经济取决于他们
的定期出口目的而不是当地人的节日活动。

虽然几乎所有地方文化活动，以不同的理由，和一些地方在受益方面取得了
显著的成功，但上述建议方式仅来自这样的事件。在现实中应该记住，在大多数
城市，舞台文化活动作为一项公民服务，用很少关注事件的地方品牌潜在贡献去
满足市民在图书馆、公园和游泳之外的休闲时间。当地的文化景象对重大事件影
响的证据是稀缺而矛盾的。Quinn（2006）从爱尔兰的一些事件中得出结论，即
节日可能会发展旅游业，产生一些地方收入，甚至有助于地方识别。然而，"城
市当局往往无视节日的社会价值并且只是把他们作为经济时代的工具"（Quinn，
2005，p. 927）。然而，van Aalst 和 van Melik（2011）认为，节日和主办城市之
间关联的证据是最薄弱的，主要受限于有限的人口和活动的无效性。即使有一个

互动的全球事件和地方文化，Boland（2010）认为值得关注的是，前者将压倒和改变后者使之成为得到全球更多理解和接受的模仿。

人格联想

因为个体是独特的，作为地方要想获得这种独特性就必须把自己与命名的个体联系在一起。此外，各种关联属性以某种方式可以从指定的个人转移到增强地方。这正是在寻求从个人到地方协会的转换，这些是品牌的谎言。因为所有的地方都有一段历史，因此可以对某些人提出要求，无论是历史还是神话，这种无处不在的免费资源似乎为成功的品牌和许多有记载的案例提供了一个简单的、普遍适用并且老套的路线（Ashworth，2010；Giovanardi，2011；Scaramanga，2012）。然而，存在一个属性的检查列表，导致成功或至少避免失败。首先，人格选择应该是众所周知的，或者至少能够在目标市场中得到普遍推广，并且人与地方之间的联系应该是可行和可信的。其次，这种联系在时间上应该是可持续的。名人身份是短暂的，所以名人代言只有短暂的影响。文化时尚的变化和艺术家的普遍赞赏，风格或时期的盛衰和历史是不断重新诠释其颇具特色的声誉。一个链接一旦被视为有效且有益的可能会变得不那么有效、不那么相关也不利于时尚的改变。最后，一个虽然明显但经常被忽视的条件是，个人属性转移到的地方应该加强所需的品牌。它应该传达连续性，这一联系对被创造的品牌有时代价值。只有名声是不够的。诺丁汉可能已经赢得了公众对罗宾汉的想象力的争夺，但是除了承认之外，还不清楚这个神话的什么属性（对权威的蔑视，财富的重新分配，盗窃？）正在被转移。

索尔福德的例子

一个似乎符合以上所有条件的例子，应该是索尔福德工业城。这里经济崩溃，人们玩忽职守，由此产生了深层次的负面地方形象，包括外部人和居民，被一种文化的再生策略所反驳，它表达了过去的艺术生产和当代的建筑设计，连同最近工业的遗产协会和最重要的地方是索尔福德码头发展的中心成分。这种重建前现已解散的索尔福德码头（这种从"港区"到"码头"的名字变化本身是品牌重塑的一部分）从 20 世纪 90 年代开始。其核心是洛瑞中心，（其于 2000 年开启）命名并显示关于索尔福德工业当地画家的作品，但坐落在一个引人注目的现代建筑里，包括一个混合的文化娱乐设施、剧院和餐厅。帝国战争博物馆向北延续传统文化的主题，由名人设计师 Libeskind 设计（开始于 2002 年），但与创造力、娱乐和专业零售更广泛的联系则通过媒体城市被引入到功能组合（涵盖英国广播公司），即洛瑞出口商场、电影院、体育中心和新的办公及住宅物业。设计是由自我意识的当代而命名（粮食码头、招商局码头、拉布拉多码头）来呼应过去的工业。显然这种情况下使用的艺术，既有历史的前卫，服务于当代的过去工业遗产和作为当代购物、娱乐和体育活动的背景，以及与全球公认文化主体的强局部关系的折中组合。还需要强调，品牌虽然是一个中心但只是一个要素，它在很大程度上依赖于基础设施投资的发展战略（尤其是轨道交通）以及公共和私人房地产。虽然成功使用文化的所有构成要素包含了似乎确保地方品牌自动成功的品牌重塑运动，但必须记住，成功的事迹经过失败和复制其他地方是微不足道的，没有特定的时间和地点条件下的索尔福德，不保证同样的结果。这使我们考虑城市品牌文化基础的缺陷。

反思工具

上述所有的做法尝试用一种独特诱人的行为去展示特定城市的文化产品，在很大程度上，这是一种与巨大的潜在收益挂钩但不可能脱离危险的努力。欧盟的"欧洲文化城市"是一个正式的、涉及以上几种技术的名称，它说明了利用文化宏观品牌目标的潜力和陷阱。该称号授予了 50 个城市（2014），似乎提供了过去和现在民族和国际公认的优秀文化，增加了旅游访问量，刺激了当地的文化消费和网络生产，包括所有这些为了小成本的酬劳和那些已经存在的剥削。黑社会的每一个元素，包括当地的文化、当地的自我形象和当地的经济似乎都是几乎毫不费力的赢家。这本身就说明城市之间为了奖品往往存在激烈的竞争，并伴随着由它唤起的高的地方期望（Hakala and Lemmetyinen，2013）。事实上，在更广泛的发展和标志着它们进入世界文化资本的精英集团中，多年来对接受者的影响评价可以确定城市对它们一年的文化声誉似乎是一个决定性的时刻。虽然任何这样的评价都有一个很大的主观因素，评论家间存在一个共识，Glasgow（1990），

Dublin（1991），Cork（2005）和 Essen（2010）属于一类显而易见的赢家。然而还有很多国内和国际地位毋庸置疑的主要城市［如，雅典（1985），巴黎（1989），哥本哈根（1996），克拉科夫（2000）］的荣誉贡献几乎没有额外的好处。最后，还有一些城市的奖项是基于不承认已经存在的，但存在一个乐观的希望，这一希望就是在新的文化活动中这个称号将会刺激自己合理的理由。许多情况下（如安特卫普，1993；塞萨洛尼基，1997；雷克雅未克，2000；锡比乌，2007；Pécs，2010；马里博，2012）文化并非如此，并且城市管理者、公民、参观者和观察世界的期望都没有实现，最好的情况是导致没变化，最坏的情况是导致沮丧和失望。应该记住的是，文化的刺激不是目标，也不是往往特别重要的在这样的城市增加文化消费。目标是刺激更广泛的城市发展，通过塑造它的价值和传播一个改进的地方品牌形象，更重要的是，作为一个自我品牌的运动，旨在建立一个新的当地的自我感知和局域网。当品牌可以兑现其承诺和作为一个已经出现的结果，城市其实应该得到更广泛的认可时，这些将会起作用。

更普遍的是，以文化为基础的地方品牌如果不考虑其缺陷，就可能变成一场赌博。已经尝试过实践的地方，可以仔细考虑重大的风险。我们从以下两个方面讨论这些风险。

计划成功的风险

危险现在越来越明显，在很大程度上，不是来自品牌重塑失败的机会，而是它会成功的机会。例如，如果这个地方顺利地与一个历史人物相联系，由此产生的焦虑是地方文化的多样性和深度的缺失，萨尔茨堡、莫扎特、利物浦、甲壳虫乐队、罗宾汉与诺丁汉都将成为垄断的代名词。因此，地方可能会被禁锢在单一的时段，这一时段包括它们悠久的历史和它们以所有剩余为代价的不同地方文化的特定表达方式。品牌联合越简单越有可能成功，但更难的是品牌在对时尚的变化做出反应上的改变。潘普洛纳可能会比"公牛赛跑"更多，伏尔加格勒（斯大林格勒）比一场战役更多，孟菲斯比"猫王"更多，但如果可能，试图改变，甚至使这样强大的品牌多样化将是困难的。以这种方式获得知名度甚至名声看起来似乎很容易，如果是那么容易，并且有必要的财力资源，那么到处都可以做，然后到处可以尝试，这违背了创造独特性的最初意图。模仿或作为地方管理者更有可能从别处把它引进最佳实践，降低了作为开拓创新踏出的小路的影响。这是最明显的竞争，以建立世界上最高的、最不寻常外观的或奇特的建筑。每一个新的建筑在被另一个建筑超越前都将保持几年的影响。埃菲尔铁塔或悉尼歌剧院耐久性的标识效果是罕见的例外，而不是普遍规律。可以被称为"Guggenheiming"的危险开始被意识到（采用 1997 年的样例，即 Frank Gehry 设计的毕尔巴鄂著名的古根海姆博物馆，见 Gomez 和 Gonzalez，2001；Evans 卷）。该战略的目标是帮助经济的再生和经济疲软、衰退的工业城市毕尔巴鄂的形象转换，通过首先向公民和世界作出明确的声明，世界将注意到这个城市的存在；其次，作为对该目标存在和奖励的支持，它致力于"文化"。结果是，原定的战略目标并没有随着城市及其经济振兴实现身份转换，甚至并没有随着时间的流逝（Evans，2006），也没有激发当地的文化创意（Ashworth and Kavaratzis，2014）；此外，直接关系到博物馆和其附近（Evans，本卷）。已经产生并短暂停留的游客在战术上取得了成功，尤其对于博物馆而言。然而作为一个品牌重塑运动已经几乎立刻就获得了成功，在一定程度上，现在提到这个城市立即使人想起博物馆。"关键的一点是，该模型被认为是有效的，因此作为法宝，支持居民的自尊和地方形象吸引外源性投资行为"（Ashworth and Graham，2012，p. 587），也因此被其他地方不断模仿（本卷中 Evans 描述了许多案例）。实现战略目标的成功很大程度上取决于经济或城市文化中存在的实际或潜在的地方协同效应，或者城市文化使其能从这样的发展中获利。具有讽刺意味的是，这样的成功最有可能在城市已经拥有这样的协同作用，从而至少需要一个新的方向上变化的冲动。

无计划部分的风险

有了所有这些工具，整体的危险是从彼此隔离和其他措施上治疗他们。例如，在组织活动和节日上，如从奥运会这样的大型活动到小地方的节日，地方当局发现了一个看似有效的方法来加强和设计地方的文化形象。然而我们认为，和任何为品牌服务的策略一样，这样的活动需要被明确的战略方向引导（Kavaratzis，2011）并为它们的需要考虑，不仅在经济方面（Garcia，2005）。在实践中经常遇到的是在这个地方试图组织多种不同的活动，从一个无限列表中选择活动：较小的节日伴随着更大的节日；伴随着一系列定期举办的活动；活动涵盖了所有的艺术形式；基于伴随过去关注提升艺术作品的地方文化活动；聚焦的"高文化"事件如歌剧或者伴随着流行文化节日命名的古典音乐。已经提出的关键问题是这种

类型的"所有事件都进行"的策略在创建或加强地方文化品牌上是否有效
（Kavaratzis，2011）。这是一个进一步涉及这些事件目的的问题。为了走向未来的
地方文化，它们是否作为一种促进地方文化发展的手段，作为建立当地文化特色
的一种工具，以保护和加强地方文化的历史，或作为吸引外部游客以促进旅游业
发展的一种手段？一个单一的事件或一系列的事件，能完成实现所有这些目标的
工作吗？

在一般情况下，单一技术的任何应用都不太有效。这样的活动需要明确的战
略指导（Ashworth and Kavaratzis，2014），并不是对根深蒂固的长期问题"快速
修复"的解决方案。他们与其他政策措施结合在一起有效地工作，作为一个长期
战略努力的一部分。这里和文献中有关成功的故事往往由于成功的明显性而具有
误导性，鼓励简单的评估和过度乐观的仿制。巴塞罗那并不是因为高迪独自的发
现和推广一夜之间从一个繁忙的港口和纺织制造业的城市转变为一个充满文化活
力的城市。没有 Gibson 和 Stevenson（2007）命名"格拉斯哥模式"把萧条的工
业城市变成一座文化城市，在 1990 年通过偶然的设计为欧洲文化城（Richards
and Wilson，2004；Quinn，2005，2006）。在所有这些情况下，功能和图像的变
化已经进行了许多年，无论是在设计、联想还是事件上的干预，都起到了已经发
生的许多事件的催化剂和随后许多事件发生的触发器的作用。它不是品牌的变
化，它戏剧性地扭转了这个地方的命运，改变了这个地方，改变了品牌。它证实
并推广了一个明显的但并未公开的成功。

重新思考文化、品牌化与创新

上述讨论产生主要矛盾是，一个地方既是一个实体，其意义被无休止地重新
协商通过，其文化响应社会和政治的变化，在其内外，它还是一种适销对路产品
的商品化。这些连续的、共同的过程导致了两个完全不同的共存结果。一方面，
寻找外部竞争优势或内部公民身份识别的独特性，这一独特性似乎强调一个独一
无二的个性；而另一方面，反映和目标的相似性似乎倾向于均匀和通用。自觉产
生的矛盾没有解决，同意协商一致的妥协，但产生矛盾和悖论的纠结结果，是大

多数地方典型的现实。地方品牌发展，通过搜索人物、事件、风俗、神话和关于过去和现在与众不同的残余结构，首先区别于他们的邻区和竞争对手，这将会抓住当地文化和历史的特点。无论是作为艺术还是生活方式，当地的文化表现是一个有利的工具和目标。这种在地方以外范围使用地方性的做法，导致存在地方/全球二分法的设想，这种二分法设为具有必然对立利益的排他性类别的人，他们对各自同一文化提出排他性要求。"侵占租"的罪名是基于这样的假设，一个由于地方目的已经存在的当地文化是"劫持"（Kavaratzis and Ashuorth，即将发表）按全球利益为自己的目的而损害或排除那些原本生产它的人。这种滥用的指控是基于如何使用这种文化的四项指控。

第一，对文化在地方品牌上使用的控告，是这样使用文化观的，把文化作为一个存在的"作为结果而不是过程"被开采出直接消费且进行长期操作的实体（Rantisi and Leslie，2006，p. 374）。第二，文化不能理解，或有对理解文化艺术品、事件和实践是如何获得他们的意义没有任何兴趣。Du Gay 等（1997）认为，存在五个方面的"文化电路"，它们的相互作用对于理解它的意义是至关重要的，即文化如何代表，它如何与社会地位相联系，它是如何产生的，它如何消费以及它是如何使用规定的。地方品牌只考虑此电路的一部分，即代表。第三，市场化文化产品的生产由 Evans（2001）称为的"文化生产链"承担，其阶段包括灵感、生产、流通、交付和接受。每个阶段需要不同的技能、技术、基础设施和运输，其结果尤其是有利的区位空间模式。但是，品牌只感兴趣结果，而不是生产它的长链。第四，文化的机械论作为一个地方绑定的资源可以制造和管理需求，通常虽然前面提到技术的应用，但认为"文化作为一种检测和独特的变量"（Brewis and Jack，2011，p. 234）而不是一个有机的、集体的、动态和持续的过程（Brewis and Jack，2011）。品牌把文化作为一种地方资产：这个地方有什么而不是这个地方是什么？（Ortner，1973；Smircich，1983）。这种思想的后果是，如果地方没有（或不合适）文化则更多（或更合适）文化可以被制造。

许多地方对强加的品牌有疑虑和不信任可以用冷漠、怨恨或反抗来表达，其核心在于"它是谁的文化"问题的提出？问题本身是关于文化的假设，它的性质和所有权要求提出这样的问题。一个品牌的传播有利于加强影响和迅速捕获注意，然后简单和简洁地传达消息。因此，它的选择性很容易被指控，降低了一个复杂的多层面的地方文化，并使之成为多方面的、相互关联的和爽快的文化。多样性被减少为单一性，深度变为肤浅，真实性变得似是而非。在使用相同的消息时，需要在不同的市场上进行沟通，并将所需要的限制强加给不同的市场。抓住注意力，同时转移一些对潜在的投资者、企业家、游客或居民即时理解的含义，要求将其还原为最简单的内容，其中所有的复杂性或干扰的意义都被过滤掉了，剩下的东西，没有比"I amsterdam""BeBerlin"或"totallu London"有更多意义了。我们也必须认识到，文化在地方品牌上通常是简单化的。经常发生的是，地方文化用于品牌目的，比如节日是一个包含文化多样性的单一面的简化。这不仅是无效的地方品牌，也是一种对非常敏感概念的错误理解。此外，它实际上破坏了文化产生作用的原材料。

最后，由于以文化为导向的再生仍然是一个受欢迎的策略，并且创新性的观念与品牌重塑密切相关，因此，值得说明的是，文化被认为是从其生产条件中分离的（Miles，2007）。同样，创新似乎被视为漂浮在城市上空的一个符号，而不是一个构成社会生活的结构性要素。如果创新是"一种摆脱僵化的现实并且开放自己的方式，这种方式不能总是以严格的逻辑方式处理复杂现象"（Landry and Bianchini，1995，p. 10），"创意城市"是一个能够重新定义本身，超越了作为创新的简单重新标记。这也许是当前实践和最佳实践交流所缺失的，Miles（2007）描述为文化更新模型，这一模型无论当地条件如何都可通过文化产业顾问销售。如 Ind 和 Todd（2011，p. 48）指出：

在 Richard Florida 提出想法之后（2002），创新的想法已经与一个特定的创意阶级混为一谈。因此，城市见风使舵，通过鼓励或管理创新来鼓励管理者以类似的方式思考如何定位自己的品牌。然而创新并不需要是一个创意阶级的财产，也不需要用工具性的方式来移动一个地方上可取的位置。

同一作者继续评估得到结论，地方品牌管理者的作用不是管理创新本身，而是为了管理创新。这就要求改革和创新为城市变化制定文化规划和地方品牌策略。Healy（2004）在创造三层含义之间的区别是很有帮助的。首先，创新与改革和搜寻"新"相连，将价值放在"从外部吸引新的想法，并将它们与当地情况的细节联系起来"（Healy，2004，p. 89）。其次，创新解决了城市动态的维度强调创造力的重要性，丰富了人类存在的维度，超越物质利益和利润，并且要求"出资方、建设监管、土地利用规划和影响评估有非常不同的鉴赏"（Healy，2004，p. 90）。最后，创新可以被看作一个创造新产品的过程，无论是一个"新的城市区域，一个新的利基市场，还是一种新的治理实践"（Healy，2004，p. 90）。Healy 的重要建议（2004）创造性地提出了一种新的治理模式；一个超越定义的是城市应该是鼓励创新和"评价文化侧重于学习新方式方法"（Healy，2004，p. 90）。

小　结

我们已经对文化在地方品牌上的使用进行了一个概括，并试图提出重要警示。"文化可以利用在地方品牌的服务中吗？"这个问题是过去式的，因为文学现在充满了自信和不证自明的肯定回答，地方管理者现在接受这条通往成功的道路是容易且明显的。反思是必要的，没有后续"它应该做什么？""这样做的后果是什么"这样的问题。

全球经验的唯一教训是，没有普遍适用的模式，没有一套可靠和可预测的工具，也没有任何成功的结果。

另外，我们认为，品牌应该作为人构建他们文化的资源使用（Kavaratzis and Ashworth，即将发表）。地方品牌化的意义是改变地方品牌经理的角色。传统上，任务是定义城市的文化，试图说服这个定义是正确的、真实的或最适宜的人，提供其"内容"以使其成为一个合法的品牌陈述。也许最好把这项任务看作突出城市文化的诸多方面，并通过多种渠道促进他们之间的互动。Kornberger（2014）使用（方便艺术相关）品牌经理的隐喻作为一种美术馆策展人，他不生产内容，但对主题、灵感和质量进行编辑决策。"同样，品牌经理的角色不会生产内容，但将意味着把自己的故事告诉消费者"（Kornberger，2014，p. 189）。在这个意义上，反思文化在地方品牌上的作用使我们有效地反思我们的地方品牌管理文化。

参考文献

Arnold M（1869/1925）Culture and anarchy: an essay in political and social criticism. The Macmillan Company, New York

Ashworth GJ（2010）Personality association as an instrument of place branding. In: Ashworth GJ, Kavaratzis M（eds.）Towards effective place brand management: branding European cities and regions. Edward Elgar Elgar, Cheltenham, pp 223–233

Ashworth GJ, Graham B (2012) European cities: culture and economy. In: Stone D (ed) Oxford handbook of post-war European history. Oxford University Press, Oxford

Ashworth GJ, Kavaratzis M (2014) Cities of culture and culture in cities: the emergent uses of culture in city branding. In: Haas T, Olsson K (eds.) Emergent urbanism: urban planning and design in times of systemic and structural change (forthcoming). Ashgate, Aldershot

Boland P (2010) Capital of culture—you must be having a laugh! challenging the official rhetoric of liverpool as the 2008 European cultural capital. Soc Cult Geogr 11 (6): 627–645

Brewis J, Jack G (2011) Culture: broadening the critical repertoire. In: Alvesson M, Bridgman T, Willmott H (eds.) The oxford handbook of critical management studies. Oxford University Press, Oxford, pp 232–250

Castree N (2004) Economy and culture are dead! Long live economy and culture! Prog Hum Geogr 28 (2): 204–226

Dicks B (2003) Culture on display: the production of contemporary visitability. Open University Press, Maidenhead

Du Gay P, Hall S, Jones L, Mackay H, Negus K (1997) Doing cultural studies: the history of the sony walkman. Sage, London

Evans G (2006) Branding the city of culture the death of city planning? In: Monclus J, Guardia M (eds.) Culture, urbanism and planning. Ashgate, Aldershot, pp 197–213

Evans G (2001) Cultural planning: an urban renaissance? Routledge, London

Florida R (2002) The rise of the creative class and how it's transforming work, leisure, community and everyday life. Basic Books, New York

Garcia B (2005) Deconstructing the city of culture: the long-term cultural legacies of Glasgow 1990. Urban Stud. 42 (5/6): 841–868

Gibson L, Stevenson D (2004) Urban space and the uses of culture. Int J Cult Policy 10 (1): 1–4

Giovanardi M (2011) Producing and consuming the painter Raphael's birthplace. J Place Manage Dev 4 (2): 53–66

Gomez MV, Gonzalez S (2001) A reply to Beatriz Plaza's 'the Guggenheim–Bilbao museum effect'. Int J Urban Reg Res 25 (4): 898–900

Hakala U, Lemmetyinen A (2013) Culture is the message: the status of cultural capital and its effects upon a city's brand equity. Place Brand Public Dipl 9 (1): 5–16

Healy P (2004) Creativity and urban governance. Policy Stud. 25 (2): 87–102

Ind N, Todd L (2011) Beyond the fringe: creativity and the city. In: Go F, Govers R (eds.)

International place branding yearbook. Palgrave, London, pp 47–58

Kavaratzis M (2011) The dishonest relationship between city marketing and culture: reflections on the theory and the case of Budapest. J Town City Manage 1 (4): 334–345

Kavaratzis M, Ashworth GJ (forthcoming) Hijacking culture: the disconnection between place culture and place brands. Town Plan Rev

Kearns G, Philo C (eds.) (1993) Selling places. Pergamon Press, Oxford

Kornberger M (2014) Open sourcing the city brand. In: Berg PO, Bjorner E (eds.) Branding Chinese mega–cities. Edward Elgar, Cheltenham, pp 180–194

Kunzmann KR (2004) Culture, creativity and spatial planning. Town Plan Rev 75 (4): 383–404

Landry C (2000) The creative city: a toolkit for urban innovators. Earthscan, London

Landry C, Bianchini F (1995) The creative city. Demos, London

McEwan C (2005) Geography, culture and global change. In: Daniels P, Bradshaw M, Shaw D, Sidaway J (eds.) An introduction to human geography: issues for the 21st century, 2nd edn. Pearson, Harlow, pp 265–282

Meethan K (2001) Tourism in global society: place, culture, consumption. Palgrave, Basingstoke

Miles M (2007) Cities and cultures. Routledge, London

Ortner SB (1973) On key symbols. Am Anthropol 75 (5): 1338–1346

Quinn B (2005) Arts festivals and the city. Urban Stud 42: 927–943

Quinn B (2006) Problematising 'festival tourism': arts festivals and sustainable development in Ireland. J Sustain Tourism 14: 288–306

Rantisi N, Leslie D (2006) Branding the design metropole: the case of Montréal. Canada', Area 38: 364–376

Richards G, Wilson J (2004) The impact of cultural events on city image: Rotterdam, cultural capital of Europe 2001. Urban Stud. 41: 1931–1951

Rodseth L (1998) Distributive models of culture: a Sapirian alternative to essentialism. Am Anthropol 100: 55–69

Scaramanga M (2012) Talking about art (s): a theoretical framework clarifying the association between culture and place branding. J Place Manage Dev 5: 70–80

Smircich L (1983) Concepts of culture and organisational analysis. Adm Sci Q 28: 339–358

Van Aalst I, van Melik R (2011) City festivals and urban development: does place matter? Eur Urban Reg Stud 19: 195–206

第十章 通过创意和文化地位重新思考地方品牌和街区

格雷姆·埃文斯*
(**Graeme Evans**)

[摘 要] 从历史街区到新的数字枢纽，文化创意区在经济发展和集群研究中有很大的作用，但是它们在地方制造和品牌塑造方面的作用只是在最近才被发现。从本质上说，它们也倾向于在城市工业领域的定位，这也是再生和转化的主题。由于城市寻求扩大其品牌的供应和为眼光敏锐的游客和住宅市场使目的地范围多样化（本地、国内和国际），结合这些领域作品和平台，代表一个独特的地方品牌。通过来自几个国家城市的案例研究，本章批评通过有组织的地方建设出的创新区的出现，认为它们的价值是作为城市区域的地方品牌，而不是传统上被认为是目标城市。本章对政策和规划能支持和保护这些后/新工业区多久也进行了讨论，包括随之而来品牌可以推断的高档化和商品化的风险。

引 言

城市品牌战略和地方决策的实践具有广泛的理论基础和作用。它们可以在不

* G. Evans （✉）
School of Art & Design, Middlesex University, The Burroughs,
Hendon, London NW4 4BT, UK
e-mail：g.evans@mdx.ac.uk

© Springer International Publishing Switzerland 2015
M. Kavaratzis et al. （eds.），*Rethinking Place Branding*,
DOI 10.1007/978-3-319-12424-7_10

同的宏观和微观空间范围内相互作用或经常代表完全不同的流程和操作。城市被认为是一种"超级品牌",这就意味着所有品牌涉及城市生活的品质(Baumann et al., 2002)。在一定程度上,品牌化是一个有意识的、明确的城市发展目标,它是可变的,并且通常从其他策略中产生间接影响,部分原因是大部分土地使用和经济的本质增量(以及社会和文化)的发展,但对品牌作为城市发展的一种理念和方法还缺乏意识(Eevans, 2006)。

城市对待作为营销和销售需要的商品(Ward, 1998)通常是合理的,例如,Harvey 的感知从管理型向创业性城市治理的转变(1989,参见 Hubbard and Hall, 1998)响应于后工业化和全球化的双重力量,以及所谓的网络社会的成长(Castells, 1996)。然而,Tuan 在早期发现(1977),从前工业时代到后工业时代,支持通过重大项目和文化设施已长期实行,在当地的设施和治理费用上,这将简单地把城市管理描绘成一个自由市场的过程。越来越多的多头政体理论表明(Stocker and Mossberger, 1994),现实与生活质量更加复杂,在城市层次上公平分配和地方经济的发展仍然是平衡问题,尽管城市品牌偶尔高调地努力,在特定地点、事件和再生区外城市规划和发展一般都是附带的。

创新城市和品牌化

在国际研究的创新城市战略中(Evans, 2009a),品牌作为公共投资政策的主要依据在大城市中的排名落后于经济发展/创造就业、基础设施与再生(见图10.1)。在建筑环境和基于区域的再生过程中的投资为品牌重塑和地方制作提供了机会,并且揭示出,通过基于区域集群经济发展的现象提出了新的地方品牌,围绕创新"产品"单元和地区。然而,在小城市中,品牌投资于创新城市的运动和策略是最不频繁的原因(Evans, 2012)。这个创新的"元品牌"是由较小的城市感知的,这些小城市往往在城市品牌上缺乏经济、政治或文化影响力,无论是在可信的范围外,或完全拒绝,随着佛罗里达自由的"创意类"的概念(2005),这被视为与乡土、内生文化和社区创新相异的。在这里,品牌与文化密切相关(见图10.1),在某些情况下有更多的合作,包括"多中心的"区域城镇网络

（Evans and Bagwell，2011；Evans，2012）和"创新区"（Chapain and Comunian，2010）。

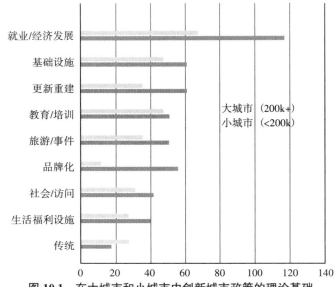

图 10.1　在大城市和小城市中创新城市政策的理论基础
资料来源：Evans，2012.

从产品到地方品牌

城市和地方品牌的模型一般从产品和企业品牌中引用，作为一个扩展的营销策略，以解决产品生命周期下降更新的挑战（Butler，1980）。在这个意义上城镇、城市和特殊领域需要"再生更新"以面对后工业或其他结构的社会经济变化，并且已经提出了用品牌选择作为真实竞争性城市辩证法的回应。城市品牌的文学作品反映了所有品牌及相关指标，联盟表和计量公式的结果，以此来实现和持续这些。这里的各种模型试图分解或称为"逆向工程"，提供品牌（营销）组合的关键因素和变量，一起呈现品牌价值和力量的要素。这些硬和软的基础设施是与历史和文化的设施和质量结合起来的，这本身是很难进行量化评估的，来自居民、游客、投资者、媒体和政治家的观点也各不相同。正如 Zenker（2011）认为，地方认同（一个比"品牌"更广泛的概念）影响目标受众的认知，然而先验观念（和他们的历史及当代来源）也影响一个地方的身份，从内部和外部看，这些往往是通过城市景观的城市营销图像来增强的。因此，在城市空间和地方做出努力，Lefebvre（1974）观察到了"社会生产"，也强调了与我们日常生活环境关系以及我们对离散地方和空间识别的必要经验性质。在这个意义上，我们没有"使用"空间或作为"消费者"的城市环境（如品牌产品），尽管减少了我们居住的公共空间的（重新）建设影响，但我们是有独特的成效（即工作）和集体。

本章的主题是：通过品牌和城市营销策略，城市区域已经被创建和挪用，呈现出特殊的城市经验。在城市品牌模型中，城市风光照片（或"城市景观"）的特点是在以下几个方面：作为"实体的地方"（Anholt，2006）和"空间图"，不同于具体的设施和历史文化设施，如剧院、博物馆和公园（Grabow，1998）。科特勒等（1999）在他们的地方改进和营销方法上优化设计（"地方特征"）不同于"基础设施"和"有吸引力的特征"，同时 Ashworth 和 Voogd（1990）首次提出"地理营销组合"去捕获"地方产品的整体实体"（Kavaratzis，2005，p. 336）和"空间功能"在这一组合中的四个工具之一。基础设施通常还包括交通运输系统和设施、酒店和越来越多的连接，后者用于如首尔这样的"漂亮的"城市的部分促销策略，以及数字通道和"免费 Wi-Fi"区。然而，尽管物理意象和不断变化的天际线与城市和地方品牌和目的地营销密切相关（Hauben et al.，2002），需要注意的是，在 Zenker（2011）对 18 个地方品牌建筑进行研究分析（2005~2010），建筑与城市空间的品牌元素基本上没有引用（"自然的"或者"建造的"环境和作为"积极资产"的"建筑风格"在三项研究中被提及）。在这些研究的基础上，往往集中于广义或无形的联合（文化、历史、"杂乱的言语"等），而不是特定的物理或空间属性。然而，这部分是自我实现的，因为使用的调查方法都是基于文本的问卷，它们并没有使用直观教具或图片作为提示或参考，或任何特定建筑物和网站的排名。如果把毕尔巴鄂排名的"艺术博物馆和美术馆"的品牌意识研究作为它的核心元素是不可能的（它有几个），而盖里的古根海姆美术馆建筑将主宰参观的理由和城市品牌意识（Plaza et al.，2013）。在城市品牌中，设计（设计者）前缀表示特定的建筑城市形象（和传统）的力量，例如"高第·巴塞隆纳"，"格拉斯哥的麦金托什"，伴随最近的（和多样化的减少）"毕尔巴鄂古根海姆博物馆"。在实践中，这些文化表现往往是确定的，聚集在特定领域和地区的城市中

（见图 10.2）。

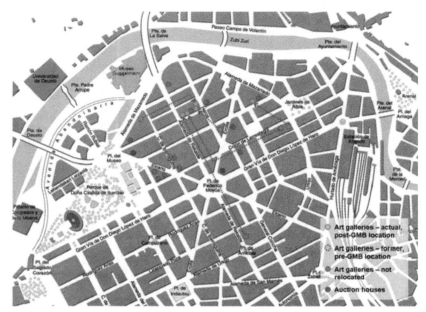

图 10.2　毕尔巴鄂古根海姆美术馆画廊集群

资料来源：Plaza，2009.

　　本章的其余部分将因此批判城区在城市品牌战略与地方认同中改变的地方，包括城市品牌在一定程度上既依赖于预先存在的空间和实物资产，也依赖于新的、适应的建筑物和有助于创建或加强地方品牌的区域（Evans，2009b）。第一个类型的城市发展显著的例子体现在城市设计和季度总结的形式；其次是城市文化和创新区域，随着时间的推移出现了更多的详细情况，或已经经历了戏剧性的或重大的重建，并已被用来创建或扩展品牌形象和身份。

城市景观设计和地方设计

　　在城市环境中，城市、国家和区域的首都、历史传统的镇和现在规模较小的周边城市（Evans，2012）的地方品牌的努力似乎已经遵循了一个熟悉的路径。这些都不是唯一的，也可以在其他地方；反之亦然，特别是在大型活动和再生项目地：

（1）新的和翻新的标志性建筑，如文化设施、公共建筑、混合使用的发展（如布林德利地方，伯明翰）；办公室/塔；商场/交通交会处；公共艺术设施；历史遗迹的扩展（如雅典卫城，雅典）。

（2）城市设计和小区公共环境改善；公园和开放空间/广场；文化、遗迹或创新区；运输、路线/步道；地域文化、住房和大型活动的再建。

虽然它们的影响似乎相似，特别是那些从事国际建筑和品牌营销策略的设计，这是一个轨迹，都是特定的部分，往往是长期的和渐进的，因此通过不同的规划和社会文化系统，在不同的地点接收、理解和经历不同（Evans，2009a）。虽然增量发展是常态，强调主要的建筑和城市设计项目（如运输：空气、道路、铁路、桥梁；主要再建区），城市的扩展、偶尔兴起的城市和城市居民为"零基础"城市形象塑造提供机会。在这种情况下，基本原理和特性仍然是政治或商业需求的主要部分。例如，巴西的新首都巴西利亚建在一个气候恶劣的地方，并通过适当的现代建筑、大型公共建筑和公共空间故意破坏后殖民首都里约，连同纪念和庆祝 Corbusian 的"光芒四射"城（Dekker，2000）。几个阿拉伯国家也争相竞争，通过文化、旅游和参加国际艺术机构，借鉴其减少石油基金，使经济多样化。一个例子是阿布扎比的古根海姆博物馆和在新创建的文化区 Saadiyat 岛的卢浮宫专营权，由 Gehry 和 Nouvel 分别设计，这个"文化集群"还将安置福斯特设计作为 270 亿美元发展部分的扎耶德国家博物馆。

除了这些"地方制作"的极端情况，城市扩展到拥挤的历史核心城市中心还需要一个独立的识别，这是一个部分或从现有城市中分离，既证明公共投资的合理性，又吸引新的居民和企业。在某些情况下，这可能预示着再生的重大事件或有机会与设计和建筑风格进行实验（或者至少是减少）与现有的形态或民居风格相冲突。包括 Ørestad 延伸到哥本哈根；伦敦的 2012 年奥林匹克公园/村（在 2014 年对外开放）；巴塞罗那扩建的 2000 年"世博会"；上海 2010 年世博会的会场（见图 10.3）等例子。与美国和中国城市的城市扩张相比，这些扩展在整个城市品牌内对地方制造和子地方品牌仍然保留了潜力，而不是通过大型活动。

标志性建筑项目的文献是广泛的（参见 Ponzini and Nastasi，2011；Glendinning，2010；Foster，2011），它们的品牌影响和意义在城市品牌文学上仍然是欠发达的和欠考虑（Dinnie，2011）它们代表最直观的城市品牌表达。另外，较少

图 10.3　俄罗斯馆，2010 年上海世博会

资料来源：笔者提供。

的城市设计和地方制造已建立的文化和新兴文化创新区相结合，这代表城市品牌的一个新方面，一方面是更有机的、可以说是真实的，另一方面进行后工业城市经济一体化，因此成为创新城市的愿望（Evans，2009a）。文化或创新区可以这样建立在象征性的和继承的遗产上，并在地区创造新的目的地和经验区，这些地区是以前没有被确定为感兴趣的地方，或是一个城市品牌组合的一部分。

　　反映品牌愿望的城市空间干预措施，这些措施的几种形式在城市品牌组合中可以看到被采用（见表 10.1）。通过标牌、街道布景、横幅和其他标记，这些联系越来越紧密并且互相不排斥，随着事件和节日新的（标志性的）结构，各类型区域具有品牌设计、徒步旅行和易读性的图像。开放空间，包括公园和广场经常

表 10.1　城市设计及方向

空间形态	主要类型	例　子
城市设计	广场、路线/街道、公园小径，行人专用区、公共艺术、旅行	世纪广场（伯明翰）；维莱特（巴黎）；奥林匹克公园（伦敦）；高压线（纽约）、巴塞罗那海滨
民族区	区/街道命名、标识、大门、街道布景、节日	"唐人街"，"咖喱英里"；孟加拉镇（伦敦东部）；阿拉伯世界和 Banly 码头博物馆（巴黎）；小葡萄牙（多伦多）
文化遗产	世界遗产地，遗产区和历史遗址，艺术区/文化公园	索尔太尔（Bradford）；花边市场（诺丁汉）；酿酒区（多伦多）；克罗伊茨贝格（柏林）；华商文化公园（中国台湾台北）；798 艺术区（北京）
创新产业区	艺术家/工艺品工作室，管理工作区/孵化器、数字媒体/技术园区	休斯敦南部 SoHo（纽约）；自由村（多伦多）；数字化的肖尔迪奇（伦敦东部）；阿姆斯特丹北、鹰场/安道尔舍夫（柏林）；谢菲尔德文化产业区

资料来源：笔者提供。

被作为活动和庆典的焦点，还有雕塑和其他艺术及媒体设施，在某些情况下，重新发现它们过去的"快乐花园"。它们还可以锚定文化区和娱乐区，壮观、永久、日常和短暂。

城市设计

城市设计是表现在不同尺度区域的建筑与规划之间如今常见的混合实践，包括总体规划、城市小区到新的城市住区，"村庄"乃至整个城市和城市扩展（见表 10.1）。不限于建筑或单一的网站，城市设计还侧重于街道布局、流动性/交通，包括公共广场、公园和开放空间的发展计划，建筑环境和公共领域之间的关系。地方决策需要更中观层面的城市设计过程，并重点设计在特定地点和位置在微观层次上的干预措施。因为地方的制造和品牌对其居民和其他居民可以说是城市的公共面和它的预测，城市在提供欢迎和有吸引力地方的设计上获得了更大的意义，并在创建本地目的地，共同构成了"地理营销组合"。事实上，由于建筑的发展主要是一个私人的/商业的活动（由土地所有者、开发商），公共空间是在城市和地方当局少数几个可以影响质量领域和主要用途的区域之一，作为公共空间的私有化，通过购物和办公商业购物中心的作用和权力也逐渐消失，甚至像 café 文化和赞助空间这样的街头活动也是如此。在确保人的更佳分布上无论其目的（居民通勤、旅游），并创造聚会的公共空间，开展正式的活动，标志着城市的关键节点和区域，空间设计在这个意义上是重要的。公共广场的设计在许多城市中心也因此被优先实施，作为城市复兴的一部分，作为交通、行人专用区和地方的决策方案，例如伦敦的特拉法加广场；纽约的时代广场；伯明翰的百年广场；谢菲尔德的和平广场和 1992 年的马斯特里赫特条约（见图 10.4）等（Corbett，2004）。

事实上很少有城市和大城镇没有城市设计方案正在进行或计划响应政策，人口和土地利用变化反映住宅、零售和商业市场的变化，一方面向更可持续"紧凑型"的城市理想发展，另一方面经济发展对服务、创意产业和旅游活动有影响。所有这些都影响城市品牌，但由各种形式的物理环境提供的特别的独特性和品质，并且目的地应该通过内容和经验提供附加值。

**图 10.4　伯明翰的世纪广场和新图书馆；谢菲尔德的和平广场；
1992 年的马斯特里赫特条约和新图书馆**

资料来源：笔者提供。

空间

城市设计和规划中的一个特定装置是区域的空间概念，城市划分为离散和一致的区域，反映其土地使用、形态、经济和社会结构，根据形态划分地区。这是与旧时代的共振，在季度专业特别是工艺品、文化或民族活动，如在伦敦的 Clerkenwell 和南岸区经常在城市/行会控制之外（Evans，2004）。根据新城市主义者 Krier："城市社区是一个城市中的城市……它包含了整体的素质和特点……在有限土地上提供了所有周期性局部城市功能……被划为明确的大厦、明确的地点或明确的楼层。城区必须有一个中心和一个明确的可读性限制"（1995，Montgomery，2013，p. 339）。这可以建立在已经存在的领域，特别是历史性或文化遗产，商业或大学区，零售和娱乐区。从反补贴的角度来看，一个领先的建筑规划师 Rem Koolhaus 声称："进步、身份、城市和街道都是过去的事了"（1995，引用自 Glendinning，2010，p. 114）。所以，城市面临着个人主义和"卡拉架构"（Evans，2003），由国际投资促进，或一种以计划为导向的城市设计方法——或许在"建筑师导向"的城市品牌（Ponzini and Nastasi，2011）和地方制造（Moor and Rowland，2006）之间存在冲突。

同样一个规划和发展的机制，允许城市进行有效的分区，城市划分也被用来作为一个区域再生、保护和经济发展战略。后者包括旅游目的地和旅游管理，其中包括地区周边的品牌遗迹、娱乐或其他访客导向区（Roodhouse，2010）。保护区自 20 世纪 60 年代开始使用，以保护和维护建筑环境，并在较小程度上使用和占领，建筑和遗产名录历史悠久，由规划师和政府来保护遗产资产与历史悠久的建筑、遗产。这包括国家和国际遗产的地位与世界遗产遗址被授予世界文化遗产名录。城市遗址寻找和获得上市作为价值和必要性也越来越多地得到了加强保护。因此，城市品牌的历史遗产和文物古迹是视觉形象和品牌联想的关键要素。整个城市宣称"历史的"或者"传统的"城市地位（Evans，2010），这代表其身份的一个重要组成部分，但现实中的传统元素在建立环境和地方经济中只有少数。试图将形象和历史城市身份"现代化"并使之融入"创意类"城市（Florida，2005）也可以激起居民的反对（Evans，2009a）和破坏已建立的品牌，如2002 年 Bruges 的"欧洲文化之都"（ECoC）的居民与旅游者的历史特征明显冲突——原因很简单，ECoC 和标志性事件状态被授予在第一位——与招标组织者改变城市形象和文化形象动机作为一个世界性的竞争板块（Boyko，2008；Evans，2014）。

　　在品牌景观中，遗产区也进一步成为发展主体，扩大区域和现代化的设施。例如，利物浦世界遗产"第四恩典"混合使用的开发区；格拉斯哥麦金托什建筑的现代化灯塔；从长期来看，高迪的巴塞罗那圣教堂可能在 2026 年完成。回收工业遗产也有利于文化机构与新修建的标志性建筑，虽然增加了品牌的城市景观，但也通过再生开放空间和路线提升了城市市容。例如，纽约市肉类包装铁路货运路线的绿化——高线公园（High Line）——在城市街道上已经创建了一条新的绿色路线，并显著开启了该地区的休闲/夜间活动。这增加了一个新的景点，不断变化的生活着的居民，成为城市这部分的一种新形象（见图 10.5）。

图 10.5　纽约的高加索

　　具有象征意义和文化意义的特殊遗产区是民族地区——通过与移民社区相连接，指定一个住宅/商业/文化街区——从普遍存在的唐人街和犹太地区到（或贫民区）小意大利（纽约）、葡萄牙（多伦多）、德国（布拉德福）、东京（洛杉矶）、越南（洛杉矶）等。在许多情况下"东方的"团体早已或从未存在，例如巴塞罗那的中式区——但它们的遗产体现通过标牌、街道景物、地方/公路命名、横幅和剩余的活动，如餐馆。这些对城市品牌都是重要的，因为它们提供了一个折中报价和多样性，这些城市可能有不足，但这也可以通过年度社区节日和活动增强，如排灯节、民族美食节。一个极端民族区域的改头换面被视为如伦敦东部"孟加拉镇"的更名（Shaw，2011），集中于砖巷的"咖喱区域"，在一个地区，经历了从卫理公会教徒、新教徒、犹太人到孟加拉人和现在的年青一代，几个世纪以来迁移和占领连续波及这个城市边缘的位置（见图10.6）。

图10.6　伦敦东部的孟加拉镇

资料来源：笔者提供。

文化创意区

　　虽然与遗产和种族相比不太明显，一个被吸引到品牌组合中的新兴城市区域是文化创意产业生产区（Evans，2004，2009b）。剩余的文化生产也以遗产方面为特色，如利物浦的绳节；诺丁汉的花边市场；谢菲尔德的文化产业节；柏林白塔尼恩艺术节的 Kreuzberg——由于廉价而灵活的工业场所和消费空间的可用性（艺术、娱乐、咖啡馆、俱乐部、街市等）——在新的部门，如数字经济，创意生产扩展了城市品牌景观价值。已取得国际品牌地位的区域包括在伦敦东区的数字肖尔迪奇/硅环岛（见下文）和在阿姆斯特丹、柏林、巴黎、纽约后工业区的新兴数字集群。这些生产区占领并产生了新的社会和创意媒体（即移动应用程序、视频游戏、网页服务——Foord，2013）从而将乱哄哄的说话声和场面与"冷酷的城市"相连接，与之并排的是一个充满活力的俱乐部和世界性文化——直接指引一个年轻的移动市场。它们的视觉意象最初包括街头涂鸦艺术、大型广告牌广告、数字显示和建筑物周围的艺术品——视觉品牌和目的地营销的丰富材料。

这些新产业创新中心也使用传统的贸易博览会和展览会作为超越部门本身的文化事件，从事媒体、娱乐、边缘产业、展示和公众参与活动。设计节日和建筑双年展（见图 10.7）现在作为艺术双年展和时装周带游客到生产区域的补充，那是一个不寻常的场地，在某些情况下它是永久的会场地点，它们模仿早期米兰度菲耶拉和威尼斯双年展的模型。例子包括每年柏林的设计麦节（Design Mai）（May）（可能）和在伦敦参加举办的开放工作室活动——参加举办的艺术家和设

图 10.7　伦敦建筑双年展，克勒肯维尔

资料来源：笔者提供。

计师使用映射步道连接工作室，在城市"隐藏的"创新领域设计商店和车间。在城市品牌方面，这些新的生产区很少计划或有制度地发展（尝试这样做的风险只是制度化和可能的失败）。这使城市品牌和经济发展进入新颖的角色（发现这些领域的出现），并通过本地网络、关键事件和联合营销支持其独立的发展和运作。

建立和新兴的典范

以下将从它们进化和区别的角度延伸选择文化和创意区覆盖范围（Evans，2009b），以及地方生产商者所带来的经验教训。例如，历史/遗产区和商业改进区；重新设计公共空间/广场；建立和发展创造性的数字小区，再到新兴创意区的变化，都以各自不同的方式，扩大和加强自己的城市文化品牌和旅游目的地的报价，同时城市居民完成关键的经济发展和文化礼仪的机会。

古酿酒厂区，多伦多

前工业遗产建筑的潜在象征意义和经济价值现在得到了很好的认识（Zukin，1995）。它们可以提供有吸引力的和有趣的空间，以适应创意性的文化活动——无论是以展览/娱乐还是以生产为基础的。正如 Jane Jacobs 所说："老思想有时可以使用新建筑（1961，p.188）。新的想法必须使用旧建筑。"在 20 世纪 60 年代末 Jacobs 自己从美国移居多伦多，最终创作出《伟大美国城市的生与死》（1961），形成了她继续关注城市设计，混合使用充满活力的城市环境的重要性基础。

酒厂区位于连接市中心和滨水地区的一个混合使用/使用权领域，正如 Jacobs 所提倡的。多伦多的酿酒区，曾经国内的古德汉和麦芽酒厂最终于 1990 年关闭，现在是一个国家历史遗址，被改建为一个完全致力于艺术、文化、娱乐的平淡无奇的村庄。通过城市景观发展有限公司开发，小区现拥有餐厅、画廊、活动空间、阁楼、公寓、咖啡馆和独立的零售商店，销售从珠宝到家具摄影服务的创新产品（见图 10.8）。

酒厂区还设有一个全市最大且为艺术家和艺术团体经营非营利性艺术风景组织负担得起的工作空间的发展（Evans，2001）。经过 2001~2003 年 300 万美元的

图 10.8 多伦多的酒厂区

资料来源：笔者提供。

改造后，60 个住户搬入货物仓库和罐头厂。这些包括艺术家和设计师制作工作室、非营利性、戏剧、舞蹈和艺术组织（Gertler et al.，2006）。

在酿酒区，创新合作伙伴关系是居民 Soulpepper 剧院和乔治·布朗学院戏剧学校的合作。青年的表演艺术中心是一个可以容纳这两个组织的新设施，它在 2006 年向公众开放。这个 44000 平方英尺的表演艺术、培训和青年外展中心，让学生和专业人士一起工作、学习和生活，共享工作室、排练大厅、衣橱和风景设施。该中心拥有八个表演空间，可容纳 40~500 名观众。该项目的创建者意识到城市中的剧场空间不足，因此鼓励其他的表演艺术组织为他们的作品预定设施。在城市酿酒区不仅为艺术和创意提供空间，而且如今也是多伦多的著名旅游景点之一，同时设立游客目的地（Gertler et al.，2006）。该地区也是电影产业的重要资源。在第一个 10 年，超过 1000 部电影、电视节目和音乐视频在该地区拍摄。

由于重新开放，升级和新设施的复杂工作需要大量的资本投资，但同时主要租户（画廊、餐馆、零售）已经离开地方。维持一个多样化混合承受能力的租户已经证明了问题。同时，社区用新公寓大楼和与文物遗址毗邻的在建"独立公寓"已经吸引了新的投资和居民。完成后，当地人口将达到 2500 人，这将在周边地区辅以进一步的住宅发展。这一混合领域是否可以保持其质量和独特品牌将继续被观察——下一个阶段可能看到这个文物游客区发展到更多的地方目的地。这也依赖于与其他地区的城市连接，如不发达的滨水与城市中心区的连接（Matthews，2010）。

多伦多自由村

自由村有 38 公顷，内城混合使用商业、轻工业和住宅用途的场所（见图 10.9）。地区传统兼并了工厂、监狱，带动了工业时代的弹药储存，直到 1858 年，它都是多伦多的工业展览场地。开发商和多伦多市已经明确把"自由村"作为品牌，像酿酒厂区一样，从事艺术风景的艺术家、工作室经营者创造艺术和媒体公司的管理工作。如今，大部分村庄的百年旧建筑已被保留，并转换成商业空间，这是一家集数码、时尚、家居设计、媒体、广告、高技术、印刷、食品、饮料等行业于一体的创新型企业。在一些大型改装的工业建筑中，新建了一些公寓。

图 10.9　自由村内部和外部

资料来源：笔者提供。

由于技术密集型公司在该地区的强大存在，自由村几乎完全被无线网络覆盖。例如，附近的最新的重建项目之一的自由集市大厦，开发了 30 万英尺的商业空间（零售和工作室空间），其中包括一套完全无线网络（自由村的一个当地技术公司，就安装线路与多伦多市达成协议）。自由村业务改进协会（BIA）在保护和促进这个富有创造力的就业领域发挥了不可或缺的作用。在 2001 年正式指定，这是加拿大第一个非传统、非零售的业务改进协会，它是与校园风格混合使用的布局，而不是高街零售类大多数典型的业务改进协会。在该地区征收商用物业特别税资助 LVBIA。企业在自由村自动成为 500 个 LVBIA 成员之一，这代表超过 7000 多人在该地区工作。LVBIA 努力改善和提高该地区的设计、防护和安全特点。它还可以通过时事通信和特殊事件作为联络社区和表达社区各种问题的声音。

　　自由村有许多创意企业、无线基础设施，租金合理，这些关键群体一直是区域企业寻找现代创新工作区的一个主要卖点。该村由 100 多个商业区或工业区组成，并由区域企业在现代、创新的工作区中寻找并指定一个就业区。该市的就业区不允许使用住宅，除了艺术家生活/作品工作室。然而，最近几年住宅和公寓的入侵已经给村庄的人气带来了压力，特别是西部和北部的村庄。自由村 BIA 与市议员和多伦多城市发展服务业为审查该地区的规划联合工作，以便为将来的发展提供方向，并确定最适合居住的地方。该评论还考虑了公共领域、遗产、土地利用和交通领域面临的问题（Gertler et al.，2006）。然而，Wieditz 观察得到：该地区通过报纸上的文章进行改造，这些文章为想接近娱乐区和去中产阶级化皇后西街区娱乐的人促进地区成为"艺术阁楼区""波希米亚飞地"和"邻里生活、工作和玩耍区"。大型开发商涌入，新的事态发展将驱逐任何"艺术"痕迹和曾经居住的"波希米亚"居民，这是有可能的（2007，p.6）。保持混合使用和混合经济，对这些新的城市区域和维持其独特的品牌仍然是主要挑战。

伦敦数字化的肖尔迪奇

　　在过去的十年里，技术区采用"硅"的前置模式已经增加。一方面，这是地方"硬品牌"的案例（Evans，2003）通过模仿硅谷或"硅的地方"的相关希望值（Florida，2005）；另一方面，信息技术生产最初代表高新技术制造业及相关研究的主要"软硬件"视角的一个速写。集群已经演变出更多的有机地，设想通过政府投资开发区可以被视为在不同的范围、区域和高度集中的空间地域。案例包括数字通道（马来西亚、韩国），硅的"三角形"高山，次区域硅谷 Fen（英国剑桥）和硅格伦（英国苏格兰），当地的城市在 ICT 和数字企业经常在创新和其他先进的生产和金融服务上定位。后者的例子包括巴黎的硅工分、柏林的硅阿利、纽约的硅谷和东伦敦的硅环岛或数字化肖尔迪奇。

　　这最后一个创造性的数字区（Foord，2013）提出了一个有趣的城市品牌情况，即历史上位于城市边缘的地区不伦不类，包括低收入/贫困居民社区，本质上是一个未触及游客经济或更明显文化消费的城市工作区（见图 10.10）。其工艺品（珠宝、金属制品）、时尚和纺织工厂、印刷和出版的文化区传统日期要追溯到几个世纪，一个既定的艺术家社区占领更便宜的工作室空间。在该地区的改造上，这种低成本的文化经济为世界上最有活力的创新"科技城"区提供了重要的元素。这包含了高度集中的新媒体和数字公司、另类俱乐部、场馆音乐、艺术、独立的零售店和密集的"黑领"工人——现代化的黑领矿山/石油工人，现在代表数据/设计师和穿黑色服装的人。这个配置和声誉已经创造了一个举办关键设计和数字化活动的需求和从伦敦设计节到为期一周的数字化肖尔迪奇节的节日，2011 年首次举办的数字化肖尔迪奇节吸引了 2000 名游客，到 2012 年有 6000 名游客，2013 年有 15000 名游客。特别重要的是，这个网络的 1000 多个创新数字公司和日益增长的年度节日是没有公共补贴的自组织。在这个意义上，通过规划和保留使用字符和社会经济结构的分区，使当地和城市当局成为一个授权且有保障的角色，区域"品牌"被拥有并且已被"自上而下"地创造了。为当地居民和年轻人进入这一增长的数字就业部门发展计划，也包括在这种情况下。

图 10.10　"数字化肖尔迪奇"——街头艺术，加速孵化器和新命名的"硅方式"
资料来源：笔者提供。

　　为表明该生产区现在是一个"目的地"，近年来一些精品酒店已经开业，其中包括美国的王牌酒店，第一次在美国本土以外使用地方材料设计，这些地方材料包括特殊砖、瓦片、照明灯、卧室摄影参考及过去建筑的音乐厅。2010 年，当英国政府指定城市边沿创新产业区作为"科技城"的大面积区域时，在战略的重要性上赋予这一子区域集群及其在新的数字产业的作用——这一区域远到东奥林匹克公园的一系列连接，代表伦敦 2012 年夏季奥运会的物质遗产。然而，这种通过高新技术经济开发在城市品牌上的"自上而下"的干预（见图 10.1），背道而驰的有机文化进化，创造了肖尔迪奇集群和城市的独特区域——主要是一个小公司或创意企业家和非正式的网络现象。目前，这存在同样的危险和恐惧，即破坏建立的文化遗产区（例如，上面提到的多伦多）——尽管中产阶级化影响快速租借及财产估价；大型公司和机构组织的进口和场地；该地区下降的混合使用与多样性。当然，这些是创造这些创意生产区吸引力的关键要求，也是形成它们独特品牌的重要因素。

鹿特丹剧院广场

剧院广场提供了一个例子，即城市中心广场被指定为全市文化活动的一个重要焦点。其鲜明的城市设计，旨在反映一直存在争议的港口。然而，在不同的背景的年轻人眼中，广场上的"凉爽城市"形象和中央位置使它成为一个流行的会议场所。剧院广场或"戏院广场"是一个位于鹿特丹市中心占地 12250 平方米的广场，靠近中央火车站和主要的购物街，两旁有城市剧院、市音乐厅、与鹿特丹相关联的最大电影剧院和各种各样的咖啡馆和餐馆（Evans et al., 2012）。广场位于一个地下停车场上，作为一个采用了耐用装饰灯的独特外形建筑出现在街道上。它由一个中央空隙和大多数发生在各种文化场所、咖啡馆和餐馆周边的活动组成。自定义的座位是沿一边提供。广场上最突出的特点是四个标志性的类似起重机的液压灯，它们可以由城市的居民以交互方式改变（见图 10.11）。这些连同硬景观外部的设计是鹿特丹港口的一个反射。

图 10.11　晚上的剧院广场

资料来源：笔者提供。

剧院广场被设计为一个互动的公共空间，具有足够的灵活性以适应白天、晚上和一年不同季度的用途。通过提高广场周围地区的外观，即"城市舞台"被有效地创建节日和建造设施。在广场举办包括音乐和舞蹈在内的普通文化活动，以此吸引来自各地的不同观众。在活动期间斜坡屋顶入口处的地下车库是用于滑冰的，其他地区成为非正式的操场、足球场和座位区，在工作或周边购物街及办公室的拥挤和喧嚣中，为消费者和工人提供相对安静的休息区。

广场的位置靠近新装修的鹿特丹中央车站、商店和电影院，这意味着它是一个与来自荷兰各地及荷兰以外朋友见面的理想地点。在对用户的调查中发现，该广场特别吸引年轻人，包括那些来自不同背景滑板、踢足球、见朋友、拍照以及甚至调情的人。距离他们家有一定距离，这些年轻移民者远离家庭和其他社会成员的窥探。

然而，关于广场也有不同意见。有些人喜欢它，因为它成功地捕捉到了鹿特丹的城市特色，或是因为他们觉得这是一个开放舒缓的绿洲城市中心。其他人（一般为老年人，土著白人、荷兰人）认为，这是缺乏氛围以及缺乏其他广场常见的绿化和水功能的贫瘠空间。移民社区的年轻人把它当作一个很好的地方，很容易满足来自不同背景的人。广场的设计仍然成功捕获鹿特丹的现代城市形象，并纳入码头的象征符号——城市文化遗产的重要组成部分，也是以前土著鹿特丹人民和早期移民就业的关键来源。它为来自不同背景和反映今天鹿特丹多元文化身份的人提供了一个城市中心的会议区域。它的功能以及城市中心的多功能空间为各种活动提供足够的场所。它提供了一个在一天中坐着聊天的安静地方，以及成为在夏天夜晚和周末中的一系列多元文化事件的焦点。广场的开放性允许用户很容易观看，虽然他们在广场上玩乐，但那些年幼的孩子也能够看到他们。

剧院广场的经验说明了需要公共空间的有效管理，以确保其使用具有包容性，但不鼓励反社会行为。广场的位置一直是关键的方式，它被用来并且能够鼓励跨文化的混合。现代城市设计与年轻人具有特别的共鸣，他们经常感到被品牌消费和自己城市的遗产区排除在外。

阿姆斯特丹北

一个新兴创新区域的例子是阿姆斯特丹北部，在由 IJ "河"从中心分离的早前工人阶级区。这可以说是城市后门，在主要的铁路终点站接入，免费渡轮白夜不间断经营，短途 5~15 分钟可穿越河流。这里有新建设和重新使用的前工业建筑，它们创造了一种 ICT 和媒体公司结合的创新区，一个独特的多用途艺术和娱乐场所"Tolhuistuin"（音乐厅、剧院、画廊），前壳牌大厦的几层楼已经占领了舞厅和通宵事件（见图 10.12）。该标志性的电影研究院/电影院的新大楼也于 2012 年开放，从其前博物馆 1/4 的区域上迁移。沿着海滨连接免费渡轮的是 MTV 公司总部，以及在新改变的仓库艺术家的工作区，包括一个两万平方米的机库，作为举办"艺术城"的临时工作室。城市的这种再生区域是创新产业生产的文化活动和娱乐的结合，最近几年工作和娱乐将合并成一个区，这将是有趣的。这种创业的组合、机构和后工业场所确实证明如此，不过一个城市的新区域还可以在其他被忽视的地区出现，从而有效延伸了城市，同时减轻了拥挤和商业化文化旅游区的压力。文化旗舰更多不同领域的搬迁也可以提出一个对城市文化规划有趣的策略，并提出了一个对日益贫瘠的博物馆和文化区域激进的替代，这些导致了许多城市单一文化区的过度集中。然而，这些数字集群竞争性质的一个标志，是谷歌欧洲总部从阿姆斯特丹到伦敦的搬迁，被高科技的城市品牌吸引（见上文）。

图 10.12　阿姆斯特丹北（l to r —— 中心楼的部分建筑，前荷兰皇家壳牌塔、通络和 Tolhuistuin 亭）

资料来源：笔者提供。

小　结

虽然与前文化和遗产区相关的创新中心表明了历史与象征性联系和建筑类型

的重要性，这些联系和建筑类型可以和再创造新的创意区，但是可以看出，创新区域也可以从城市的后工业地区产生，否则这些后工业区缺乏品牌潜力。这些前工业城市如伦敦的 Clerkenwell、枢纽的 SoHo 和多伦多的酒厂区，因此得益于靠近城市中心的"城市边缘"地带，这些位置有效地扩展了城市的游客和文化足迹。为了帮助保护"工业化的"土地及建筑物，从使用为住宅、商业办公和零售业发展更高价值的变化和更大空间的解体来看，规划和分区规则也需要——作为经营城市，如哥本哈根和巴塞罗那，成为其创新城市愿望的一部分（Evans，2009b）。例如，波里诺地区指定的巴塞罗那大学新媒体科技节"@22"，它作为一个产业（而不是服务/教育/住房）区，反映了其从纺织品生产区到一个新的创新产业区的转型。在这些情况下新的创意是明确的，媒体和数字产业需要不少于其工业制造先驱的产业规划和分区保护，工业品牌与一种文化遗产或主要以消费为基础的地方相比是没有效果的。

可以看出，这种"区域"能反过来进一步扩大，随着新毗邻地区的加入，复兴和文化重建的蔓延，正如布鲁克林见证，纽约与威廉斯堡、红钩和小飞象的新区域——和在伦敦无情向东蔓延到斯特拉特福德的后奥运区。因此，创建和维持新品牌区域连接是重要的，作为这些领域某种程度的区别。这可以反映在传统和历史的关联（如原产地品牌）；完全地通过形态和建筑的质量和风格；通过民族或其他文化经验（如节日和食品）；以及特定的文化活动和业务（如专业零售、街头市场和贸易展览会等）。

城市品牌以渐进和激进的形式通过物理干预和重塑城市景观是显而易见的，虽然这是一般不刻意的品牌行为，更是新的工业发展和全球化结果。利用这一战略扩大和建立城市，以加强和扩展它们的文化提供，并示意未来的增长和信心。空间是用来创建图像和不发达地区和遗址的欢迎空间，作为地方决策和节日努力的一部分（Palmer and Richards，2010）。在另一个极端，新的或死灰复燃的城市寻找主要作品和壮观建筑去征收新的体育品牌和城市形象，往往是一个高风险的策略，在那里很少或根本没有预先存在的文化内容是可用的。除了所谓的协商过程，这两种方法在它们的执行上往往是"严密的"（Evans，2005，2006）。文化创新区域另外提出了一个地方制造的选择维度——因此扩大了城市品牌机会。这是由于它们的有组织的和很大程度上计划外的发展轨迹，也是由于象征性/历史性生产文化、乡土空间的结合，以及创业家精神，由个人或经常"不以营利为目的的”机构，如工作空间供应商、遗产组织和小企业网络。这包括围绕文化创新产业和节日的商业改善区域/区，如环芝加哥和伦敦南岸的 BIA/BIDS。城市空间更多地"倒置"复兴与具有更大的真实性和日常经验的居民共同创造越来越多的追求，符合游客出现的这些新的和重新发现的城市区域。

　　城市是充满复杂的、混乱的和有生活经验历的文化力量的，经常与产品或企业意识中的品牌观念碰撞。这是一件好事，因为持久的"品牌"是一个区别于利益共同体思想的共享。从字面和心理上看，他们对城市的观点——不管他们现在生活或工作在或不在那里——构成一个城市的集体认同，其中包括抵抗和执拗（Hommels，2005）——也采用变化城市景观。城市品牌作为一种理想的愿望应该因此组成城市文化规划方法的一部分，并且补充它，这些不仅是可持续的（Evans，2013）而且还是文化治理与城市文化资产综合定位的产物（Evans，2008）。城市设计与文化创新区的支持，似乎有一个给物质于地方制造的重要地方，并进行适当的地方品牌的努力。正如 Mommaas（2002，p. 44）认为："同城品牌不仅可以满足日益增加的需求，使自己的城市在一个扩大和更多易变的现实中间脱颖而出，而且同时也符合城市定位和识别需要……领导去创造一个需要去重新填充的破碎空间，这些具有积极的意义，并且可以作为公民自豪的新来源。"

参考文献

Anholt S（2006）Anholt city brand index—"how the world views its cities"，2nd edn. Global Market Insight，Bellvue

Ashworth GJ，Voogd H（1990）Selling the city：marketing approaches in public sector urban planning. Belhaven Press，London

Bauman C，Cerba P，Schele J（2002）Everybody does EEM. In：Hauben T，Vermeulen M，Patteeuw V（eds.）City branding：image building and building images. NAI Uitgevers，Rotterdam，pp 25–34

Boyko C（2008）Breathing new life into old places through culture：a case of bad breath? In：Richards G，Wilson J（eds.）From cultural tourism to creative tourism–part 3：changing places，the spatial challenge of creativity. ATLAS，Arnhem，pp 67–82

Butler RW（1980）The concept of the tourism area life cycle of evolution：implications for management of resources. Can Geogr 24（1）：5–12

Castells M（1996）The information age：economy society and culture. In：The rise of the network society，vol 1. Blackwell，Oxford

Chapain CA，Comunian R（2010）Enabling and inhibiting the creative economy：the role of the local and regional dimensions in England. Reg Stud 44（6）：717-734

Corbett N（2004）Transforming cities：revival of the square. RIBA Enterprises，London

Dekker T（2000）Brasilia：city versus landscape. In：Dekker T（ed）The modern city revisited. E & FN Spon，London

Dinnie K（2011）City branding：theory and cases. Palgrave，Basingstoke

Evans GL（2001）Cultural planning：an urban renaissance?. Routledge，London

Evans GL（2003）Hard branding the culture city—from Prado to Prada. Int J Urban Reg Res 27（2）：417-440

Evans GL（2004）Cultural industry quarters—from pre-industrial to post-industrial production. In：Bell D，Jayne M（eds.）City of quarters：urban villages in the contemporary city. Ashgate，Aldershot，pp 71-92

Evans GL（2005）Measure for measure：evaluating the evidence of culture's contribution to regeneration. Urban Stud 42（5/6）：959-984

Evans GL（2006）Branding the city：the death of city planning? In：Monclus J（ed）Culture，urbanism and planning. Ashgate，Aldershot，pp 197-214

Evans GL（2008）Cultural mapping and sustainable communities：planning for the arts revisited. Cult Trends 17（2）：65-96

Evans GL（2009a）Creative cities，creative spaces and urban policy. Urban Stud 46（5&6）：1003-1040

Evans GL（2009b）From cultural quarters to creative clusters：creative spaces in the new city economy. In：Legner M（ed）The sustainability and development of cultural quarters：international perspectives. Institute of Urban History，Stockholm，pp 32-59

Evans GL（2010）Heritage cities. In：Beauregard R（ed）Encyclopaedia of urban studies. Sage，New York，pp 136-138

Evans GL（2012）Creative small and medium-sized cities. Int J Cult Adm（Beijing）1：141-157

Evans GL（2013）Cultural planning and sustainable development. In：Baker G，Stevenson D（eds.）Handbook of planning and culture. Ashgate，Aldershot，pp 223-238

Evans GL（2014）Maastricht：from treaty town to European capital of culture. In：Grodach C，Silver D（eds）The politics of urban policy：global perspectives. Routledge，London，pp 264-285

Evans GL，Bagwell S（2011）Case study of The Hansa（Die Hanse）cultural route. Council of

Europe，Strasbourg

Evans GL，Bagwell S，Worpole K（2012）Intercultural public space design and management. Council of Europe，Strasbourg

Florida R（2005）Cities and the creative class. Routledge，New York

Foord J（2013）The new boomtown? creative city to Tech City in east London. Cities 33：51-60

Foster H（2011）The art-architecture complex. Verso，London

Gertler M，Tesolin L，Weinstock S（2006）Toronto case study：strategies for creative cities. University of Toronto Munk Centre for International Studies，Toronto

Glendinning M（2010）Architecture empire? the triumph and tragedy of global modernism. Reaktion Books，London

Grabow B（1998）Stadtmarketing：Eine Kritische Zwischenbilanz. Difu Berichte 98（1）：2-5

Harvey D（1989）From managerialism to entrepreneurialism：the transformation in urban governance in late capitalism. Geogr Ann Ser B Hum Geogr 71（1）：3-17

Hauben T，Vermeulen M，Patteeuw V（eds.）(2002）City branding：image building and building images. NAI Uitgevers，Rotterdam

Hommels A（2005）Unbuilding cities—obduracy in urban sociotechnical change. MIT Press，Cambridge

Hubbard P，Hall T（1998）The entrepreneurial city and the new urban politics. In：Hall T，Hubbard P（eds.）The entrepreneurial city：geographies of politics，regime and representation. Wiley，Chichester，pp 1-12

Jacobs J（1961）The death and life of great American cities. Vintage Books，New York

Kavaratzis M（2005）Place branding：a review of trends and conceptual models. Mark Rev 5：329-342

Kotler P，Asplund C，Rein I，Heider D（1999）Marketing places Europe：attracting investments，industries，residents and visitors to European cities，communities，regions and nations. Pearson Education，London

Lefebvre H（1974）The production of space（trans：Nicholson-Smith D）. Blackwell，Oxford

Matthews V（2010）Place differentiation：redeveloping the distillery district，Toronto. PhD thesis，University of Toronto，Toronto

Mommaas H（2002）City branding：the necessity of socio-cultural goals. In：Hauben T，Vermeulen M，Patteeuw V（eds.）City branding：image building and building images. NAI Uitgevers，Rotterdam，pp 25-34

Montgomery J (2013) Cultural quarters and urban regeneration. In: Baker G, Stevenson D (eds) Handbook of planning and culture. Ashgate, Aldershot, pp 243–265

Moor M, Rowland J (2006) Urban design futures. Routledge, London

Plaza B (2009) Bilbao's art scene and the "Guggenheim effect" revisited. Eur Plan Stud 17 (11): 1711–1729

Plaza B, Silke N, Haarich N (2013) The Guggenheim Museum Bilbao: between regional embeddedness and global networking. Eur Plan Stud 13 (1): 23–44

Ponzini D, Nastasi M (2011) Starchitecture. Allemandi, Venice

Palmer R, Richards G (2010) Eventful cities. Cultural management and revitalisation. Butterworth, Oxford

Roodhouse S (2010) Cultural quarters. Principles and practice, 2nd edn. Intellect, Bristol

Shaw S (2011) Marketing ethnoscapes as spaces of consumption: Banglatown-London's curry capital. J Town city Manag 1 (4): 381–395

Stoker G, Mossberger K (1994) Urban regime theory in comparative perspective. Environ Plan C Gov Policy 12 (2): 195–212

Tuan YF (1977) Space and place: the perspective of experience. Minnesota University Press, Minneapolis

Ward SV (1998) Selling places: the marketing and promotion of towns and cities 1850–2000. E & FN Spon, London

Wieditz T (2007) Liberty village: the makeover of Toronto's King and Dufferin Area. Centre for Urban and Community Studies, Toronto

Zenker S (2011) How to catch a city? the concept and measurement of place brands. J Place Manage Dev 4 (1): 40–52

Zukin S (1995) The culture of cities. Blackwell Publishers, Cambridge

第十一章　反思地方品牌的传播：从产品导向的独白到消费者参与的对白

阿内特·塞克尔森 *
（Anette Therkelsen）

[摘　要]　本章将详细审查对消费而言地方品牌不同的传播方式并特别关注对话活动。从地方品牌的执行角度来看，共同创造将进一步发展通过积极的消费者参与活动的这种形式。地方消费者被区分为外部市场（国际游客）和内部市场（当地居民）进行识别，因此建立社区被视为自身的结束以及一个地方外部市场化的手段。为了进一步揭示这些问题，分析了旅游品牌活动"想象力——发现丹麦精神"并在此基础上结合了理论和实证研究，得出的结论是地方品牌活动有可以满足消费者积极参与和共同创造的需要。此外，参与活动人员和可能的其他客人的对话，以及一个地方产生的执行方面产生一个地方的消费者，这可能是很难实现通过独白作为基础的地方品牌传播。

前　言

地方品牌就在我们身边，并承诺着不可思议的冒险，赚钱的商机和有偿的教

* A. Therkelsen（✉）
Tourism Research Unit, Department of Culture and Global Studies,
Aalborg University, Aalborg, Denmark
e-mail: at@cgs.aau.dk

© Springer International Publishing Switzerland 2015
M. Kavaratzis et al.（eds.）, *Rethinking Place Branding*,
DOI 10.1007/978-3-319-12424-7_11

育和工作的机会。绝大多数的这些地方品牌永远不可能引起我们的注意，然而在我们的脑海里只有少数几个品牌名字，这可能是因为：某些地方品牌对我们的个人经历和兴趣来说是重要的，所以在销售市场上我们可能特别注意这些品牌；其他地方品牌使用了大量的媒体曝光的形式来引起我们的注意；还有些地方品牌采用触发我们的好奇心的方式让我们想了解更多它们的信息——通过访问或者长期关注这些地方品牌。本章关注的是后者的地方品牌宣传活动，因为重点是针对消费者的参与活动和消费者在创造的地方品牌中发挥积极的作用。

此外，本章围绕着国家地方品牌的目的是通过私人消费市场和特定的游客以及用什么样的传播策略是来吸引关注和创造一个优先的品牌。无论消费者对产品品牌形成什么样的理解，作为一个活跃、平等的伙伴间对话（Dahlen et al.，2010；Louro and Cunha，2001）已经开始渗透到地方品牌的做法受到特别关注，因此这样做对品牌的设计和执行的传播方式似乎有相当大的根本影响。同时，消费者共同创造（Payne et al.，2008；Prahalad and Ramaswamy，2004）和品牌执行力的观念（Ren and Gyimóthy，2013；Ek et al.，2008）产生了消费者代理机构，同样这些观念也纳入讨论。

虽然主要关注的是针对外部市场，但关于内部市场对地方品牌努力的重要性的争论（Therkelsen et al.，2010；Kavaratzis and Ashworth，2005；Pedersen，2004）也成为最近研究的方向。换句话说，一个旅游地品牌推广活动把当地居民为它们的目标群体来获利备受争议，这是因为它们不仅构成了国内旅游市场，而且是销售产品的一个整体组成部分。因此，当地的承诺和自豪感是增加本地对外地消费者吸引力的重要因素（Colomb and Kalandides，2010）。在同一品牌战略中将两个市场的偏好和需求结合，从而产生一些潜在的协同效应，但这也构成了一个挑战。因此，在一个特定的地方品牌推广背景下，研究如何进行管理是很有意思的。

丹麦对地方品牌成就的具体审查发生在 2012 年的伦敦奥运会期间，通过国家旅游组织、丹麦旅游局、丹麦国家电视台 TV2 组织的"想象力——发现丹麦精神"活动（VisitDenmark，2012）。该活动的主要目的是推销丹麦作为旅游目的地，这自然意味着市场的焦点是针对国际游客。问题是当国内市场也被考虑的话，两者之间的协同效应出现了。此外，在活动中使用的传播策略将说明是否优先考虑与游客们进行的对话和合作，是否建立关系可能最终导致品牌消费。

本章通过以下方式安排结构：首先对地方品牌的三个总体趋势进行了理论探讨，并对地方品牌传播的影响进行了分析。这将导致用不同的方法来讨论目前地方消费者和地方品牌传播的趋势。下面的研究方法与这项研究是有关联的，包括身边的案例说明。随后，在分析部分确定消费者的方法和传播策略的研究案例。本章最后总结了主要的经验研究结果，强调了知识在地方品牌传播的贡献。

理论架构

之前所关注的是地方品牌的传播，它是具有启发性的，谈论在学者和从业者之间对地方品牌的三个整体的发展，因此这些已经影响了传播给地方消费者带来的方式的设计和执行。

地方品牌的整体发展和对传播的影响

人们认为（如 Therkelsen et al.，2010），学者和从业人员对品牌领域发展的贡献是可发觉的，从理解地方品牌方面来看，确认形象表现和地方品牌创立的物理特性之间的关系是传播的努力。城市规划研究和实践对于地方建设和社会环境的发展具有强劲的力量，因为这件事情和上下文中所绑定的地方品牌被视为两个紧密的实体（Jensen，2007；Eckstein and Throgmorton，2003）。形象表现和地方品牌创立的物理特性的紧密关系已成为必然，要为了保证外部和内部市场遇到品牌的努力不被误导或歪曲。此外，下面将讨论当今的地方品牌为吸引消费者所做出的努力，他们的需求被认为是表现和地方品牌的积极共同创造者，地方营销人员需要考虑地方品牌的创造和形象作为地方品牌组织和地方消费者之间的混合机构。

如前所述，地方品牌不再仅仅是针对新的利润丰厚的市场，而是通过社区建设活动来维护建立的市场。对地方的外部市场化来说，当地的承诺和骄傲是起了反作用。企业品牌理论对于同时建设社区和销售场所的复杂性策略是有用的（例如，Hankinson，2007；Kavaratzis and Ashworth，2005），但是企业和地方之间存在差异，因为产品的复杂程度和所涉股东在地方品牌背景下是有关联的

（Therkelsen and Halkier，2012；Kavaratzis and Ashworth，2005）。居民的双重角色引起人们的关注，一方面因为他们是一个给定的地方的组成者和贡献者，作为当地专业人士和个人公民，另一方面他们是地方品牌的目标群体，特别是游客期待提供各种服务和体验。因此发展品牌传播是具有挑战的，对于长期和短期地方的消费者对功能的相关性以及情感诉求，这个挑战的解决方案似乎是消费者的包容（Ren and Gyimóthy，2013；Colomb and Kalandides，2010），下面将做进一步阐述。

地方品牌的第三大发展战略是跨行业联盟，这些联盟似乎越来越多地被地方品牌组织用于进一步实现个人和共同目标（Therkelsen and Halkier，2011）。从旅游消费者的角度来看，旅游组织和消费品生产商之间的战略联盟似乎很有意义，因为最近一些旅游文献的贡献认为同质化日益成为旅游体验的特征。这意味着，消费者的假日体验不一定和平常的消费体验和日常生活有所区别，因此相当大的重叠出现在什么和如何在家消费和什么时候去度假之间。因此不仅是非凡的景点和活动，而且更平凡的产品都和消费者相关，所以一个旅游品牌战略包含消费者产品对于日常生活变得有重大关系。因此，这样的日常生活伴随许多的产品进入我们的假期；反之亦然，支持旅游品牌的努力包括与旅游不相关的各种行业。

品牌传播的方法

在整个品牌传播过程中，Dahlen 等认为（2010，pp.236-272），发展是可以查明的，可从过去几十年中公司产生的独角戏到组建公司的消费者的传播过程中查明。因此，产品导向和定位对于竞争者来说正在逐渐被消费者的取向所补充和取代，通过共同创造的手段来关注消费者的情绪体验。一个中心的手段的目的是对这一端的公司（地方营销组织）和消费者之间的关系建立。在某些地方，强大的公司和消费者的关系可能会导致品牌忠诚度在访问者间发生变化，访问者会定期返回，人们选择在给定的地方安顿下来。

运用 Louro 和 Cunha（2001）的四个品牌管理模式可以进一步描述这种发展，他们认为这些模式是以下面概述的连续顺序进入品牌管理领域的，但今天他们都是共存的。这种模式被定义为品牌构架，即公司的战略是由其品牌和客户的中心管控，即客户参与创造意义和价值的程度。首先，在产品模式内，这种产品是关注的中心，被视为是创造价值。传播通过标识、标语、名称和设计的形式起到支持产品战略和指定所有权的作用，这些传播方式的法律保护是被关注的重点。Louro 和 Cunha 用"沉默的隐喻"（2001，p.856）比作公司和客户之间的缺乏沟通和互动。有趣的是，Louro 和 Cunha 认为，在 20 世纪内产品模式是最广泛的品牌管理的方法，尽管它与基本品牌原则的消费者导向的价值创造相矛盾。其次，投射模式意味着对品牌管理具有更加战略性的认识，因为整个品牌组合的综合方法是采取和投射出股东是中心的信息。这个出发点被用来说明在品牌身份的组织和品牌意义的创造是基于它们的愿景、使命、价值和文化，这也意味着一个"独白隐喻"（Louro and Cunha，2001，p.860）是用来捕捉这个模式的焦点：公司的收入作为品牌意义的主要发生器，因此与消费者沟通成为一种方式。考虑到地方品牌的领域，这绝不是一个未知方法。

另外，根据适应模式的消费者进入到丰富多彩的图片中，通过品牌的估计他/她被认为是一个主要的品牌意义的建构者。一个"聆听隐喻"（p.863）是用来捕捉消费者对品牌的反应，然而，在这种情况下，与投射模式一样，传播变得不对称，因为组织的资源和战略意图基本上被忽略，与感知市场一起成为关键。最后，在相关的模式内，消费者成为品牌意义和组织的合著者，因此与消费者进行了积极的对话和共同创造个性化的体验，成为品牌管理组织的中心。因此"对话隐喻"（p.866）是用来描述感知市场以及识别组织资源和战略结合和认真地对待满足两者的创造成果。在一个地方品牌的背景下，我们已经用越来越多的努力去让潜在的声音和现有的地方消费者被听到，特别是在网站上张贴消费者的地方体验变得更普遍。同样，在旅游背景下，在过去十年中通过社交媒体如 Facebook 和 Twitter 与消费者对话一直是一个中心策略。

沿着相关模式的线索和在地方品牌背景的设置下，Ren 和 Gyimóthy（2013）认为地方品牌的表述方式是通过用广告宣传表现出一个最新的地方形象，这似乎失去了股东和消费者之间的对话，不如通过品牌活动这样的体验。一个特定的地方在地方品牌活动中的表现方面允许人们变得积极参与，并通过活动来反映它们在市场上销售的情况。然而，误解很可能会出现，特别是在遥远的地方的文化，因此文化翻译可能是必要的。因此消费者机构和战略意图的结合在这里被争论。与基础对话相似，Colomb 和 Kalandides（2010）认为，地方品牌的表现方式集中在当地居民社区。雇用当地居民来讲述他们自己的故事和他们的成就，关于地方的很多信息可能会被记录和呈现在活动材料中，构成一个唯一和特定的地方谈论是有争议的。社区居民之间的感情，通过利用当地居民构成的资源可能被加强。然而，从吸引外部市场方面来看，采用文化翻译是必需的，确保信息是理解的和关联的。与外部市场的故事可以在从事与所有相关的目标群体对话方面进行有益补充，这是一个核心原则的学者处理共同创造的旅游体验（例如，Ek et al.，2008；Uriely，2005）。基本上，消费者机构也应重视与旅游者的关系，因为他们通过结合以不同的方式的提供者和雇用其他演员来构建他们的体验。"在价值创造和传递价值的网络中"，游客 Firat 和 Dholakia 的谈话是"联系到其他人和其他企业"（2006，p. 138）。

除了前文提出的框架，考虑关系建立也是发生在消费者之间，如在具有共同的品牌热情的社会群体中。消费者之间的关系被称为消费部落（Cova and Cova，2002），这里的重点转向社会联系和品牌提供的社区身份和远离个人的体验。在某些地方的情况下，游客或居民对一个地方激情的分享，或一个地方的一方面印象，例如通过网上社区的例子来进行。Banyai（2010）提供了丰富多彩的例子，通过对所谓的德古拉伯爵住处的游客们进行研究，表明存在一个消费者社区进行吸血鬼相关的仪式，然后分享他们的表演和网上访问后的评价。然而，要记住消费者部落的特点是短暂的和小规模的（Cova and Cova，2002）。

总之，理论上的探讨指出不断增加的消费者参与的发展是通过社会媒体来传达地方形象的，通过活动来构造实际地方构建，后者是人们关注的主题。这似乎是构成一个重要意义的选择对于基本独白的地方品牌活动，由于越来越多的重复广告和伴随的消费者疲劳，这可能失去了它们的吸引力。建立在积极参与而不是消极的劝说上，涉及消费者对地方品牌的方法是认真对待消费者的机构，尽管他们可能在无法控制的解释和误解的方面受到质疑，营销者与消费者对话的活动应该进一步互相理解。公司和消费者的关系可能是对话和共同创造的结果，并可以增强旅游访问的机会。消费者之间的关系可能是分享同一活动体验和从事联合活动的结果，虽然对营销者来说认识到消费者群体对拉动消费者很重要，但是这些便利必须小心使用。

方法和经验数据

正如前面所提到的，受到密切关注的这种情况是地方品牌活动："想象力——探索丹麦精神"和这个活动的数据主要是从它的主办单位之一的网站处得出，丹麦旅游局具有一个复杂描述和活动评价的功能。这具有某些局限性，因为丹麦旅游局有兴趣正面展示他们的活动从而证明自己的行为。注意力同样被报道活动的媒体封面所吸引，但是对丹麦旅游局的数据来说增添了新的视角。在活动中参与观察将会是一个很大的优势，因为该活动和水平的实际执行和游客参与的性质可能被查明。这也促进其与游客直接接触，因此对活动来说他们有自己的看法。然而，因为活动发生在本章撰写的一年之前，所以笔者不得不依靠二手资料。

情况概述

在 2012 年 7 月 27 日至 8 月 12 日的伦敦奥运会期间，在国家旅游组织、丹麦旅游局和丹麦国家电视台 TV2 的倡议下开展了"想象力——探索丹麦精神"的地方品牌活动，在整个奥运会期间它们联合举办和开展这个活动（VisitDenmark，2012）。这次活动位于圣凯瑟琳码头，在覆盖的一个广泛的区域内有很多项活动（见图 11.1）。

丹麦旅游局制定了这次活动的目的：

"……在伦敦奥运会期间，对于丹麦品牌，丹麦的生活方式、产品和竞争力通过不同的丹麦营销平台进行展现。其目的是吸引游客的活动，并把丹麦作为一个更好的度假胜地，制造旅游的感觉，并影响到游客到丹麦进行度假的决定"（VisitDenmark，2012——自我阐释）。

因此，活动的目的不仅是旅游目的地的丹麦市场，而且还展示各种丹麦产品，主要是食品、时尚、体育和娱乐领域，所以一些商业伙伴有机会提供参与和展示他们的产品。在奥运会举行的三个星期内，除了产品展示外还举办了许多活动，其中一些是：品尝样品的美食节、热狗摊和厨师展示；与海盗相关的活动和

图 11.1　"想象力"活动的区域场景

资料来源：丹麦旅游局提供的照片。

游戏，包括一艘现场海盗船；讲述安徒生童话故事；一个骑自行车的活动；乐高游戏活动；在一个手球的球门来试试你跳投力的活动；具有丹麦设计的度假屋；现场音乐和舞蹈演出；具有丹麦员工的酒吧和餐馆；现场采访运动员；有一个大的电视屏幕可以观看奥运会（VisitDenmark，2012）。丹麦王室在不同场合访问这些活动，几位丹麦政府部长和丹麦运动员参加了奥运会。

　　在奥运会上这些具有针对性的观众是最重要的客人，包括英国居民以及国际游客，从英国和其他地方来到的商业伙伴和世界新闻记者。图11.2展示了有成群的游客和丹麦人不定期出席活动。

　　在奥运会期间有25万人参加了这个活动，其中56%是英国人、16%是丹麦人，还有28%的其他国家的公民。其中，有88%的人评价丹麦市场活动优于其他国家，84%的人去丹麦参观这项活动后受到更多的启发，丹麦旅游局估计在这项活动的基础上将有63400人决定赴丹麦旅游（VisitDenmark，2012）。在世界新闻报道中，有15家电视台、13家英国报纸、三家广播电台和六家杂志访问和采访"想象"活动。此外，来自世界各地的31个博客上传的内容是关于这项活动的。从国家新闻报道来看，TV2电视播报的当地每天活动内容就像其他丹麦媒体报道有关奥运会访问和报告（VisitDenmark，2012）。而且在奥运会期间这项活动在

图 11.2　"IMAGINATION" 活动的参观者
资料来源：照片由丹麦旅游局提供。

40 个竞争对手中获得了一枚银牌，通过《星期日泰晤士报》成为最佳的国家营销平台。

　　总之，国家旅游局评估品牌活动取得的巨大成功引起了国际关注而且更偏爱来这个国家访问（VisitDenmark，2012），近 100 万欧元投资回报率的估计已经远远高于通过传统的品牌活动所实现的回报率。通过成功地展示他们的活动和支出，VisitDenmark 轻而易举地获得既定的利益，但是，毫无疑问是这项活动引起了在奥运会的游客中以及英国和丹麦游客一定程度的关注。随后的分析将试图找到这方面的解释，关于为什么造成关注和什么原因可能造成访问者的满意度。

案例分析

　　案例分析分为三个部分，处理涉及的股东、针对的目标群体和应用传播策略。所有这三个分析的观点都关系到消费者的做法，被丹麦国家旅游局采用在地方的品牌活动中。

品牌"保护伞"倡议的分类

　　在"想象力——发现丹麦精神"活动下的组织设立跨越多个行业和涉及 57

个丹麦合作伙伴并来自内部和外部的旅游业，似乎为品牌"保护伞"倡议奠定了基础。上面引用这项活动的目的，明显可看出表述丹麦品牌的主要目的是一个度假胜地，因此食物、时尚、体育、娱乐活动的所有工作都是来支持旅游品牌的。因此，除了旅游业之外的产业合作伙伴选择支持一个确定的信息：丹麦作为一个度假国家，所以利益显然是倾斜于支持旅游业。涉及的合作伙伴是否把这视为问题没有在本研究中体现，然而在这里多方位旅游品牌活动可能提供给游客进行审查。

从理论上说，当今"去分化"特点的旅游体验似乎支持"想象力"这一活动的跨部门设置。对于那些特别的、平凡的体验所吸引的旅游者来说，一个有组织的旅游品牌活动是有意义的，包括经典旅游体验景点，像历史古迹和日常消费品，像时尚、家具、娱乐、玩具和各种各样的食品。问题是它是否有利于进一步向其他领域扩大共同合作，像丹麦在能源和社会福利部门有特殊的声誉。此外，我们在最近几年见证了工作和度假的"去分化"，因为人们越来越多地把商务旅行和度假结合起来，例如在度假的时候为了工作可以带上他们的电子设备。这意味着一个品牌努力的目标包括私人和专业的消费者，像"想象力"活动是符合这种趋势的，因为专业消费者参加活动是为了相关的商业目的，他们的注意力指向利益相关的消费机会如私人消费者（游客），因此在两个"消费平台"同时呈现。

建立社区元素的销售场所

在奥运会内，再次提及"想象力"活动的意图是推销丹麦作为一个当今在国际市场内有吸引力的度假目的地。一方面，这些代表性活动显示了丹麦经典的旗舰景点像维京人，汉斯·克里斯蒂安·安徒生和乐高（土地）；另一方面，现代的元素像不知名的美食的国际市场、设计的家具和衣服和音乐，所有这些因素进行互动环绕。因此，经典的策略是使用知名的国家形象来抓住消费者的注意力，然后通过使用地方不太知名元素的方式来给他/她一个惊喜（Therkelsen，2003；Morgan and Pritchard，2001）。然而，这存在的风险是消费者对丹麦形象的不理解，因此需要相当大的文化翻译是有意义的。通过游客的数量来判断，它似乎公正地认为丹麦旅游局成功创造了对这项活动的不断增加的关注度和游客数量，实际上活动期间圣凯瑟琳码头的游客数量几乎翻了一番。然而，为了宣传目的而举行活动带来的危险是消费者主要或完全成为涉及的代表而不是地方。为此，丹麦旅游局估计 63400 人在假期决定在支持丹麦方面将是被认为高度谨慎的结果。

　　同样要注意到，在伦敦奥运会期间 40000 名左右的游客（16%）是丹麦人。因此，这项活动对本国的人民来讲也有吸引力，这由几个因素来解释：看到国家在国外是如何被描述对于很多人来说是令人着迷的，在某种程度上它会可能产生自豪、欢乐、蔑视，但许多人将参与到其中。在电视大屏幕上播放丹麦运动、分享运动经验，其他丹麦人可能会提高额外的民族情感和自豪感，这是任何国际体育赛事的重要组成部分，不仅是奥运会。最后，丹麦名人、王室、政客、媒体人和运动员对许多丹麦人（也许并不是很多人）都是具有吸引力的，同样他们可能会对社区建设产生影响，尤其在外国环境中。因此，"想象力"活动似乎有能力在参加这项活动的丹麦人间建立社区，但是国内媒体对丹麦人参加活动高度曝光可能导致了类似的效果。尤其是 TV2 电视对圣凯瑟琳码头的丹麦运动员的采访以及对各种活动进行报道，所以"想象力"活动连续三个礼拜每天几次出现在丹麦国家电视台。因此，国内的丹麦人是国外丹麦活动庆祝的组成部分，这样可能创造民族自豪感。

传播的方法：与消费者互动

　　在该活动的宣传材料中占主导地位的口号是"想象力——发现丹麦精神"。

图 11.3　"想象力"的标识

资料来源：照片由丹麦旅游局提供。

　　如图 11.3 所示，"想象力"是指创造性的能力和国家（特别是红色）。接着通过邀请读者去发现一种被称为"丹麦"的做事方式，来建立"想象力"作为一个特定的丹麦特性。这项活动的徽标包括英国经典图标：塔桥（接近圣凯瑟琳码头）、丹麦维京船和风车——丹麦古代和现代的代表。这意图很可能代表着丹麦的部分是前往英国，精确的位置附近可以遭遇这种情况，然而指向创造性和幻想能力的口号似乎还不是很充足。尽管有这个限制，这个口号指出关注消费者的体验和指向消费者的方向，游客是被认为一个积极地在创造那些体验。当在这项活动下咨询这个由丹麦旅游局制定的概念时，就会遇到类似的印象：

想象力是一个国家——一个地区。在丹麦的生活方式、经验、产品和能力上，提出了一个舒适、有趣、不同、包容和放松的方式。这个目的是制造一个深刻的印象和留下一个标记使游客对丹麦感兴趣，创造性和创新性的丹麦提供给他们思想上的营养，一种新的观点和相关的、有吸引力的感觉（VisitDenmark，2012——自我阐释）。

在这个概念的概述中，有关于活动的实际内容很少被提及，这个活动表示的方式是为游客的反应给予了首要的关注以及目的。创造一个轻松温馨的氛围（即舒适），由每个人的东西（即包容）、很开心的空间（即快乐）和惊喜（即不同）作为活动的指导原则，构成了丹麦精神。因此，这符合经典品牌理论，它不是产品，而是关注创造出来的价值、感觉和氛围，它们可能在消费者中创造相似的感觉。然而，像奥运会这样一场高度跨文化背景下的活动，通过聆听市场具体要求而采用相应的策略是不可能的，因此它似乎有一般的奉献对创造消费者的感受和体验特殊的方法。但是关键的观察者可能会认为一些特征如放松、随意性和有趣属于旅游话语，这些话语没有将丹麦和其他地方区别开来。另一方面，丹麦人的自我认知是很好的特征（TV-2，2009），所以丹麦旅游局通过证明一个社区导向对地方品牌来表示要重视社区。看到众多的丹麦形象从热狗到乐高砖再到丹麦时装，可能很难发现到一个明确的信息，然而一个共同的特点是它们都属于一个休闲的背景。所以，如果活动管理者通过产品、表演活动和游客来成功地创造一个放松的、随意性和良好的有趣的氛围，一个完全不同的想法可能会实现。

当规划促销策略和活动时，市场适应性受到很大的挑战，活动的执行有利于实际满足游客个人和适应个人的要求。当人们访问产品，与这些丹麦人的代表进行接洽，与游客对话必然会发生，通过更广泛的感官刺激比宣传活动更能实现。同样当游客被邀请加入各种活动，对话也将发生。从事古代北欧海盗的游戏，建造在乐高积木上和练习手球跳投意味着游客履行地方销售的方面且成为他/她自己经验的共同创造者。然而，需要注意的是，维京人代表反面形象，虽然他们已经消除了其敌对意象，通过在丹麦人中重复使用连环画和食品产品以及泰迪熊，但是这可能并非如此，因为在国际市场上文化翻译需要练习。事实上，有相当多的丹麦人出席了这场活动，代表在非正式场合国际游客满足丹麦人的可能性，比如参加相同的活动。满足当地人的可能性可以被视为丹麦的一个多余阶段，但是否有任何努力有利于这次满足是未知的。此外，没有现场观测，消费者之间的关系是很难确定是否在活动中产生的，然而尤其是宽屏电视播放了丹麦运动员在奥运会上的努力似乎可能创造的消费者之间的联系和社会之间的关系，特别可能会增加消费者的体验和地方品牌的关系。

小　结

本章讨论了针对消费者的品牌策略，并放大了针对旅游市场的基于对话的运动的潜力。为了说明一点，分析了旅游品牌活动"想象力——发现丹麦精神"和消费者识别的方法。首先，应用品牌"保护伞"的方法得出结论是通过经典的旅游体验和日常消费品的组合，地方品牌活动似乎很好地转向后现代旅游者的需求，这些游客寻求额外的普通和平凡的体验。其次，采用国外的销售市场和国内社区的结合，因为国际上丹麦形象的知名成分再加上较少去进行丹麦自我认识的成分。据游客流量估计和丹麦国家电视台对其大规模的广播，在国内和国外市场中这项活动似乎已经引起关注和情绪的依恋，然而仅仅关注是否创建活动或关注是否扩展区域都是难以确定的。再次，在市场传播的努力（口号）和活动结构方面鼓励与消费者对话。因此，通过积极参与和加入丹麦活动，品尝、闻、触摸丹麦产品的努力来创造客户体验，或者在活动中会满足很多丹麦人，这些体验会在游客（他/她）离开后增加。

这项研究有助于我们了解地方品牌传播，通过突出现代地方的消费者机构和从满足消费者的需要方面来看地方品牌活动可能被支持。相比一个以独白为基础的广告活动，地方的表现方面很可能会给消费者留下一个更加迷人的印象。最后，在讽刺的事实方面值得反思，例如当前的研究同样是一个地方跟风，在另外一个地方的一个主要品牌活动表明了地方品牌的领域是一件非常混乱而且有趣的事情。

参考文献

Banyai M (2010) Dracula's image in tourism: Western bloggers versus tour guides. Eur J Tour Res 3 (1): 5-22

Colomb C, Kalandides A (2010) The 'be Berlin' campaign: old wine in new bottles or innovative form of participatory place branding? In: Ashworth GJ, Kavaratzis M (eds.) Towards effective place brand management: branding European cities and regions. Edward Elgar, Cheltenham and Northampton, pp 173-190

Cova B, Cova V (2002) Tribal marketing. The tribalisation of society and its impact on the conduct of marketing. Eur J Mark 36 (5/6): 595-620. doi: 10.1108/03090560210423023

Dahlen M, Lange F, Smith T (2010) Marketing communication. A brand narrative approach. Wiley, Chichester

Eckstein B, Throgmorton JA (eds.) (2003) Story and sustainability. Planning, practice and possibility for American cities. MIT Press, Cambridge

Ek R, Larsen J, Hornskov SB, Mansfeldt OK (2008) A dynamic framework of tourist experiences: space-time and performances in the experience economy. Scand J Hosp Tour 8 (2): 120-140. doi: 10.1080/15022250802110091

Hankinson G (2007) The management of destination brands: five guiding principles based on recent developments in corporate branding theory. Brand Manag 14(3): 240-254. doi: 10.1057/palgrave.bm.2550065

Jensen OB (2007) Culture stories. Understanding cultural urban branding. Plan Theory 6 (3): 211-236

Kavaratzis M, Ashworth GJ (2005) City branding: an effective assertion of identity or a transitory marketing trick? Tijdschrift voor Economische en Sociale Geografie 96 (5): 596-614

Larsen J (2008) De-exoticizing tourist travel: everyday life and sociality on the move. Leis Stud 27 (1): 21-34. doi: 10.1080/02614360701198030

Louro MJ, Cunha PV (2001) Brand management paradigms. J Mark Manag 17: 849-875. doi: 10.1362/026725701323366845

Morgan N, Pritchard A (2001) Advertising in tourism and leisure. Butterworth & Heinemann, Oxford

Payne AF, Storbacka K, Frow P (2008) Managing the co-creation of value. J Acad Mark Sci 36: 83-96. doi: 10.1007/s11747-007-0070-0

Pedersen SB (2004) Place branding: giving the region of Øresund a competitive edge. J Urban Technol 11 (1): 77-95

Prahalad CK, Ramaswamy V (2004) Co-creation experiences: the next practice in value creation. J Interact Mark 18 (3): 5–14. doi: 10.1002/dir.20015

Ren C, Gyimóthy S (2013) Transforming and contesting nation branding strategies: Denmark at the Expo 2010. Place Brand Public Dipl 9 (1): 17–29. doi: 10.1057/pb.2012.25

Therkelsen A (2003) Imagining places. Image formation of tourists and its consequences for destination promotion. Scand J Hosp Tour 3 (2): 134–150. doi: 10.1080/15022250310003105

Therkelsen A, Halkier H, Jensen OB (2010) Branding Aalborg. Building community or selling place? In: Ashworth GJ, Kavaratzis M (eds) Towards effective place brand management: branding European cities and regions. Edward Elgar, Cheltenham and Northampton, pp 136–156

Therkelsen A, Halkier H (2011) Branding provincial cities—the politics of inclusion, strategy and commitment. In: Pike A (ed) Brand and branding geographies. Edward Elgar, Cheltenham and Northampton, pp 200–213

Therkelsen A, Halkier H (2012) Destination branding challenges—or why getting the right umbrella can be difficult. In: Mykletun RJ, Furunes T, Marnburg E (eds.) Current research in hospitality and tourism. Fagbokforlaget, Bergen, pp 353–369

TV-2 nyhederne (2009) Vi er de sjoveste—ifølge os selv. 27 July 2009. http://nyhederne.tv2.dk/article.php/id-23956735.html? rss

VisitDenmark (2012) Imagination—en anderledes dansk markedsf?ringsplatform ved OL I London. www.visitdenmark.dk/da/danmark/imagination-ol

Uriely N (2005) The tourist experience. Conceptual developments. Ann Tour Res 32 (1): 199–216

第十二章　反思地方品牌的视觉传播：地方志的当代作用

加里·瓦纳比 *
（Gary Warnaby）

[摘　要] 本章认为，在以市场营销为目的城市范围中，地方志具有潜在作用。通过一个探索性案例的调查研究，对位于英国西北部的利物浦市如何在视觉上表现在三家机构的宣传材料中，对它的市场负有一些责任。三家机构市场营销的宣传材料上是如何将其形象化的，可以将其归类为城市的方志分析。本章通过内轮廓法和间接法的分析突出了背景，并重视结构的关联性，它可以被看作提喻。本章总结了一些建议，可能表现在地方志的营销信息和对城市的地理信息系统技术的进展所产生的影响的讨论上。

引　言

本章分析了在城市品牌和营销中，地方志的潜在作用。在涉及城市地区的品牌营销活动时，特别提到其含义。地方志与地理和制图（即制作地图的研究与实

* G. Warnaby（✉）
School of Materials, University of Manchester, Sackville Street Building,
Oxford Road, Manchester M13 9PL, UK
e-mail: Gary.warnaby@manchester.ac.uk

M. Kavaratzis et al.（eds.）, *Rethinking Place Branding*,
DOI 10.1007/978-3-319-12424-7_12

践）密切相关且交织在一起。然而，尽管它的历史贡献意味着以（尤其是城市）地方作为代表。通过比较，它似乎被忽略。Gregory（2009，p. 82）把地方志作为代表西方地理调查的最古老传统。然而地理学与地方志仍有所区别，前者往往将世界看作一个整体，而后者则是关于世界上一部分地区的描述（Casey，2002）——通常是一个城镇或是一个城市，也可以包括行政区，有时是整个地区（Frangenberg，1994；Nuti，1999）。

地方志与地理学的差别不仅在于级别上，而是在于表现形式上，在于地理学被认为更为科学，而地方志在地方的表述方面有更为主观和审美的描述。Casey提出了地方志作为一种混合地图和景观绘画，即通过将地方作为准地形标的物，来完成一个扩展的远景和地平线（2002，p.159）。因此，通过欧洲文艺复兴时期的第 14 个到第 17 个世纪，这样的地方代表性的表现可能会被认为更像是风景画，而不是像我们今天所了解的那样。Casey 指出，在这一时期，制图和山水画家自由交换角色，在任何情况下相互影响深刻（2002，p.159）。这就影响了一个特定的地方的特定字符或天才位点（即"精神的地方"）传达。Casey（2002，p. 167）认为地图和绘画的区别是，地图的最大部分代表地方，而山水画代表的地方从本质上讲，具有争论性，与之相比，同样的对比可以是在地理和方志之间的基本区别：

地理学将地球表示在一个单一的空间，减少了地方的点或位置，是包含，作为位点以任何这样的空间已经扩展到具体的地点。对于方志学者，甚至一个地区是通过组成的地方，并不是简单的一个空间……（2002，p.167）

如果按照上述建议，地方志已被视为代表和沟通一个地方的一种独特性手段，那么可以说有很多共鸣的地方品牌，在这种情况下，为了提高某一地点的竞争地位，有一个至关重要的因素，如 Kavaratzis 和 Ashworth（2008，p.154）所讲，应该被发现或创造出独特性。在 Colomb 与 Kalandides（2010，p. 175）看来，地方品牌具有双重目的：形成一个"独特的销售主张"，在确保能见度外，并加强地方对内部的认同。鉴于这种集中的地方品牌活动，可以说，地方志可能不只是专家对历史的兴趣，但可能要发挥一种更现代的作用，在某种意义上说，地方志的原理可能在一定范围内预示地方品牌最佳的直观效果。

本章以一个简短的历史来展示地方志及其相关技术是如何用于已被描绘的城镇和城市的，在许多情况下，可以随意地被描述为"宣传"的目的。然后，它提供一个简要概述城市地区是如何在当前地方的市场营销/品牌活动的城市地方作为代表的。接着给出了实际的方志，在当代语境中的应用探索性调查，通过对英格兰的西北部利物浦市的分析，在三家机构对其市场营销/品牌上一些责任的宣传材料的视觉表现上，其中一些城市可以分类为画像方志分析。本章总结了一些建议，可能会对更好地了解地方志的营销信息的形象化内容提供一些原则。

地方志——简要的历史

Frangenberg（1994，p.41）描述的"地方志"这个词语具有两种含义：①描述一个城市或其他任何地方的一个城市或一个城市的规划环境地理学（通常称为"方志"）；②指的是艺术制定这样的意见或计划。这种做法通常存在于文艺复兴时期，它的主要表现是城镇的规划图，以单独纸张售卖，以及包括在书籍中收集。这样的书籍也将地方纳入书面说明，结合地形、历史和地理（Delano-Smith and Kain，1999）。

这些城镇的规划图用两个主要的替代方法表示——轮廓和倾斜。Nuti 把剖面视图感知的城市/城市从非常低的观点采取一个距离，具有广泛和开放的视野，并且由空间占用的图案空间的比例显著（1999，p.98）。倾斜视角表现更为全面，从一个上升的角度来看，在一个距离内，如周围的山上，为了把握城市形态（1998，p.98）。Frangenberg（1994）指出，斜视角志代表从上面看到的区域，被认为包含更丰富的信息。Cosgrove 认为通过这种鸟瞰图可以得出：

城市像一个剧院一样呈现出来，从一个高架点观察，在很大程度上摆脱了局限性，在一个角度足以揭示其计划模式的街道、广场和开放空间，以及其主要建筑物和纪念碑的高度。可以肯定的是，距离没有足够接近它的生命，被描绘成行人、马车，在公路和水路货运、船舶、城市立即清晰连贯的社区（2008，p.176）。

Cosgrove（2008，p.175）认为这些地方志构成了一个独特的地图类型，而且很大程度上是成功的，它将一个城市复杂的社会与空间整体性在一纸之上表现出来。很大程度上，它像是当地品牌活动。如上所述，地方志与现在城市地图概念不同，然而 Delano-Smith 与 Kain（1999）指出从中世纪早期开始，地图概念与测绘实践在广泛的背景范围内，有一个地方与普遍接受的地图和那些传统上被归类为一个地方的照片存在一种流体描述之间的边界。的确，制图学与艺术之间的关系仍是辩论的主题（见 Cosgrove，2005——作为具体测绘实例的艺术，Harmon，2004，2009）。地方志作为城市的表现形式，在文艺复兴后开始式微。Cosgrove（2008，p. 172）认为，城市地图通过城市图解变得更加冷漠，而传统上将城市表现为一个公共空间。

轮廓图与侧面图被现代地图视角所采用（根据 Campbell，1993，一种观点认为每个点都可以从上往下观察），更为严重的是，未被修饰的表现风格被采用，反映在地图上是越来越多的分析而非合成起来（Cosgrove 2008，p. 177）。他们的强调使城市更加清晰明了。

尽管如此，Nuti（1999，p. 102）指出，文艺复兴时期后，将城市以整体形象化的探索仍在继续进行，并以不同的方式表现出来。16 世纪到 17 世纪，城市规模的增长导致了多个视图的产生，为了代表城市的发展，每个视图在时间或空间上探索着不同的体验。并认识到城镇/城市是一个复杂的对象，它必须被隔开，进行多角度研究，在不同的模式下，如构成复合板上的一个小镇的不同的图像被记录在其他知识中，提供不同的可能性（1999，p.105）。这些表现的城镇和城市，往往包括复杂的组合的平面图，在表现方法上使用轮廓和倾斜的角度，以及全球和部分地区角度的地方：与当代地方宣传材料中使用的拼贴法有明显相似之处（Gold，1994）。另一个表现是全景，在 19 世纪以新兴的工业城市为代表的一种手段变得非常流行（Comment，1999），利用技术进步，如暗箱和后期摄影。

本章接下来的部分将通过对以市场营销为目的的当代城市场所的图像来思考这些问题。——换句话说，试图揭示 Hunt（2005，p.4）所称的城市 USP（Unique Selling Proposition，独特的销售主张），通过审美的眼光，构成城市的意义。这样试图以这样一个因素将地方区分开来，自成立以来，可以说是推动了城市的营销活动（Kavaratzis and Ashworth，2008）。

城市营销和品牌活动中的视觉位置表现

代表着实际的/潜在的用户群体——居民、内部的投资者、游客等——服务于社会和经济的各种目标，是一个城市地方市场重要的营销要素。Ward 和 Gold（1994，p.2）定义了推广宣传和营销沟通的具体地理位置或区域选择性图像，以及目标受众的意识拥有共鸣的地方志。然而，不一定是创建和传达一个整体形象（Nuti，1999，p.102），这是当代地方志的目的，营销代表往往是选择性的（Griffiths，1998；Hall，1998；Holcomb，1994；Sadler，1993），特点是将一个地区的积极方面强调加重而将消极方面进行遮蔽处理（Short，1999）。也许基本上通过我们的眼睛来反映人们对环境的基本认知（Porteou，1990；Ingold，2000，2011），Hubbard 和 Hall 认为在营销/品牌营销的背景下，一个地方可以由大量的图像与表现构成（1998，p. 7）。Kotler 等（1999，p. 171）认为视觉符号的使用在地方市场营销中的应用十分突出，并且事实上，在地方品牌与营销上有显著的重点，即创造视觉上吸引人的信息和沟通形式（Gold，1994；Ward，1998）。

在城市营销活动中，视觉的重要性已被 Hospers（2009）详细考虑在内。他通过借鉴 Lynch（1960）和 Urry 的成果，创造出了不同的效果，然而，在这个问题的观点上，具有互补性。因此，他认为，Lynch 的工作（从规划角度）是把城市主要视为一种形象，在主要构成中，建筑环境有五个要素：路径（即通道人流移动）；边缘（即清晰的过渡区和边界）；区域（即具有鲜明特征的城市）；节点（即战略交会点）；地标（即作为公共参考点的物理对象）。Urry 的观点"游客凝视"是从社会学的角度来看，Hospers（2009，p.228）建议将城市塑造为一个图形图像，说明这不足够作为一个城市形象的载体，在建筑环境中，重要的是这些都是拍照、转载和通过媒体传播。这将创造预想的元素，想象和期望的地方，源自它是如何描绘的。Hospers 接着说，这些来自不同角度的见解可以作为城市营销的经验。因此，他建议，如果（据 Lynch）建成的环境影响我们对城市感知的视觉，然后那些负责城市营销/品牌活动应更多地考虑其重要性"表象"的发展活动，通过建立显著的"标志物"可以凝视（通常这些是同一元素的建筑环境）。

共鸣点使以上关于固有选择性在许多地方有营销、品牌信息，然后那些负责营销的地方有一定的自由去选择他们的城市特点，这应该被强调［当然，根据 Short (1999)，强调过程中的积极部分］。这个编辑过程的结果可能是拼贴式的方法，许多地方的营销信息在一个地方属性的范围显著 (1991)。

Hospers (2009, p.230) 强调识别对象与地点在城市景观中是如此重要，它可以供人们拍照。如果一个城市没有让人们想象到景观特色，那么城市营销活动将变成一个艰难的工作。在地区营销/品牌文化中一个重要的主题是分化的必要性，而且有这样一个共识，许多地方的营销活动在具体地区个体的交流方面收效甚微，这些在 Fitzsimons (1995) 的 "序列相同" 的概念里总结得出。鉴于此，也许对地方采用精确描述其强调作为一个整体，在地势角度更有优势 (Frangen-berg, 1994；Nuti, 1999) ——在考虑城镇和城市如何以视觉效果代表地方的营销活动，以更有效地沟通现实和体验城市环境的方方面面呢？

在地方营销/品牌的背景下视觉代表的地方志的探索性研究

本章接下来的部分将考虑一些问题，这些问题以 2010 年由利物浦营销部门负责的宣传材料作为地方志探索性研究为背景，该部门位于北西英格兰：Liver-pool Vision (LV)、默西合营公司 (TMP) 和利物浦的商业区合营公司。LV 是这个城市的经济发展公司，专注于发展强大的、可持续的经济，可以在国际市场上比以往任何时候都更有效地竞争 (Liverpool Vision, 2010)。默西合营公司的使命是与更广泛的利物浦市区 (现在称利物浦市地方企业合作公司)，当时表述为：建立一个动态的合作关系，争取利物浦市地区成为一个投资的好去处，使生活、工作和旅游得到更大的回报 (默西合营公司，2010)。空间汇合利物浦的商业区 (LCDP) 合营公司，正式组成一个商业改善区，这必然是狭隘的，集中在一个城市特定的区域内，利益相关者努力改善贸易环境，鼓励在区域和公共部门的合作伙伴的工作，最大限度地提高未来几年提供利物浦市的独特机会投资 (利物浦商业区合作，2010)。本次调查的第一阶段，包括城市在文学和网站宣传机构上使用的这些画报代表的内容分析。Gold（1994，p.20）指出，在一个地方，大多数研究人员在研究媒体信息时，进行某种形式的"内容分析"，只是这作为第一步。这种情况下，图示表示分类的主要场所元素描述（即内容），还有数量（即在特定出版物的时间元素的数量表示）。在此之后，一个小团体的图画，被归类为更公开的方志，在某种意义上，他们所描绘的城市或地区利用一个城市或其他形状的角度作为明确相关结构的一个重要组成部分，往往将提高优势。这些陈述之后再进一步分析其方志性质的关系。

内容分析

宣传机构在城市的宣传文献中的形象化表现表明（例如，企业机构生产的小册子，经济大纲/评论）反映到某种程度上它们的具体结果（特别强调，例如，在 TMP 出版物工作），并符合 Hospers（2009）作为一个建筑形象的概念城市，一个城市的建筑也许是一个重点必然赋予的"标志性"性质的城市的海滨和一些靠近的建筑物（见表 12.1）。有 19 幅图片，可以分类为方志（如上所述）。

表 12.1 每个类别图片的小册子数量的内容分析

图案主题	LV 公司宣传手册	TMP 公司宣传手册	LCDP 公司宣传手册	LV 公司经济大纲[a]	TMP 公司经济评估
方志编写技术[b]	1	5	6	7[c]	1
基础设施/运输/能源	—	3	—	2	3
科学（即高技术产业）	—	3	—	2	1
工作人员[d]	2	2		6	3
商务网络/会议	—	13		3	—
代理制作的广告材料	1	4		1	—
通用的体系结构	1		2	1	—
城市建筑结构	5	—	15	25	3
文化条款	—			8	1
购物/零售	1		1	4	—
休闲/运动	2	2	4	6	

注：a. 这些图片是蒙太奇格式——每个图片部分在蒙太奇格式中已算作一个单独的项目；
b. 一些图片包括在高层建筑中的城市天际线的视角；
c. 这其中包括上海的一个形象，利物浦在 2010 年上海世博会；
d. 即"通用"的图片，在正常检查中，公司/位置/结构上不容易连接到城市。

　　在三个网站中注册的城市的图片表示机构也有类似的内容分析（见表 12.2）。与印刷宣传相比，网站上的主题事项范围属于更为有限的材料，特别是在建筑结构中最受欢迎（10 幅图片和交流的地方特色），其次是方志的陈述（5 幅图片）。

表 12.2　每个类别图像的网站数量的内容分析

图案主题	LV 网站	TMP 网站	LCDP 网站
方志编写技术 ª	2	3	—
基础设施/运输/能源	—	—	1
科学（即高技术产业）	—	—	1
工作人员 ᵇ	3	—	1
建筑属性 ᵇ	—	1	—
城市建筑结构	4	2	4
休闲/运动	—	2	—

注：a. 这些图片中的一些图片包括在高层建筑中的城市天际线的视角；
　　b. 即"属性"图像，在公司/位置/结构上不易与城市正常检查相联系。

方志的表现分析

　　这些图片为展示方志特点进行进一步分析。Gold（1994）确定各种问题，在分析地方的宣传图片中，使用那些图片可以被描述为艺术历史方法，说明没有现成的分类体系，那它已经对尝试（如 Barke and Harrop，1994）框架进行了一定的倾斜。尽管如此，Gold 也指出，在现存的分析方法的潜在效用中，本章建立在这些识别图片内容上，也包含了有关地方志方面，如表示方法（即斜剖面），以及在何种程度上表现为"全景"，此词语的起源术语来自希腊语的一个包罗万象的观点（Adams，2003，p. 22）。

　　关于内容，小册子中的 19 张图片中有 13 张精选城市的海滨图片，有独特的皇家利物浦大厦（也有更多的城市天际线的图片的进一步的特色）。码头已成为城市的发展中心，滨水区是一种被广泛使用的图片，一组建筑包括皇家利物浦大厦、丘纳德大厦和利物浦港务大厦统称为"美惠三女神"，被视为一个城市的海事历史的符号（见图 12.1）。本章重点是方志表示对网站更明显，本章 5 张中的 4 张图片展现的是与海滨以及相关的建筑环境。

图 12.1　美惠三女神

资料来源：笔者提供。

　　在使用数量有限的城市元素的宣传材料中表明提喻法的存在，Lanham（1969，p. 97）将其描述为部分替代整体，对属的物种或反之亦然。因此，地方建筑的特点具有很强的关联性（Warnaby and Medway，2010），如在这种情况下，墩头码头（具体见图 12.2 展示的皇家利物浦大厦）可以看作明确尝试去创造和沟通地方分化。这样，这些结构几乎成为一个"速记"表现的城市，确实，Turok（2009）已经确定建筑环境作为一个重要的潜在来源的地方性城市。这也很明显，关于天主教和圣公会教堂，其轮廓也构成城市天际线的独特元素（见图 12.3 和图 12.4）。事实上，一个使用特定的视觉修辞是这些结构的夹杂物（也称艾伯特码头）在城市天际线表示通过办公室/会议室在高层建筑的窗户看到，也许可以把这些建筑的"标志性"的性质与通常的业务发展的信息试图创建一个地方的感觉，从而分化从其他竞争城市的资本化后的遗产和建筑环境。一些海滨的图片（特别是那些使用天线斜视角）显示在默西河和两幅图片中的突出部分是邮轮，再次彰显了城市的海洋遗产。据 Ward（1998）分析，传承与创新并存是后工业城市营销的一个重要主题，而利物浦也不例外，航空影像在宣传册和网站描绘重建的空间范围内的城市，也说明了一些标志性的建筑环境遗产元素相对于其他城市的位置。

图 12.2　利物浦大厦

资料来源：笔者提供。

图 12.3　罗马天主教教堂

资料来源：笔者提供。

图 12.4　圣公会大教堂（希望街）

资料来源：笔者提供。

　　"地方志"表示使用斜面和轮廓模式。这座城市的航拍照片被大多数出版物使用是为了说明它的空间范围，同时明确突出地形（与滨水区和默西河做特别参考）。这些图像采用倾斜模式，在这 9 张图片中的 7 张图片里使用一个高斜投影，而不是相对低的倾斜使用在其他图片。Campbell（1993）区分它们，在高斜空中图片包括地平线，而在低斜空则不包括。鉴于城市的特色建筑，分布广泛用于试图通过强调城市的天际线作为一个整体，创造差异化，建成环境的元素和/或（有较强的关联性）方志宣传册图片中的 9 张图片以及网站中的 3 张图片。

一种高倾斜表现方法的使用，特别是航拍照片，有利于城市的一个更公开的全景投影，通过其尺寸突出展现出了更显著的特点。这些全景表示（所有都出现在小册子中），包括全页或两张页面大小。海滨的"标志性"性质，提供了令人印象深刻的形象与欣赏全景的机会，结合其强大的关联特性，进行资本化后，特别是在利物浦愿景经济招股说明中，这样一个形象（包括正面和背面的）被一个单一的连续的图像覆盖。

小　结

本章试图说明地方志概念如何通过城市表现影响营销和品牌，对影响城市的市场或者品牌基础的基本选择原则的识别可能带来更多的有效市场信息，特别是有关创造性的地方特色，假如还有更重要的一方面的话（Turok，2009）。

地方志的目标就是传达一个乡村或者一个城市本质（Frangenberg，1994；Nuti，1999）的精确的、有益的、积极的一面，与现代更多城市营销活动产生了共鸣。此外，鉴于插图在推广中的重要性（Gold，1994；Hubbard and Hall，1998；Kotler et al.，1999），图形表示的有效使用可能是一个强有力的营销工具。霍思伯斯表明了一个城市印象的重要性，并且其清晰化的标志将会从可视化的特征中得到提升（特别是关于建筑环境），对城市景观的对象和场合的选择将会高度提升市场或者品牌活动。

对利物浦在印刷和在线促销的探索型分析表明，哪里有强烈的关联性能的现象，那么在那里描述市场营销的现象时，这些潜在的提喻应该被资本化处理。用于对城市轮廓的详细描述，或者是作为对照片和商标剪影的轮廓法是一种常用的方法，Medway（2008，2010）强调了建筑环境位置标识特征的作用，每一个地方都有其独特的和可标识的建筑特征环境，然后它们可用于交流地方特色。在市场和品牌中通过机构负责的商标已经包含了它独有的特征。因此，如在2008年欧洲文化节上展示代表利物浦城市名称的标识时，使用了一个可以通过轮廓辨别的独特建筑的侧面（见图12.5）。

图 12.5　利物浦 2008 标志（标志性建筑剪影）

资料来源：《营销利物浦》，允许使用。

地方志理论表明，如果目标是给人们呈现一个详细的印象，即对一个城市的区域更强烈的体验感，那么斜视角是更合适的选择（Cosgrove，2008）。在此，可以说，根据图片的主要目的，选择高或低的倾斜角度可能是重要的。因此，如果目的是强调城镇/城市的领土范围，较高的斜视角强调全景可能更合适，而低斜的角度给出了一个"在街道上生活"的更详细的印象。这与 De Certeau（1984，pp. 91-93）的"全景城市"从上面的视角对比，而不是住在"下面"的城市普通从业者，下面的水平从能见度开始。从以上视角出发的城市，De Certeau 认为是"摆脱城市的局限，将迷人的世界［即城市的街道］，对地方品牌视觉传达的重新思考"，人们眼前被一个内容所占据（1984，p.92）。然而，De Certeau 认为城市的真实体验发生在"下面"，尤其是那些步行的公民，他描述了这个城市的经验的基本形式（1984，p.93）。

代表城市特质（在诸多事物中用于地方营销）在过去一直是个问题，但在技术方面的进步是促进更准确地描绘城市，更明显的体验方式，给一个更现实的（互动）的存在实际视觉经验的印象。这方面的一个例子是在谷歌地球中关于三维城市景观的结合，你可以看到整个城市的建筑物和地形，属于完整的三维表示。三维图像提供了一种身临其境的体验，就像你在城市上空飞过所观察的那样（Google，2014）。De Certeau（1984）有一个"全景城市"的概念，这一经验（尽管是虚拟的）也可以结合在地下水位以下的经验作为一个从谷歌地球到谷歌街景的视图（即从高处斜、通过低斜、进行轮廓投影）。

潜在的地方营销应用是显而易见的，虽然它们目前仍保持在初级阶段。正如一位评论员所说（引述一位来自谷歌的代表人士）：

三维城市看起来很漂亮，但这类技术的实际收益是什么，除俯视旧金山或伦敦之外，去炫耀智能手机或平板电脑？

"在幕后，这对未来的应用非常有价值，比如增强现实"，［谷歌代表］Parsons 说道。"它带给你将信息附加到三个维度中的对象的能力。例如，我现在坐在 SoHo 区办公室的第六层，这是三维信息。越来越多的映射会越来越多体现在三维在线，以及在移动设备上。"（Dredge，2009）

因此，在未来，城市地方的网上代理人将有设施并进行更大程度的互动，以获取地方产品有关要素更多信息的能力（如文化设施等）。仅仅通过点击一个建筑的标识，它们就可以定位一些三维全景的城市，从而带来了一个全新（超现实）程度的经验代表性的城市。在信息内容和交付方式的两个方面来确定目标受众，作为进一步成熟的研究。

参考文献

Adams C（2003）Between the angels and the beasts. In: Anderson E（ed）The impossible view. The Lowry Press, Salford, pp 16–23

Barke M, Harrop K（1994）Selling the industrial town: identity, image and illusion. In: Gold JR, Ward SV（eds）Place promotion: the use of publicity and marketing to sell towns and regions. Wiley, Chichester, pp 93–114

Campbell J（1993）Map use and analysis, 2nd edn. Wm. C. Brown Publishers, Dubuque

Casey ES（2002）Representing place: landscape, painting and maps. University of Minnesota Press, Minneapolis

Colomb C, Kalandides A（2010）The "be Berlin" campaign: old wine in new bottles or innovative form of participatory place branding? In: Ashworth G, Kavaratzis M（eds.）Towards effective place brand management: branding European cities and regions. Edward Elgar, Cheltenham, pp 173–190

Comment B（1999）The painted panorama. Harry N. Abrahams Inc., Publishers, New York

Cosgrove D（2005）Maps, mapping, modernity: art and cartography in the twentieth century. Imago Mundi 57（1）: 35–54

Cosgrove D（2008）Geography and vision: seeing, imagining and representing the world. I B Tauris, London

De Certeau M（1984）The practice of everyday life（trans: Rendall S）. University of California Press, Berkeley

Delano-Smith C, Kain RJP（1999）English maps: a history. The British Library, London

Dredge S（2009）Google unveils 3D cities in Google Earth and offline Google Maps for Android.

The guardian apps blog（6 June）. http：//www.theguardian.com/technology/appsblog/2012/jun/06/google-maps-3d-street-view1. Accessed 7 June 2012

Fitzsimons DS（1995）Planning and promotion：city reimaging in the 1980s and 1990s. In：Neill WJV, Fitzsimons DS, Murtagh B（eds.）Reimaging the Pariah city：urban development in Belfast and Detroit. Avebury, Aldershot, pp 1-49

Frangenberg T（1994）Chorographies of Florence：the use of city views and city plans in the sixteenth century. Imago Mundi 46：41-64

Gold JR（1994）Locating the message：place promotion as image communication. In：Gold JR, Ward SV（eds.）Place promotion：the use of publicity and marketing to sell towns and regions. Wiley, Chichester, pp 19-37

Google（2014）3D imagery in Google Earth. https：//support.google.com/earth/answer/2661942？hl=en. Accessed 10 March 2014

Gregory D（2009）Chorology/chorography. In：Gregory D, Johnston R, Pratt G, Watts MJ, Whatmore S（eds.）The dictionary of human geography, 5th edn. Wiley-Blackwell, Chichester, pp 82-83

Griffiths R（1998）Making sameness：place marketing and the new urban entrepreneurialism. In：Oatley N（ed）Cities, economic competition and urban policy. Paul Chapman Publishing, London, pp 41-57

Hall T（1998）Urban geography. Routledge, London

Harmon K（2004）You are here：personal geographies and other maps of the imagination. Princeton Architectural Press, New York

Harmon K（2009）The map as art：contemporary artists explore cartography. Princeton Architectural Press, New York

Holcomb B（1994）City make-overs：marketing the post-industrial city. In：Gold JR, Ward SV（eds）Place promotion：the use of publicity and marketing to sell towns and regions. Wiley, Chichester, pp 115-132

Hospers G-J（2009）Lynch, Urry and city marketing：taking advantage of the city as a built and graphic image. Place Brand Publ Dipl 5（3）：226-233

Hubbard P, Hall T（1998）The entrepreneurial city and the 'new urban politics'. In：Hall T, Hubbard P（eds.）The entrepreneurial city：geographies of politics, regimes and representations. Wiley, Chichester, pp 1-13

Hunt T（2005）. Cities of the mind. The GuardianG2. 25 Oct, pp 4-5

Ingold T（2000）The perception of the environment：essays on livelihood, dwelling and skill.

Routledge, London

Ingold T (2011) Being alive: essays on movement, knowledge and description. Routledge, New York

Kavaratzis M, Ashworth G (2008) Place marketing: how did we get here and where are we going? J Place Manag Dev 1 (2): 150-165

Kotler P, Asplund C, Rein I, Haider D (1999) Marketing places Europe: attracting investments industries, and visitors to European cities, communities, regions and nations. Financial Times Prentice Hall, Harlow

Lanham RA (1969) A handlist of rhetorical terms. University of California Press, Berkeley
Liverpool Commercial District Partnership (2010) Home. http://www.liverpoolcdp.com/index.asp. Accessed 27 Oct 2010

Liverpool Vision (2010) Liverpool Vision-about us-introduction. http://www.liverpoolvision. co.uk/aboutus/aboutus.asp. Accessed 27 Oct 2010

Lynch K (1960) The image of the city. The MIT Press, Cambridge

Nuti L (1999) Mapping places: chorography and vision in the renaissance. In: Cosgrove D (ed) Mappings. Reaktion Books, London, pp 90-108

Porteous JD (1990) Landscapes of the mind: worlds of sense and metaphor. University of Toronto Press, Toronto

Sadler D (1993) Place marketing, competitive places and the construction of hegemony in Britain in the 1980s. In: Kearns G, Philo C (eds.) Selling places: the city as cultural capital past and present. Pergamon Press, Oxford, pp 175-192

Short JR (1999) Urban imagineers: boosterism and the representation of cities. In: Jonas AEG, Wilson D (eds.) The urban growth machine: critical perspectives two decades later. State University of New York Press, New York, pp 37-54

The Mersey Partnership (2010) About us. http://www.merseyside.org.uk/displaypage.asp?page= 1. Accessed 27 Oct 2010

Turok I (2009) The distinctive city: pitfalls in the pursuit of differential advantage. Environ Plan A 41 (1): 13-30

Urry J (1990) The tourist gaze: leisure and travel in contemporary societies, 2nd edn. Sage, London

Ward SV (1998) Selling places: the marketing and promotion of towns and cities 1850-2000. E. & F. N. Spon, London

Ward SV, Gold JR (1994) Introduction. In: Gold JR, Ward SV (eds) Place promotion: the use of publicity and marketing to sell towns and regions. Wiley, Chichester, pp 1–17

Warnaby G, Medway D (2008) Bridges, place representation and place creation. Area 40 (4): 510–519

Warnaby G, Medway D (2010) Semiotics and place branding: the influence of the built and natural environment in city logos. In: Ashworth GJ, Kavaratzis M (eds.) Towards effective place brand management: branding European cities and regions. Edward Elgar, Northampton, pp 205– 221

第十三章 反思地方品牌化和"其他" 感官

多米尼克·梅德韦 *
（Dominic Medway）

[摘 要] 地方品牌化是一种显著的视觉现象，但是其他感官是什么呢？嗅觉、听觉、味觉和触觉在人类的导航和消费空间以及空间中扮演何种角色？本章探讨了这些非视觉性感官可以（或者能够）在地方品牌中起到的作用。虽然，有一个显然的机会使所有感官都参与到地方品牌化活动中，大多都聚焦于视觉，最多只有一个或者两个其他感官。有人认为，随着区域营销从业者旨在刺激五种感官，当它们参与到地方品牌化活动中时，一个更加全面的方法是必要的。这很可能向为地方品牌化努力的人（最终是区域消费者）传达一个更加丰富的经验。

引 言

地方品牌化活动初看是一种很视觉的现象。以前的文献指出，独特的自然特征（如具有辨别性的河流曲径平面图，著名的山脉和岛屿海岸线的轮廓），以及

* D. Medway （✉）
Manchester Business School, University of Manchester, Booth Street West,
Manchester M1 3GH, UK
e-mail: Dominic.medway@mbs.ac.uk
© Springer International Publishing Switzerland 2015
M. Kavaratzis et al. (eds.), *Rethinking Place Branding*,
DOI 10.1007/978-3-319-12424-7_13

标志性建筑如埃菲尔铁塔和勃兰登堡大门，在地方品牌的传播和标志中是很常见的（Warnaby and Medway，2010）。此外，视觉特征的选择曾经代表一个区域的标志形式，有时可以作为市场营销者的愿景（考虑中的区域）的隐喻性的缩写。特别是桥梁似乎是服从于这个观点的，在地方品牌化运动的插图中经常出现。在这里，它们代表了一个关于"联"隐喻的一种有效的可视化表示，通常是一个符号将两个社区连接在一起——在区域营销中有一个共同的主题，例如 Halton（英国的城镇和威德尼斯合并）和英国的 NewcastleGateshead 计划（Warnaby and Medway，2008）。在地方品牌化努力的过程中占据主导地位的视觉也延伸到了排版上。Warnaby 和 Medway（2010）讨论了一个关于比萨旅游局（APTPISA）的标识的典型的案例，其中斜体和红色的字母"I"成为比萨斜塔的代表。以上所代表的是一种视觉区域现象和地方品牌化材料关系的符号模式。

在地方品牌化中视觉占主导地位是不足为奇的，事实上它是我们如何主要地进行导航和消费空间和区域的指标。通常，我们所有的感官都参与到这样的活动中，但视力起主要作用。Porteous（1990）认为视力是"常识"，提供我们周围世界 80%的知识。同样地，Drobnick 指出，虽然任何空间体验姿态的理论家通过所有感官理解区域是必要的，类似通感和"同时感知"是必须要求的，许多忽略了跟进和探索这类言论的衍生物，只是重申，最终，形成一个集中在视觉论者和推论模式的方法论（2002，pp.32-33）。

因此，有人认为我们处理更全面的空间信息能力已脱敏，我们已经失去了Berger（1987）指出的"集中看"的能力。换句话说，给我们生活提供重要信息的非视觉感官往往被视觉感官排挤出去。在这种情况下，风景可以成为"风景"（Porteous，1990），其中，大自然可以被视为庇护所，抚平和抑制声音、气味、味道和由质地像毯子一样的雪构成的错综复杂的空间地形。这样看来，非视觉感官信息似乎是作为习惯的一部分潜意识地处理日常生活，只有在尤为突出，陌生的，或如果有愉悦或潜在的危险的时候才会引起我们有意识的注意（Truax，1984；Henshaw，2013）。

从一个地方品牌化的角度看，强调视力和视觉的重要性会使一个以眼睛为中心来设计区域的方案恶化，尤其是城市地区（Sennett，1994）。这里，在建筑和规划过程中视觉往往占据优先地位，同时这削弱了我们评估质量的能力，并且减少了机会，其他感官可能出现在环境体验中，接着是出现在城市营销中。在城市设计中的视觉的持久主导地位，以及相关的视觉概念，如远景和角度，强调了在塑造城市形态中关键个体和团体的作用，它们持续遗留在我们主要的全球化城市中，包括 Hausmann 在巴黎的工作和在美国的城市美化运动。后者从视觉形式的新古典主义和 Beaux-Arts 设计中获得建筑线索，并且在外观中有持续的影响力，像华盛顿、芝加哥和底特律这样的城市（Bluestone，1988）。

然而，非视觉感官为我们提供了生存环境不同的，但往往是十分关键的信息。它已经被证明了，例如，听到的声音，深刻地影响人类的认知（参见例如，Schafer，1977a；Truax，1978，1984；Davies et al.，2007；Payne，2008）和在特定业务上下文中的行为（参见例如 Milliman，1986；Yalch and Spangenburg，1990；Hui et al.，1997；Oakes and North，2008）。同样，嗅觉已经被证明与记忆和怀旧的区域体有很强的联系（Porteous，1985，1990；Rodaway，1994；Henshaw，2013）。味觉和触觉同样在我们如何进行导航、理解和评估区域中发挥作用。因此，非视觉感官能够提供一个拟真的并且富有经验印象的环境（Drobnick，2002；Zardini，2005；Pallasmaa，2005；Henshaw and Mould，2013），Porteous（1985）提出对照理性联想而言应该唤起更多的情感联想。尽管如此，相对较少的研究探讨了区域和其他感官之间的关系，特别是从市场营销角度出发的。正如 Porteous（1990，p. 5）所说：

从景观上来说视觉与我们有间隔；这很容易脱节。其他感官模式并非如此，尤其是嗅觉和触觉。然而，除了听觉，这些其他感官在城市文明建设中越来越被忽略。然而视觉景观已经被分析透彻了，非视觉感官模式在"景观分析"中却很少被注意到。

本章探讨了非视觉感官在地方品牌中起的作用，在此情况下，超越自然景观概念的移动作为一个主要的视觉结构，将更广泛的感官的鉴赏和对区域的理解结合在一起。这符合地方品牌化和"其他景观"的概念，或更具体的如"嗅景""音景""味景"和"触景"（Porteous，1990）。

嗅觉和地方品牌化

许多地区有某种物体的气味，虽然居民不总是注意到这点，因为他们已经习惯了（Engen，1982）。然而，气味通常被到访者用来辨别一个地方，Porteous（1990）通过分析游记和传记中生动叙述地方的味道来论证了这一点。对居民而言，虽然味道可能不是被有意地加工过，但它还是潜意识地发生了，尤其是嗅觉受体直接链接到大脑的边缘系统（Gloor，1978）。Porteous（1990）还认为我们使用的与嗅觉相关的语言通常偏向于负面（臭气、发臭、恶臭、刺鼻的、肮脏的、发出难闻气味的），同时积极的词较少（芳香的、香味的、兴奋的）。同样地，当我们谈及嗅觉和区域时，出现某些例外，事实上它们通常好像闻起来很糟糕。城市，尤其是有悠久历史的城市有令人不愉快的气味（Classen et al.，1994；Cock-ayne，2007；Reinarz，2013）。在过去，这一般与不卫生的环境有关，这种不卫生的环境是由于人们生活在靠近没有适当的污水处理处形成的。在这方面，伦敦在 1858 年发生了伦敦大恶臭，在当年炎热的夏天，人类的废物流入泰晤士河使得泰晤士河臭气熏天，在下议院的议员被邻近的河流的臭味压制了。作为回应，在几个月内议会通过了一项法案来建造一个下水道系统，这是由 Joseph Bazal-gette 设计的（Halliday，1999）。富裕的居民学会用一种更个性化的方式来处理令人不愉快的城市气味问题，女士们和先生们都携带一种调味品——镀金的小盒子里装着一块充满芳香的海绵，避开恶臭的城市环境。在城市中令人不愉快的气味也影响着城市设计，尤其是在工业化出现之后，越来越多的人思考如何将工业的气味从居民区中转移出去。一个著名的例子是，虽然从来没有完全实现，线性城市设计——在 19 世纪首先由 Arturo Soriay Mata 为马德里设计出一部分，后来在 20 世纪 20 年代末由苏联的设计师 Nikolay Milyutin 做进一步提升。在嗅觉方面，关于土地使用，城市将被设计成平行线，如此设计以至于盛行风将从住宅区吹向工业地带，同时确保居民不受工业恶臭的影响。

从另一个角度来看，19 世纪和 20 世纪工业城镇的气味与经济进步和财富创造相关，Barke 和 Harrop（1994）认为那些负责工业城镇营销的人并不总是试图掩盖其事实。事实上，吸烟及其相关的气味无疑是一种进步的象征和一种归因于庆祝和销售的积极地方品牌，虽然用一种自嘲的态度，就像明信片强调时间一样（见图 13.1）。正如 Briggs 指出的那样，可以为抽烟作辩护，因为在许多方面它作为城市活力的象征而不是它不得不面对的问题（1968，p.70）。在这种情况下，有一种"不正当的区域营销"原理在起作用（Medway and Warnaby，2008）。

图 13.1 20 世纪 50 年代的特伦特河畔的斯托克城明信片

资料来源：www.marshallcolman.blogspot.co.uk。

在 19 世纪和 20 世纪欧洲工业化的一个相关方面是想要逃离到空气更清新的地方。特别是工厂工人，在更加仁慈的生产主提供的一小段休闲时间中跟随着他们的鼻子到海滨城镇。那些为逃离区域负责的人清楚地意识到新鲜的空气和海洋或者乡村的气味，或者完全没有气味，它们都归因于地方品牌化被资产化了——Ward（1998）在他对区域营销活动的历史综述中称其为"销售手段"。这种方法以 John Hassel 的以"斯凯格内斯小镇是如此支撑"为标题的标志性促销海报为代表。沿海城镇、山区的温泉度假村也促进了解一个无烟无味的环境带来的有益健康的好处，散发强调它们洁净空气的信息；在 19 世纪和 20 世纪为富裕的、寻找逃离工业城的结核病人提供一次令人愉快的短暂休息。即使在今天，高山温泉继续强调它们新鲜的空气环境。例如，位于澳大利亚的 Bad Gastein 小镇开放入口"http：//www.alpinresorts.com"是为了提醒潜在的游客，它拥有"如沐浴在山上的新鲜的空气中"的特点。

在服务营销中，气味是有意引入环境中来改变花在它们身上的时间长短，以及改变具体的行为实践。Mehrabian 和 Russell（1974）称为方法和回避行为。但是，不同于故意嗅到过去的品牌服务机构，如酒店（YouTube clip 1）、零售空间（Davies et al.，2003；Ward et al.，2007；Doucéand Janssens，2013；http: //www.air-aroma.com）甚至博物馆（Aggleton and Waskett，1999），与地域相关的气味倾向于出现在一个更有机的过程中。通常情况下，它们是商业活动中长期存在的一个副产品，从酿造和蒸馏巧克力（Steel，2008）甚至到谷类早餐食品的制造上（http: //www.innovationtrail.org）。在这种情况下，城市中心的空气中长期遍布着气味（并且无疑是被污染了的），在此期间，城市中心变得错综复杂。当这些气味是令人愉悦时，它们如何能够与地方品牌融为一体是显而易见的。举个例子，位于法国南部的格拉斯的空气是香的，这是由于这个城镇上有众多香水制造商。事实上，格拉斯和香水已经变成了同义词，香水的气味在格拉斯的旅游营销中已经成为一个公认的品牌资产。在挪威航空机上杂志的一篇文章的评论道：

毫无疑问，格拉斯给你留下世界香水之都的印象。距离尼斯 35 公里的内陆，巨大的指示牌引导你去加利马尔、弗拉戈纳尔和莫利纳尔，它们都是古老的香水生产商，仍然每年吸引着一百万人有组织地去旅游，在此期间游客可以试用他们想要购买的香水。这个美丽的小镇被精品香水包围起来了，他们在大街上注入茉莉花和含羞草的气味，以防你错过了参观（Skinner n.d.）。

与一个地方关联的气味制造过程并不总是普遍快乐的，这反映在 Porteous（1990）的观点中：日常习惯的任何气味都可以让它不那么显而易见和少些冒犯性。Steel（2008，p. 116）指出比林斯门的腥臭味，在 1982 年市场倒闭后这个味道还没有消失。同样地，爱丁堡以"老里基"的气味出名，它是一种源于无意识释放味道的特色混合物的气味，主要发散来自威士忌蒸馏的气味，但也包含其他少一些吸引力的气味，如在爱丁堡动物园的企鹅的气味（McLean，2013）。从这层意义上说，无意识的地方气味，不论味道接受者感觉好或是坏，都可以结合为识别区域的感官的一部分。当气味以这种方式成为一个区域内在的元素时，它就能成为一个争论点。关于气味的争论成为地方认同的争论。因此，在 2009 年位于爱丁堡的英国北方酒厂建造一个气味控制塔的想法遭到了当地人的反对，他们觉得这是一个试图改变他们本地环境显著性特征的举措（http: //www.dailyrecord.co.uk）。继续讨论这个争论点，如果一种被认为不好的气味笼罩着一个区域，它能够与任何集中于其他感官试图创造一个积极的品牌形象相矛盾。正如 Knopper

（2002，p. 1）所说：作为一个复杂的城市，丹佛正在试图营销它自己本身。但是在某些日子里，当风向改变时，空气中有一丝牛粪肥的味道，提醒每个人这个城市的农业根基。

嗅觉和地方品牌之间的杠杆可以在生产闻起来充满区域名字的产品中达到最大化。举一个意大利帕尔玛市的例子，在一系列纪念品中使用帕尔玛紫罗兰的香味，包括帕尔玛之水（参见例如 http: //www.parmashop.com）。我们在这里看到的是将区域营销的对策放在品牌商品上。一瓶 Aqua di Parma 香水的销售确实与装饰着棒球帽的可口可乐的销售很不一样，但是两种交易都帮助提升了品牌的名声，或者说是提升了帕尔玛的名声。

总之，气味特定的空间配置以及它们与区域的关系在许多方面有很强的影响力，如在区域代表、地方品牌化和营销/促销方面。说到这里，气味是短暂的，它的含义是可变的并且是持续有问题的，它们往往是不连续的、零碎的（Drobnick，2002，在 Porteous，1990 之后）。它们根据天气和其他环境条件以不同的速度发散。有些气味挥之不去，有些却是短暂的。气味有不同的强度，但很难区分它们是从哪里来的。更重要的是，它们被认为是不同的：同样的气味对一个人可能带来积极的含义，但是可能被另一个人厌恶。此外，在这些观念中存在显著的文化差异，在社会中是根据年龄和性别的差异造成的。同时，这些属性表明嗅觉不是纳入地方品牌化努力中一种简单的感官。也许它最大的优点在于它的记忆性，如果它能在区域消费者的意识中帮助更清楚地定位一个城镇、城市或者场所，它无疑被利用：正如 Porteous（1990，p. 37），涉及 Engen 和 Ross（1973）以及 Engen（1977）的研究中所提到的：

……虽然我们可能以 20% 的精确度区分气味，一年以后我们能够以大致相同的精确度记住这些气味。相比之下，视觉识别显示了近 100% 的精确度……但随着时间推移，这个精确度迅速下滑。

在任何品牌的成功中，记忆都是基础。如果气味能帮助区域达到这一点，那么它不应该被忽视。

声音（即听觉）和地方品牌化

听觉和区域的关系在学术著作中不是一种常用的方法。以前的一些文献把不想听到的声音或者"噪声"作为一种区域污染物来研究（Cameron et al.，1972；Zanin et al.，2002），法律议题围绕着这点（Jones，1980）。Schafer（1977b，1978）的研究着眼于城市和农村音景的变化。

后来，他们在增加的技术声音和相关的"退化的多样性且复杂性的社区声音"（Schafer，1977b，pp. 79-80）之间做出区别。最后，最近的研究中有一小部分人在探讨声音（主要是音乐）在塑造旅游目的地中的作用（Sellars，1998；Saldanha，2002；Gibson and Davidson，2004；Gibson and Connell，2007）。但是，总的来说，声音和区域间相互作用的影响是有限并且零散的。造成这种情况的部分原因无疑是作为空间划定的物体降低声音是很困难的。事实上，如果它是空间划定的，那么基于一系列条件，边界会因人而异：这些包括风向等环境因素，个人因素如个人的听力实际上有多好。正如 Carpenter（1973，p. 36）在他的研究中解释的因纽特人：

听觉空间没有偏爱的焦点。它是一个没有固定界限的球体，空间由物体本身而造，而不是空间包含物体。它不是图画空间，局限于箱子中的空间，而是动态的，总是在变化的空间，每时每刻在创造自己的维度。它没有固定的界限，不在乎背景。与背景形成对照，眼睛的焦点、精确点、专注于物理空间的每一件物体上：然而，耳朵支持从各个方向传来的声音……我知道没有一个爱斯基摩人会从视觉方面描述空间。

不管这些对探索声音的质疑——区域关系，在 Truax（1978）之后，Porteous（1990）指出慢慢掌握声音的一个有效方法是开始对可能发生的声音的类型进行分类。他确定了六类：自然、人（声乐）、运动、活动、指标和邻居。然而，为了理解在地方品牌化中声音和听觉可能发挥的作用，简单思考自然声音和人为声音——尤其是音乐，可能更加有用。

就前者而言，全世界很多国家公园利用动物的声音和自然特征（如瀑布的声音）来强调一个更加身临其境和生态化（Varley and Medway，2011）的游客体验。例如，位于美国的北瀑布国家公园热衷于作为国家"自然声音项目"的一部分来宣传自己，声称道：

瀑布轰鸣的悬谷，岩石或冰垂直落在一个陡坡上，不断的鸟鸣——这些声音给参观北瀑布国家公园会所的游客带来一种独特的体验。自然和文化的声音唤起我们对国家公园壮美的外观而产生的敬畏感，以及对我们的情感、态度和记忆有强大的影响。自然的声音对我们欣赏和享受公园是必不可少的，我们观赏的能力是体验我们的世界的一个强有力的工具，但声音增加了一个维度，这是单独的视觉所不能提供的（http：//www.nps.gov）。

更普遍地，美国国家公园管理局有一个部门，它的网站专门致力于探索公园场所的声音，在这里，可以在线听到自然的声音并且提出建议来增强你的"声音体验"（http://www.nature.nps.gov）。然而，除此之外更通用的方法是，自然声音被积极用于丰富在市面上看起来很薄弱的地方品牌。除了音乐，同样也可以称为最人工的噪声。

某些人为噪声有明显的区域关联。一个工厂的汽笛声可能传达一个城市工业区的本质，雾号的嘟嘟声可能提醒我们海洋或者海岸——虽然海鸥的声音也能达到同样效果。关键点是这些声音没有出现在特定的一个地方，也许是因为这个原因，它们没有积极融入定期的地方品牌化努力中，虽然没有理由证明为什么它们可能不会参与进去。然而，音乐是截然不同的，因为它与区域间有一种长期且多元化的联系，以及它们是如何培养品牌认同感的。作为这一领域早期的潜在迹象，Gibson 和 Connell（2007）注意到在 19 世纪后期曾经远距离旅行过的游客是如何到德国南部的拜罗伊特（瓦格纳的出生地）观看 Ring Cycle 歌剧表演的。在历史上，其他地方已经能够利用这样的音乐连接来建立一种身份。维也纳，贯穿19 世纪成为与老约翰·施特劳斯和小约翰·施特劳斯紧密相连的地方，在 20 世纪早期新奥尔良等同于爵士乐。重要的是，所有这些音乐流派，例如瓦格纳，在今天的这些地方品牌中仍然占有一席之地。因此，在德国的拜罗伊特继续举行着一年一度的瓦格纳音乐节来吸引游客（http：//www.bayreutherfestspiele.de）。同时，维也纳的在线信息网站把自己封为"音乐之都"，继续陈述道：

欢迎来到世界音乐之都！比其他任何城市都多的著名作曲家在这里生活——在维也纳，空气中充满着音乐：这里是华尔兹和轻歌剧的故乡，许多"维也纳制造"的音乐剧，它们征服了世界观众（http：//www.wien.info）。

新奥尔良也与爵士音乐融为一体，在它的区域营销工作和整体品牌形象中音乐更为普遍，尤其是自 1970 年以来每年举办的新奥尔良爵士和传统盛典（http：//www.nojazzfest.com）。Ellen de Generes 是美国的喜剧演员，同时也是一个新奥尔良本地人，居然在一个城市的宣传网站上评论道：新奥尔良没有音乐将成为什么？（http：//www.neworleansonline.com）。

Gibson 和 Connell（2007）提出一种关于音乐旅游的类型学，他们的研究也许适用于理解音乐可以代表区域的方式是有用的（见表 13.1），进而被地方品牌化所用。为了做到这一点，它对通过音乐代表区域的分类方法是有用的，首先直接通过真实的音乐声，然后通过作为视听艺术形式的环绕音乐间接表达。已经经过大量讨论的被视为符合后一类。

表 13.1　音乐能够代表区域的方法

种类	方法	例子
直接的	某些乐器的声音	● 与区域和当地相关的乐器声音：阿尔卑斯号——瑞士；宝思兰鼓——爱尔兰；诺森伯兰郡管乐——诺森伯兰郡
		● 一个地方但不仅限于本地的乐器声：响板——西班牙；手风琴——巴黎；风笛——苏格兰
	歌曲	● 为地方写的歌：我把心遗留在旧金山；琴泰海角；纽约，纽约；伊帕内玛姑娘；苏格兰之花
		● 关于地方的歌：耶路撒冷——英格兰；《丛林流浪》或者 Men at Work 乐队的 *Down Under*——澳大利亚；阿萨瑞原野——爱尔兰
间接的	古典作曲家和流行表演者	● 作曲家：莫扎特——萨尔斯堡；贝多芬——波恩；瓦格纳——拜罗伊特
		● 流行表演者：埃维斯·普里斯利——孟菲斯；罗伊·奥比森——Wink，得克萨斯；甲壳虫乐队——利物浦；Runrig——斯凯岛和苏格兰；U2——爱尔兰
	流派	● 爵士——新奥尔良；乡村——纳什维尔；钢管乐队——英格兰北部；华尔兹音乐——维也纳；舞蹈——伊比沙岛；迷幻舞曲——果阿邦；神游舞曲——布里斯托尔；迷幻摇滚——曼彻斯特；钢鼓乐队——加勒比海
	音乐产地	● 录制场地和唱片：阿比路——伦敦；摩城唱片——底特律；Stax——孟菲斯
		● 现场表演场地：悉尼歌剧院——悉尼；百老汇——纽约；红磨坊——巴黎；皇家阿尔伯特音乐厅——伦敦

资料来源：www.marshallcolman.blogspot.co.uk。

在直接方法上，从某些乐器发出的声音只能被一个地方的本地人听懂，因此这种乐器可以代表这个地方。例如瑞士的阿尔卑斯号角和爱尔兰的宝思兰鼓。事实上，在极少数情况下一种乐器和它所发出的声音会如此根深蒂固于一个特定的地方是因为它要求以地名命名，如"Northumbrian pipes"。在其他的例子中，一种乐器和它的声音不仅局限于一个地方，但是它与这个地方有很强的联系。例如，西班牙和响板，苏格兰和风笛，或者巴黎和手风琴。在某种意义上，这些乐器发出的声音和它们来自的地方之间是紧密联系的，然后它们与地方品牌自身紧密相连。这种联系是否在区域营销工作中起杠杆作用是另一个问题。这是如何发生的例子是在苏黎世机场的跨终端列车。包括阿尔卑斯号角在内，贯穿列车的"Swiss noises"管乐，是为了帮助提升瑞士在游客心目中的地位，不管他们是游客、当地居民，或只是中转客人。有趣的是，其他更多的自然和人为的声音也能在旅途中听到，包括牛哞、牛铃声和约德尔山歌（见 YouTube）。

另一种直接途径是通过歌曲里的曲调来代表地方。一些关于地方的歌曲在它们的名字或歌词里包含地名：琴泰海角；我把心遗留在旧金山；纽约，纽约；伊帕内玛姑娘。然而，真正编入一个已知的地方品牌中的歌曲是那些"非官方的颂歌"，它们可能完全没有提及地方。像耶路撒冷（英格兰），阿萨瑞原野（爱尔兰）和丛林流浪（澳大利亚）的例子；前两个例子尤其在国家运动队的支持者中受欢迎。在区域营销活动中编入地方品牌的歌曲很少，可能是因为它们不能完全代表正在谈论中的地区居民，但为了提升地区知名度，有一些零星的地区强调它们与歌曲的联系。澳大利亚昆士兰州的温顿镇上邀请游客在华尔兹玛蒂尔达中心体验"华尔兹玛蒂尔达的家"（http：//www.experiencewinton.com.au），同时一个里约热内卢的旅游门户网站讨论着依帕内玛歌曲中那个女孩的出身，正如一辆车可以促进一个外人了解依帕内玛城镇的旅游景点（http：//www.rio.com）。

转向通过来自全世界的音乐，城镇和城市来代表地方的间接方法是热衷于将著名的古典作曲家和摇滚歌手与它们的地方品牌形象紧密联系起来，前提是这些人居住在我们讨论的地区中或是从那里出身。德国南部的拜罗伊特利用它与瓦格纳间的联系是上面已经提到的方法。同样地，萨尔兹堡在其主要的旅游网站上（http：//www.salzburg.info）强调了它与莫扎特的联系，同时波恩强调了它是贝多芬的出生地并且也是（一段时期）他的故乡这一事实（http：//www.bonn.de）。这些音乐家和地方品牌的亲密联系也蔓延到受欢迎的流派中。例如，Leaver 和 Schmidt（2009）以及 Gibson 和 Connell（2007）都提到了埃尔维斯和孟菲斯间的强烈的联系。同样地，甲壳虫乐队是利物浦的地方品牌中一个重要的元素，并且大量的区域营销工作集中在利用乐队与城市旅游胜地的联系（http：//www.vis-itliverpool.com）。

在流派中发现另一种音乐与区域的间接联系。华尔兹和维也纳的联系与爵士和新奥尔良的联系已经被讨论过了。然而，还有很多其他这样的联系，如纳什维尔和乡村音乐、钢鼓乐队和加勒比海；虽然纳什维尔把它的音乐链接视为更加粗枝大叶的和包容的，在它的旅游网站上挂出了"音乐城市"的副标题（http：//www.visitmusiccity.com）。Saldanha（2002）也认识到果阿邦和迷幻音乐间的联系，在一定程度上，"你可以在唱片店找到一个果阿邦迷幻音乐节"（Saldanha，2002，p. 46）。同样地，Sellars（1998）强调伊维萨岛和舞曲现场的联系。在 20 世纪 80 年代末期和 90 年代初期，在曼彻斯特出现了替代的/迷幻的摇滚乐队，如 Happy Mondays 和 The Stone Roses，意味着在一段时间内这个城市被通俗地称为"Mad-chester"，表明如果音乐和地区之间有足够强的联系，和可以影响地区品牌形象一样，这可以影响地名。

最后一个通过音乐代表区域的间接方法关系到产地。这包括录制场地和现场音乐表演。就前者而言，底特律仍有汽车城的绰号；虽然自 1972 年起记录标记没有将此记录进城市史中，仍然有一个专门的博物馆在这里。同样地，在孟菲斯，Stax 博物馆在音乐场馆的访问名单上，帮助加强城市的副标题："蓝调的故乡、摇滚乐的出生地"（http：//www.memphistravel.com；Leaver and Schmidt，2009）。现场音乐表演场馆也能与地区有很强的联系。一个典型的例子是悉尼歌剧院，它是如此紧密地与悉尼的品牌形象和它的周边联系在一起，它的周边在悉尼（http：//www.sydney.com）和新南威尔士州（http：//www.visitnsw.com）的地区品牌标识中具有一种特有的形式。

总之，在地方品牌化工作中声音和听觉起着重要的作用，特别是直接和间接的人造音乐声。围绕自然声音来发展地方品牌化的机会也存在，一些案例已经研究过它，但似乎有进一步发展的空间。

味觉和地方品牌化

　　味觉和地区连在一起。这个世界可以被国家的、地区的和当地的菜肴映射出来，这些地理菜系经常被"二战"以来出现在流行文化中的很多"品味游记"所赞美。除像"米其林指南"这样的参考出版物外，一个早期的派别例子是 Elizabeth David 的意大利食物（1954），在英格兰和其他地方，用地中海美食引起了越来越多的人的兴趣，被廉价航空旅游和许多度假者的饮食新体验推动着。这一直通过 Keith Floyd 的出版物、电视作品和他的"Floyd 在［插入相关地名］"系列维持着。在 Floyd 之后，许多名厨带他们的观众和读者根据自己的品味记录游记——Rick Stein 开始从事 Seafood Odyssey（Stein，2000），Jamie Oliver "从事"西班牙、摩洛哥、希腊、意大利、瑞典和法国，邀请我们参与进来，旅行经历容易激发我们对经典菜肴做出改变。品味游记中最时髦最新的实体是，Anthony Bourdain 以他的"美味情缘"获得各国观众的喜爱。这是一本包括 9 个菜系和 142 道名菜的书，它的味道是在世界上最远（近）的地方的当地水平（甚至是街道和家庭）。

　　我们在日常生活中使用的食物语言也有一个固有的地区维度——我们"去意大利"，我们"迷恋中国食物"，我们可以邀请周围的朋友参加"印度餐"。这个地名的论述也与地区的菜肴（基辅鸡和马里兰州；意大利肉酱面；维也纳炸牛排）和食品（费城奶酪——事实上大多数奶酪携带一个地区或当地的地名；法兰克福式小香肠；苏格兰馅饼）相关。

　　事实上，有时与食品相关的地名商品化成为一种资产，这种资产在欧洲（或其变体）享有原产地名称保护制度（PDO）地位，例如罗克福奶酪、梅尔顿莫布雷猪肉馅饼、阿布罗斯烟、帕玛森乳酪和帕尔马火腿（http：//www.ec.europa.eu）。除此之外，欧洲许多地方就是以它的地名命名的，而不是以葡萄的品种来命名的。就像前面提到的帕尔玛之水，这些食物—地区的结合作为品牌营销的另一些例子，一个地区通过把它的地名融入一个产品的名字中得到了提升，唯一的区别是背景是味觉的而不是气味的。

　　除了这些显而易见的例子，把味觉引入地方品牌化工作中似乎是一个相当常见的事件。当然，在一个已开发世界的背景下，几乎没有一个专门针对潜在游客的网站，没有至少一种食物、饮料或餐馆的元素作为一个下拉式菜单选择或标签，不管是国家（http：//www.australia.com）、城市（http：//www.barcelonaturisme.com）还是农村（http：//www.yorkshire.com），都是焦点。每个关于味道的旅游指南看起来都是同样的热情洋溢，它们能在一个特定的中心或地方被经验化，围绕游客品味踪迹建造了旅游产业的重要部分（Boyne et al.，2002；http：//www.topdeck.travel）和探索葡萄酒产区（Bruwer，2003；Sparks，2007；http：//www.queenStownwinetrail.co.nz），呼吁出 Keith Floyd 的"美食家"理论。一些地区甚至超前地将它们如何把味道作为地方品牌化工作的中心支柱。因此，Jonest 和Jenkins（2002）先前的报道（和批判）试图把味道放到威尔士旅游中的"威尔士的味道"活动的首要地位。

　　因此，看起来不像其他感官如嗅觉那样，我们将会看到，触觉、味觉在区域品牌化工作和区域营销活动中未被普遍地充分利用。其中一个原因可能是，食品是一种普遍的需求，最有可能的快乐来源。食物也有一种能力将所有的感官集中到一个协同组合中，所以它被证明对旅游业而言它是一种强有力的媒介，因为它为多感官刺激提供了一个机会。正如 Benzmiller（2008，p. 1）注意到：

　　当传统的观光旅游让游客去参观文化，美食旅游提供了一个更综合的方式来通过味觉、嗅觉、触觉和视觉来探索陌生社区的多元化文化产品。

　　尽管味觉与地方品牌强烈联系在一起，唯一的问题是在区域营销活动中它的使用好像是过度依赖于对味道有多好的间接描述，而不是由潜在的区域消费者直接体验味道。这类似于将环绕音乐作为一种听觉艺术形式的活动间接代表区域，而不是通过直接听到音乐本身的声音。

触觉和地方品牌化

　　在文献中关于触感和其与地区的相互关系很少被考虑到，同时触觉和地方品牌化这件事出现在未知领域。当一个人在建筑形式和地表脚下的质地方面考察地区固有的和不可否认的物质性时，触觉—地区间的联系是如此被忽视是令人惊讶的。另外，触觉具有普遍性而其他感官没有，至少事实上很少有人类的条件，如果有的话，这会导致完整的体感赤字。

换句话说，不像视觉、听觉、嗅觉和味觉，对一个有意识的个体，他没有感觉他们一部分皮肤的能力，这几乎是不可能的。也许，这种普遍性使得触感成为理所当然的感觉，关于我们如何去理解和解释地区的考核很少。当这些事件被讨论时，它通常是在感觉障碍的另一种形式的背景下，尤其是视觉，在传达一个补偿性和有意义的地区经验时触觉获得一个更重要的角色。因此，Hetherington（2002a，b）讨论了触觉如何改善视力受损的人访问博物馆场所。

把触觉并入地方品牌化工作中的证据似乎很少。度假胜地，像拉普兰或者太阳海岸，经常强调天气和相关的温度，热或是冷，作为它们旅游吸引力的一部分；一个感觉温度的能力显然与触觉相关。有力的证据表明，在地方品牌化和理解区域中可能的触觉更普遍来源于英国国家信托基金。该组织最近发起了一项针对年轻游客的属性和储备的运动，标题为："在你的 $11\frac{3}{4}$ 之前要做的 50 件事"。有趣的是，"赤足行走"被选为这张列有 50 个潜在活动的表中的第十位。一个名为 Trust 的网站的投稿者解释道：

我喜爱赤足行走，因为它能帮助你感觉到你脚下的所有不同的表面和质地。我喜欢在泥地、沙滩和海边的岩石上行走。在小溪和大海中行走也非常有趣。在冬天我们甚至赤脚在雪中行走并留下足迹（http: //www.nationaltrust.org.uk）。

同样地，世界著名的约克郡雕塑公园承诺在其 500 英亩的场地中：有许多隐藏的宝藏待人寻找，与传统画廊不同……你可以触摸到雕塑（http: //www.ysp.co.uk）。

同时国家信托基金和约克郡雕塑公园无疑是一个地区，它们不是关于地方品牌化讨论中的城市、地区和国家地理位置的代表。在它们的营销和促销工作中，它们持续呼吁能去触摸和用身体感受我们周围环境的各个方面。也许这是未来地方品牌化能做的更多的事情。在这方面 Hetherington（2002a，p. 1943）注意到完整的区域现状是嗅觉、味觉、听觉和视觉的结合，但是：

"……建造场地中同样也有触觉。"此外，"地区不只是发现位置的重要性，但在时间的灰尘中被证实。就像装着圣人骨头的中世纪棺材上虔诚的指纹，在这里我们感受到我们在世界的位置和我们的连续性。这是通过这种实践生成的地方。"

小　结

同样地，Therkelsen 等（2010）以"符号城市"对"石头之城"来指代区域的社会建设，也许这个概念需要一个城市的气味、声音、味道和触摸来延伸。着眼于许多存在的地方品牌化工作，它主要是诉诸视觉，以光滑的宣传图片和智能标识来增强地方品牌价值。在本章我们已经看到味觉如何经常得到关注。听觉也被关注，大部分通过人为的音乐声，直接地和间接地，偶然通过更自然的声音，特别是在特定区域的生态旅游项目中。有时候，嗅觉是针对地方品牌化的，虽然远不及听觉。同时，触觉在地方品牌化活动中很大程度上被忽视了。

在这篇非视觉感官和地方品牌化分析中一个重要的主题是直接和间接的表示。因此，典型地，感官知觉的焦点和它可能带来的任何潜在的地区—品牌联系，如果潜在（或实际）区域消费者直接闻得到、听得到、尝得到和摸得到它，而不是间接地通过书面或讨论中的感官刺激周围的其他活动，那么交流起来会更容易。这里有一个问题是通过各种可利用的媒介渠道的直接感官交流是相对容易或是困难的。举个例子，如果这样的渠道大致分为：①纸媒（户外或者新闻纸）；②数字媒体；③生活事件，很容易看到非视觉感官可以如何努力造成一个综合的宣传影响。

视觉交流，直接刺激眼球，通过全部三个媒介渠道运作良好，大部分通过运用区域形象和图片。对照而言，直接刺激听觉只有通过数字媒体和生活事件才能运作得好，但纸媒形式依靠间接刺激。嗅觉和触觉甚至更有问题。在纸媒中，它们可以分别通过气味浸渍或纹理纸被直接刺激，虽然几乎没有证据表明它是感觉的本质交流或一个地方品牌的感觉交流的手段。也就是说，在嗅觉方面，香水代表的地区为地点创造了多元化，如荷兰的 Mastenbroek（http：//www.luckyscent.com）和英格兰的 Bruton-on-Trent（The Telegraph，2011）。也许除了费用外没有其他理由说明为什么这样的地区——联系气味不能被浸染到纸媒中，采用领先的香水品牌所使用的技术。也有一种新兴技术以数码的方式繁衍气味（Hodson，2013；USA Today，2006；Nakaizumi et al.，2006），这预示着未来的机会，基于网络的区域营销活动，希望直接传达地方品牌方面的嗅觉。此外，增强和虚拟现实技术的进步可能会为地方品牌打开新的数字通信途径，通过直接的嗅觉、触觉和听觉刺激。

也许处理起来最棘手的是味觉。已经注意到尽管它与地方品牌有很强的联系，味觉在区域营销活动中的交流过度依赖于味道有多好的间接描述。这无疑是因为，味道通过数字媒体直接交流似乎是不可能的，通过印刷媒体也几乎是不可能的——除非你喜欢舔纸！然而，这并不否认潜在消费者通过他们可以吃到的食物来品尝距离他们较远的地方的菜肴，即使这与任何协调的或深思熟虑的区域营销活动无关。

因此，在伦敦的一家餐馆吃了一顿意大利餐，可能会成为意大利的一种无意识的区域营销形式。这家餐厅的例子还说明，也许在地方品牌化中直接和多感官刺激最富有成效的路径在于生活事件。即使在地理上距离很远，作为区域营销的一种形式的一个案例正在被推广，它能够直接和实时刺激事件参与者的所有感官。目前，事件主要在企业对企业的区域营销活动中作为一种媒体沟通渠道，特别是贸易形式。然而，它们在多感官刺激的有效性可能转移到面对面、企业对消费者的区域营销环境中。这种可能性反映在 Fred Olsen 旅游公司的报道实践中；在他们的机构的座椅靠背上使用摩擦椰子油，以至于这种合成香气可以帮助推广加勒比地区的假期（Gordon，2009）。

总之，在地方品牌化活动中明显有一个机会使所有的感官聚集起来，但这似乎很少发生。活动最多把重点放在视觉和一个（或有时候两个）其他感官上。也许需要一个更全面的方法，在他们开始做出任何与地方品牌有关的努力之前，区域营销从业者要确保所有五种感官都被考虑到。很容易想象，这对那些潜在的人多么有益，如 Hetherington（2002a，b）提到的有某种形式的单向或双向感觉障碍的区域消费者。但现实中，每个人都可以从多感官维度的地方品牌化中受益。如 Saldanha（2002，p. 43）与旅游业相关的言论：

……虽然视觉在旅游目的地的经济和日常交流中很重要，旅游只是观赏吗？……人们不去其他地方品尝、闻、听、跳舞、喝酒、性交吗？（Sic.）。

答案是，游客以及其他地区的消费者，以多感官参与到他们访问或居住的地

方。任何地方品牌化的反思应该包括承认这点，并且考虑如何改进当前的实践来
提供一个更全面的感官体验和更好理解的区域。

参考文献

Aggleton JP, Waskett L (1999) The ability of odours to serve as state-dependent cues for real-world memories: can Viking smells aid the recall of Viking experiences? Br J Psychol 90 (1): 1–7

Barke M, Harrop K (1994) Selling the industrial town: identity, image and illusion. In: Gold JR, Ward SV (eds.) Place promotion: the use of publicity and marketing to sell towns and regions. Wiley, Chichester, pp 93–114

Benzmiller H (2008) Culinary tourism in the Music City: the place of culinary icons and local flavours in Nashville tourism. Vanderbilt Undergrad Res J 4 (1): 1–8

Berger J (1987) To take paper, to draw. Harper's 275: 57–60

Bluestone DM (1988) Detroit's City Beautiful and the problem of commerce. J Soc Archit Hist XLVII (3): 245–262

Boyne S, Williams F, Hall D (2002) On the trail of regional success: tourism, food production and the Isle of Arran Taste Trail. In: Hjalager A-M, Richards G (eds) Tourism and gastronomy. Routledge, London, pp 91–114

Briggs (1968) Victorian cities. Pelican Books, London

Bruwer J (2003) South African wine routes: some perspectives on the wine tourism industry's structural dimensions and wine tourism product. Tour Manage 24 (4): 423–435

Cameron P, Robertson D, Zaks J (1972) Sound pollution, noise pollution, and health: community parameters. J Appl Psychol 56 (1): 67–74

Carpenter E (1973) Eskimo realities. Holt, Reinhart, and Winston, New York

Classen C, Howes D, Synnott A (1994) Aroma—the cultural history of smell. Routledge, New York

Cockayne E (2007) Filth, noise and stench in England. Yale University Press, London

David E (1954) Italian food. Macdonald, London

Davies BJ, Kooijman D, Ward P (2003) The sweet smell of success: olfaction in retailing. J Mark Manage 19 (5–6): 611–627

Davies W et al (2007) The positive soundscape project. In: 19th International congress on acoustics, Madrid

Doucé L, Janssens W (2013) The presence of a pleasant ambient scent in a fashion store: the moderating role of shopping motivation and affect intensity. Environ Behav 45（2）：215–238

Drobnick J（2002）Toposmia：art，scent and interrogations of spatiality. Angelaki J Theor Hu-] manit 7（1）：31–46

Engen T（1977）Taste and smell. In：Birren JE，Schaie KW（eds.）Handbook of the psychology of aging. Van Nostrand，New York

Engen T（1982）The perception of odor. Addison–Wesley，Mass

Engen T，Ross BM（1973）Long–term memory of odors with and without verbal descriptions. J Exp Psychol 100：221–227

Gibson C，Connell J（2007）Music，tourism and the transformation of Memphis. Tour Geogr Int J Tour Space Place Environ 9（2）：160–190

Gibson C，Davidson D（2004）Tamworth，Australia's country music capital：place marketing，rurality，and resident reactions. J Rural Stud 20（4）：387–404

Gloor P（1978）Inputs and outputs of the amygdala：what the amygdala is trying to tell the rest of the brain. In：Livingston KE，Hornykiewica O（eds.）Limbic mechanisms. Plenum，New York

Gordon S（2009）Smell of success：travel agents use holiday scents to sell trips. Mail online，29 June.http：//www.dailymail.co.uk/travel/article –1196232/Holiday –smells –pumped –travel –agents ––selltrips.html. Accessed 23 April 2014

Halliday S（1999）The Great Stink of London：Sir Joseph Bazalgette and the cleansing of the Victorian metropolis. Sutton Publishing Limited，Stroud

Henshaw V（2013）Urban smellscapes：understanding and designing city smell environments. Routledge，London

Henshaw V，Mould OT（2013）Sensing designed space：an exploratory methodology for investigating human response to sensory environments. J Des Res 11（1）：57–71

Hetherington K（2002a）Spatial textures：place，touch，and praesentia. Environ Plan A 35：1933–1944

Hetherington K（2002b）The unsightly；touching the Parthenon frieze. Theor Cult Soc 19（5–6）：187–205

Hodson H（2013）Smell–o–vision screens let you really smell the coffee，29 March. http：//www.newscientist.com/article/mg21729105.900–smellovision–screens–let–you–really–smell–thecoffee.html#.UdakpPm1GV4. Accessed 23 April 2014

Hui MK，Dubé L，Chebat JC（1997）The impact of music on consumers' reactions to waiting for services. J Retail 73（1）：87–104

Jones HW（1980）A physical description of noise. In：Jones HW（ed）Noise in the human environment. Environmental Council of Alberta, Edmonton

Jones A, Jenkins I (2002) A taste of Wales—Blas Ar Gymru: insitutional malaise in promoting Welsh food tourism products. In: Hjalager A-M, Richards G (eds.) Tourism and gastronomy. Routledge, London, pp 115-131

Knopper M (2002) Cities that smell: some urban centres use common scents. The environmental magazine E. http://www.emagazine.com/includes/print-article/magazine-archive/8161/.Accessed 23 April 2014

Leaver D, Schmidt RA (2009) Before they were famous: music-based tourism and a musician's hometown roots. J Place Manage Dev 2 (3): 220-229

McLean K (2013) Sensory maps (cities). http://www.sensorymaps.com/maps_cities/edi_smell.html. Accessed 13 May 2013

Medway D, Warnaby G (2008) Alternative perspectives of marketing and the place brand. Eur J Mark 42 (5/6): 641-653

Mehrabian A, Russell JA (1974) An approach to environmental psychology. The MIT Press, Cambridge

Milliman R (1986) The influence of background music on the behaviour of restaurant patrons. J Consum Res 13 (2): 286-289

Nakaizumi F, Yanagida Y, Noma H, Hosaka K (2006) SpotScents: a novel method of natural scent delivery using multiple scent projectors. In: IEEE virtual reality 2006. Alexandria, pp 207-212

Oakes S, North AC (2008) Using music to influence cognitive and affective responses in queues of low and high crowd density. J Mark Manage 24 (5-6): 589-602

Oliver J (2010) Jamie does... Michael Joseph, London

Pallasmaa J (2005) The eyes of the skin. Wiley, West Sussex

Payne SR (2008) Are perceived soundscapes within urban parks restorative? J Acoust Soc Am 123: 3809

Porteous JD (1985) Smellscape. Prog Hum Geogr 9 (3): 356-378

Porteous JD (1990) Landscapes of the mind: worlds of sense and metaphor. University of Toronto Press, Toronto

Reinarz J (2013) Past scents: historical perspectives on smell. University of Illinois Press, DeKalb

Rodaway P (1994) Sensuous geographies. Routledge, London

Saldanha A (2002) Music tourism and factions of bodies in Goa. Tour Stud 2 (1): 43-62

Sellars A （1998） The influence of dance music on the UK youth tourism market. Tour Manage 19 （6）: 611-615

Sennett R （1994） Flesh and stone—the body and the city in western civilization. W.W. Norton & Company, London

Schafer RM （1977a） The tuning of the world. McLelland and Stewart, Toronto

Schafer RM （1977b） Five village soundscapes. ARC Publications, Vancouver

Schafer RM （1978） The Vancouver soundscape. ARC Publications, Vancouver

Skinner T （n.d.） Inside Grasse's perfume industry. https: //www.norwegian.com/magazine/features/2013/07/inside-grasses-perfume-industry.Accessed 23 April 2014

Sparks B （2007） Planning a wine tourism vacation? Factors that help to predict tourist behavioural intentions. Tour Manage 8 （5）: 1180-1192

Steel C （2008） Hungry City—how food shapes our lives. Vintage Books, London, pp 116-117

Stein R （2000） Rick stein's seafood Odyssey. BBC Books, London

Therkelsen A, Halkier H, Jensen OB （2010） Branding Aalborg: building community or selling place? In: Ashworth G, Kavaratzis M （eds.） Towards effective place brand management: branding European Cities and regions. Edward Elgar, Cheltenham, pp 136-155

The Telegraph （2011） Burton-on-trent launches 'Eau-de-Burton' perfume, 25 Oct. http: // www. telegraph.co.uk/news/newstopics/howaboutthat/8848577/Burton -on -Trent -launches -Eau -de - Burton-perfume.html. Accessed 23 April 2014

Truax B （1978） Handbook for acoustic ecology. ARC Publications, Vancouver

Truax B （1984） Acoustic communication. Ablex, Norwood

USA Today （2006） Japanese gadget records, replicates odor, 7 December. http: //usatoday30. usatoday.com/tech/news/techinnovations/2006 -07 -11 -japanese -smell -device_x.htm? csp =34.Ac - cessed 23 April 2014

Varley P, Medway D （2011） Ecosophy and tourism: rethinking a mountain resort. Tour Manage 32 （4）: 902-911

Ward SV （1998） Selling places: the marketing and promotion of towns and cities 1850-2000. E. &F. N. Spon, London

Ward P, Davies BJ, Kooijman D （2007） Olfaction and the retail environment: examining the influence of ambient scent. Serv Bus 1: 295-316

Warnaby G, Medway D （2010） Semiotics and place branding: the influence of the built and natural environment in city logos. In: Ashworth G, Kavaratzis M （eds.） Towards effective place brand management: branding European cities and regions. Edward Elgar, Cheltenham, pp 173-190

Warnaby G, Medway D (2008) Bridges, place representation and place creation. AREA 40 (4): 510–519

www.air-aroma.com. http: //www.air-aroma.com/who-scenting/retail. Accessed 23 April 2014

www.alpinresorts.com. http: //www.alpinresorts.com/en/towns/austria/salzburg/bad -gastein. Ac - cessed 23 April 2014

www.australia.com. http: //www.australia.com/explore/things -to -do/food -and -wine.aspx. Ac - cessed 23 April 2014

www.barcelonaturisme.com. http: //www.barcelonaturisme.com/Where-to-eat/_xMCfM9AMDllDm POLSUZio9EgOjytVIeLUN-twdHdRU. Accessed 23 April 2014

www.bayreuther-festspiele.de. http: //www.bayreuther-festspiele.de. Accessed 23 April 2014

www.bonn.de. http: //www.bonn.de/tourismus_kultur_sport_freizeit/? lang=en. Accessed 23 April 2014

www.dailyrecord.co.uk. http: //www.dailyrecord.co.uk/news/scottish-news/locals-in-uproar-over- plans-to-take-1037895. Accessed 23 April 2014

www.ec.europa.eu. http: //www.ec.europa.eu/agriculture/quality/door/list.html; jsessionid =pL0h LqqLXhNmFQyFl1b24mY3t9dJQPflg3xbL2YphGT4k6zdWn34! -370879141. Accessed 23 April 2014

www.experiencewinton.com.au. http: //www.experiencewinton.com.au/en_GB. Ac cessed 23 April 2014

www.innovationtrail.org. http: //www.innovationtrail.org/post/buffalo -smells -chee rios -so -why - notmake-big-deal-about-it. Accessed 23 April 2014

www.luckyscent.com. http: //www.luckyscent.com/shop/category.asp? section=1&categoryid=329. Accessed 23 April 2014

www.marshallcolman.blogspot.co.uk. http: //marshallcolman.blogspot.co.uk/2012/03/old-postcard- of-stoke-on-trent.html. Accessed 23 April 2014

www.memphistravel.com. Accessed 23 April 2014

www.nationaltrust.org.uk. http: //www.nationaltrust.org.uk/article-1355792511153/. Accessed 23 April 2014

www.nature.nps.gov.http: //www.nature.nps.gov/sound/explore/index.cfm. Accessed 23 April 2014

www.neworleansonline.com. http: //www.neworleansonline.com/neworleans/music/. Accessed 23 April 2014

www.nojazzfest.com. Accessed 23 April 2014

www.nps.gov. http: //www.nps.gov/noca/naturescience/natural -sounds.htm. Accessed 23 April 2014 www.parmashop.com. http: //www.parmashop.com/english/beauty/parma –fra grances.html. Ac -cessed 23 April 2014

www.queenstownwinetrail.co.nz. http: //www.queenstownwinetrail.co.nz. Accessed 23 April 2014

www.rio.com. http: //www.rio.com/practical–rio/ipanema. Accessed 23 April 2014

www.salzburg.info. http: //www.salzburg.info/en/. Accessed 23 April 2014

www.sydney.com. Accessed 23 April 2014

www.topdeck.travel https: //www.topdeck.travel/tours/european–taste–trail Accessed 23 April, 2014

www.visitliverpool.com. http: //www.visitliverpool.com/things –to –do/attractions/the –beatles. Ac -cessed 23 April 2014

www.visitmusiccity.com. http: //www.visitmusiccity.com/visitors. Accessed 23 April 2014

www.visitnsw.com. Accessed 23 April 2014

www.wien.info. http: //www.wien.info/en/music –stage –shows/city –of –music. Accessed 23 April 2014

www.yorkshire.com. http: //www.yorkshire.com/what –to –do/food –and –drink. Accessed 23 April 2014

www.ysp.co.uk. http: //www.ysp.co.uk/page/families–at–ysp/tc. Accessed 23 April 2014

Yalch R, Spangenburg E (1990) Effects of store music on shopping behavior. J Consum Mark 7 (2): 55–63

YouTube clip 1. http: //www.youtube.com/watch? v =V7bzX6zvtic&feature =play er_embedded. Accessed 23 April 2014

YouTube clip 2. https: //www.youtube.com/watch? v=fq1yVyGJG6A. Accessed 23 April 2014

Zanin PHT, Diniz FB, Barbosa WA (2002) Environmental noise pollution in the city of Cu-ritiba, Brazil. Appl Acoust 63 (4): 351–358

Zardini M (ed) (2005) Sense of the city—an alternative approach to urbanism. Lars Muller Publishers, Montreal

第十四章　反思地方品牌的测量方法

塞巴斯蒂安·曾克，埃里克·布朗*
（Sebastian Zenker and Erik Braun）

[摘　要] 地方品牌经理经常忽视地方品牌的复杂性，和他们在学术领域的同行一样：他们反复使用简单的探究方法来描述某些地方品牌，而不是使用一种精确的测量方法。因此，本章旨在确定并讨论对地方品牌化有用的测量方法。所以，我们将定义品牌并且检查在地方品牌化中测量的各个选项。最后，我们将讨论在地方品牌化中使用的不同品牌测量方法，即测量品牌的方法以目标客户与自由品牌联系的形式采用定性的方法；以属性的形式采用定量的方法（如标准化的问卷调查）；采用定性研究和定量方法相结合的混合法。对两种混合法，即网络分析和先进的品牌概念图方法，将进行更详细的解释。总之，我们还概述了在测量地方品牌和结果中当前和未来所面临的挑战。

* S. Zenker（✉）
Department of Marketing, Copenhagen Business School, Solbjerg Plads 3C, 3rd Floor,
2000 Frederiksberg, Denmark
e-mail: zenker@placebrand.eu
E. Braun
Erasmus School of Economics, Erasmus University Rotterdam, Room H16–17,
P.O. Box 1738, 3000 DR Rotterdam, The Netherlands
e-mail: braun@ese.eur.nl
© Springer International Publishing Switzerland 2015
M. Kavaratzis et al. (eds.), *Rethinking Place Branding*,
DOI 10.1007/978-3-319-12424-7_14

引　言

近几年，地区的品牌化（特别是城市）普及到了区域管理人员中（Anholt，2010；Kavaratzis，2008）。因此，区域营销人员越来越注重把区域建立成一个品牌（Braun，2012），为了在它的现有和潜在的目标群体中进行地区推广。不幸的是，区域营销人员往往认为品牌是一种可控的和完全可管理的工具，可以容易地被定义和测量。然而一个地方品牌是基于不同客户群体的看法（Zenker，2011；Zenker and Braun，2010），这些关于一个区域的看法可以以不同的强烈程度考虑不同目标群体的各种观点和利益（例如，参见 Zenker and Beckmann，2013）。满足这些多元化需求来支持构建一个合适的地方品牌是一个相当大的挑战。

然而，在实践中以及在学术界对地方品牌化的兴趣比以往任何时候都大。显然，为了进一步发展和推广它们的品牌，地区都渴望获得区域消费者心中联想的净正面性。引入城市品牌排名，比如 Anholt-GMI 城市品牌指数（Anholt，2006）和藏红花欧洲城市品牌的"晴雨表"（Hildreth n.d.）例证了这一点。在营销学术界，对这个话题的兴趣也越来越大，但不幸的是，作为本领域中由 Lucarelli 和 Berg（2011）以及 Gertner（2011）做出的第一个元分析表明，地方品牌的共同定义似乎没有达成真正的共识。

什么是品牌？

实践中，以及在理论上，地方品牌化和地方品牌的定义和概念通常缺乏合适的定义和一致的用法。因此，地方品牌化常常被误解为区域推销（更深层次的讨论参见 Ashworth 和 Kavaratzis，2009；Berglund 和 Olsson，2010），仅仅集中在品牌化的促销方面而忽视了地方品牌化更广泛的目标和范围。从而，没有共享定义但有关于地区品牌是什么的多视点：根据美国营销协会（2013），例如，"一个品牌是一个名称、术语、设计、符号，或任何其他功能，来确定一个卖家的商品或服务与其他卖家的不同"。一些研究者批评这个定义在公司特别是区域使用时过于狭窄（例如，Kavaratzis，2008；Zenker and Braun，2010），其他人提出品牌的本质特征是"提供给公众不多也不少的某种事物的好名声"（Anholt and Hildreth 2005，p. 164）。根据 Keller（1993，2003），这种"好名声"或声誉作为消费者心中的一个关联网而存在，即所谓的品牌知识。这种关于一个品牌的知识是通过品牌意识（即顾客知道一个品牌的所有特性的程度）和他们的品牌形象（定义为对一个品牌的看法反映在消费者记忆中的品牌关联）建立的。因此，消费者评估这些联系并相应地改变他们的行为；这导致所谓的品牌资产，定义为"品牌知识对消费者的微分效应反映品牌营销"（Keller，1993，p. 8）。

与此相一致，Zenker 和 Braun（2010，p. 3）注意到一个地方品牌是"消费者心中的一张关联网，以视觉、语言和一个地区的行为表现为基础，通过目标、传播、价值观和地区利益相关者的一般文化和总体地区设计呈现出来"（更深入的讨论参见 Zenker，2011）。根据这些作者，地方品牌不是沟通表达或地区的物理特性（即风景、建筑和地区的其他具体表达），但是是目标受众心中的那些表达。这些感知引起了可测量的品牌效应，如留在一个地方的意愿（Zenker and Gollan，2010），或者居民的满意度（Insch and Florek，2008；Zenker et al.，2013b），或者积极的地区行为，像维护这个地方（Stedman，2002），如图 14.1 所示，因此，在处理地区品牌测量时他们似乎是值得注意的。总之，所有这些定义都强调了地方品牌化的复杂性，这只对地方品牌的有效测量提供了进一步的挑战。

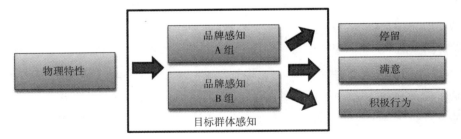

图 14.1　地方品牌认知的概念

我们想要测量什么？

从一个一般品牌的角度来看，我们有三种主要的方法来测量品牌：第一，品牌对象本身（物理特性）；第二，品牌价值驱动（如品牌形象和品牌意识）；第三，所谓的品牌资产。传统的营销文献，尤其是 Keller（1993）的定义，改变了品牌资产的广泛理解——一个品牌高度重要性的测量。Keller（1993，p. 8）声称"基于消费者的品牌资产被定义为品牌知识对消费者的微分影响反映品牌营销"。要衡量这种消费者反应，有必要知道品牌影响了谁。

物理特性

在地方品牌化中，一个经常被提及的选项涉及测量或描述这个地方本身的"真实"性或物理位置特性。这些描述通常是通过使用二手数据的案例研究（例如，Lee and Jain，2009；Vanolo，2008）形成的，如游客的数量、居民人口统计资料、国内经济增长率，或者林地面积的比例。这种方法的可用性是毋庸置疑的，但在两个主要方面有局限性：第一，通常它的全面性不足——和目前在地方品牌化中使用的大多数方法一样，因为它们通常依赖于数据的可获得性，而不是一个定义元素或维度的理论模型，这些元素和维度都是一个品牌的一部分（Zenker，2011）。第二，只局限于测量"真实"可能被证明是误导性的，因为出现的事实不被目标受众认可。例如，事实上，柏林与汉堡相比绿化更多——与后者绿化面积比例的 16.8% 相比，前者的绿化面积比例达到了 18.1%（Federal Statistical Office of Berlin-Brandenburg，2009；Hamburg Marketing GmbH，2009）——但是目标受众认为这是完全相反的现实（Zenker et al.，2013a）。因此，一个更全面的方法是，一个是不能被限制到这些测量中，另一个是还需要考虑地区的看法。

品牌价值驱动

第二种方法是品牌价值驱动的测量。品牌价值驱动影响消费者对品牌的反应，并且为客户的品牌知识结构提供有价值的信息，在非货币的基础上测量（例如，Keller，1993）。相关的驱动因素如品牌意识（在品牌回想和品牌认知方面）和品牌形象（表现为有利、优势和品牌联想的独特性）提供客户知识结构的一个概述，并且为品牌管理提供了重要的信息（Keller，1993，p. 3）。在这点上，在这个特定的背景下识别和量化品牌价值驱动在地方品牌管理中起着重要作用，特别是随着时间驱动因素的变化和识别驱动因素间的相互关系。

通过更密切的检验区域营销实践，可以观察到，非货币的地方品牌资产测量（特别是形象分析）在地方品牌测量中已经很常见。例如，De Carlo 等（2009）试图从品牌个性方面来理解米兰这个牌子，这个城市"闻起来"怎么样，"尝起来"怎么样或"看起来"怎么样，通过使用问卷调查和定性访谈来测量。Trueman 等（2007）寻找这个城市积极的和消极的资产，采用开放式和封闭式的问题采访城市用户，揭示他们对这个地方的看法。然而，地方品牌测量需要改进其跟踪系统（特别是随着时间的推移），是为了找出每个目标群体的中心品牌价值驱动因素，并且捕捉到一个区域的复杂性。

地方品牌资产

第三种方法，为了管理地方品牌化活动，我们也需要分析一个品牌（和它的价值驱动因素）对客户—品牌关系的结果变量的影响（例如，居民支付更多的生活费用的意愿和/或在首选地点的感知利益下接受较低的工资）。从地方品牌化文献的角度看，研究仅仅开始探讨一个地方品牌和客户—品牌关系的不同的结果变量之间的联系。

Papadopoulos 和 Heslop（2002）从一个投资者的角度提出了使用地方品牌资产的第一个证据：他们把产品（原产地）的国家品牌资产理念转化为投资者（国外直接投资，FDI）的国家品牌资产理念。Jacobsen（2009，2012）进一步发展了这个理念，并且为基于投资者的地方品牌资产（IPE）的驱动因素制定了一个框架，然后分析了品牌价值驱动因素和在一个地区（外商直接投资区位偏好）投资的决定之间的联系。

Zenker 等（2013a）提出了另一种方法，通过探索使用不同的城市品牌形象维度，以货币形式针对目标人才群体（即专业学者）。在固定的品牌联合（BAC）分析和混合个性化两级基于选择的联合（HIT–CBC）的方法（Eggers and Sattler，2009）的帮助下，这项研究测量了工资的百分比，这种工资是指人才愿意牺牲自己的首选地点来获取的工资。在这种方法中，整体愿意牺牲（以年薪）可以作为地方品牌资产的一个指标。

把当前的研究工作和地方品牌化实践作为背景，未来的研究需要描绘一张更清晰的图片，如何把地方品牌资产转化到实践中。虽然地方品牌资产是一个未来导向性能指标，它为营销支出的效率和效益提供重要的信息，现在不被区域营销者使用，并且通常公司也很少用到它。缺乏使用的主要原因是，品牌化文献还没有制定出一个品牌资产测量的标准。因此，研究也需要区域的背景。为了评估品牌资产，每个目标群体相关的客户—品牌变量结果（包括货币的角度）需要被澄清。这变得尤为重要，因为货币的品牌资产评估假设某些信息——如未来区域特定品牌的现金流、成本和特定品牌的风险因素——必须被估计。此外，大量各种不同的区域目标群体使测量一个地方品牌的"真实"影响变得困难，因为一个地方品牌经常同时影响不同的群体。

谁受影响？

地方品牌化包含一系列特性，如一个地区的消费者固有的多样性。由于这些目标群体的看法不同（Zenker and Beckmann，2013），在测量品牌价值驱动因素和品牌资产时这些不同的目标群体应该被考虑进来。

从理论的角度看，对在区域营销中的目标群体主要的、广泛的定义是：①游客；②居民和工人；③商业和工业（Kotler et al.，1993）。然而，如图14.2所示，在最近的市场营销实践中实际上针对群体是更加明确的和多样的（Avraham，2000；Braun，2008；Hankinson，2005；Zenker，2009）。在这些群体中，可以发现不同的小群体像休闲游客对商务游客，或者内部目标群体和外部目标群体。这些目标群体不仅在他们的结构上有所不同，而且在其特定的地方需要，需求和期望上也有所不同。举个例子，休闲游客在寻找闲暇时间活动，如购物中心或者文化产品；投资者对商业话题更感兴趣，如基础设施和潜在的合格劳动力；地区的消费者需要一个合适的环境去达成自己的目的，而不仅是一个"在地图上的点"。一个合适的品牌测量方法来平衡这些多元化需求是非常重要的，因为那些测量方法必须与多种目标群体中的每一个人相关。

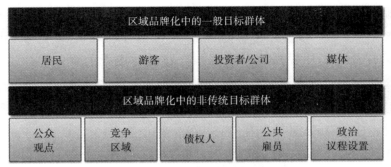

图 14.2 地方品牌化中不同的目标群体

此外，非传统目标群体能引起区域的强烈兴趣，如一般的公众观点，公共雇员、债权人、竞争对手和政治议程设置（公共外交）。非传统目标群体常常被忽略，特别是测量地方品牌资产，尽管地方品牌在那些目标群体中的影响非常大。

怎么去测量一个地区？

一个品牌的实证测量通常能被划分为三个主要的方法：第一，根据目标客户与自由品牌联系的形式采用定性的方法（例如，Calder，1977；Supphellen，2000）；第二，根据发现的属性形式采用定量的方法，如不同的品牌维度的标准化问卷调查表（例如，Aaker，1997）；第三，混合方法，例如多维等级法（MDS；例如，Carrol and Green，1997），网络分析（例如，Henderson et al.，2002），品牌概念图法（John et al.，2006；Schnittka et al.，2012），或基于目的链理论的阶梯技术（例如，Grunert and Grunert，2005；Gutman，1982）。

现存的地方品牌化文献主要代表了前两种方法，用定性的方法测量地方品牌的联系，例如焦点小组访谈（例如，Hankinson，2001；Morgan et al.，2002）；采用包含不同区位因素的标准化问卷调查分析区域属性（例如，Merrilees et al.，2009；Zenker et al.，2013b）。第三种混合法尚未被广泛使用，即使这种方法有可能克服其他两种方法的一般缺点。然而定性的方法在开放式问题中有优势，因此通常使研究者探索一个地区或一个品牌的独特联系，与两个不同的地方品牌或目标群体相比较，这个数据几乎是不可能的。相比之下，在一个标准化问卷调查的帮助下测量一个地区的感知度允许有意义的比较，但并不是没有其他问题出现，例如结果被选择属性强烈的干扰可能会遗漏掉重要的维度（Grabow et al.，1995）。比较区域的等级量表至少部分源于他们的研究成果，这些研究成果来自每项研究的各个焦点（Zenker et al.，2013b）。此外，这种直接测量方法隐匿着强大的漏洞，这些漏洞是由不同种类的社会偏差如反应偏差造成的（Fazio and Olson，2003）。幸运的是，在最近的研究中出现了一种趋势，把定性和定量的技术合并到多方式方法中，作为一种手段，结合它们的优点，弱化它们的缺点。在下面的章节中，我们提出两种混合法作为例子试图实现这些目标。

网络分析法

在不同的群体之间评估独特的地方品牌联系和地方感知的可比性的方法称为网络分析法（Henderson et al.，2002），使用定性研究（最重要的关联）的数据并且定量地分析它。该方法计算包含关联网络的联系的中心性（即关联间的互联数量），结果是一张每组品牌关联的网络图，然后可以互相比较。目的是确定与网络图有很强联系的最重要的关联，以及评估不同群体的感知差异。

为了这样做，Zenker 和 Beckmann（2013）在不同的目标群体中采用定性分析法，深入访谈法和阶梯技术法（Grunert and Grunert，2005；Wansink，2003）来评估汉堡这座城市的形象关联。所有关联因素都被列出来了，然后被编码成一张列表，这张不同关联—种类的列表是由三个独立的编码员编译而成的。在第二步，在网络分析的帮助下分析关联因素的结构，用 Freeman 的中心度方法计算出它们在网络中的中心性（Farsky and Völckner，2008）。

图 14.3 给出的一个例子来自网络分析结果。

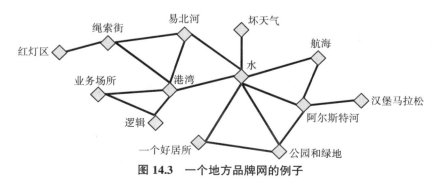

图 14.3 一个地方品牌网的例子

虽然网络分析在量化品牌网络中的每一个关联因素的重要性上具有优势，并且使得这些关联因素在网络中和不同的网络间是可比的，但它既不能评估关联因素也能不评估品牌。换句话说，你不能说哪一个关联因素或品牌更好——正如哪一个关联因素在关联因素网络中更为中心。对于第一个问题，先进的品牌概念图方法似乎更适合。

先进的品牌概念图法

John 等（2006）介绍了品牌概念图（Brand Concept Map，BCM）方法，它是作为一种强大的工具来测量品牌形象的，这种方法依据潜在的品牌关联网络结构，并且揭示了品牌关联因素的强度和独特性。然而，品牌概念图法不包括明确的品牌关联因素有利度测量。因此，Schnittka 等（2012）掺入了关于单一品牌关联因素有利度的明示信息到原来的 BCM 方法中，并且进一步发展了新的测量方法：品牌关联因素网络价值（BANV）量化整体的网络有利度。这种改进的 BCM 方法和新的 BANV 测量允许比较个体品牌关联因素和集体网络层面的网络有利度。

原始的 BCM 程序由三个阶段组成，来提供个体品牌图：在启发阶段，高度相关的品牌关联因素被识别（例如，通过深度访谈）。在映射阶段，受访者被要求抛开这些预先确定的品牌关联因素，开发一幅幅个体品牌地图，其中品牌标志出现在中心。然后受访者分配不同的关联因素联系优势，以品牌标志直接与选定的品牌关联因素相连，或者以其他间接因素与之相连。因此，原始的 BCM 方法提供个人网络信息关于以下几点：①品牌图上每个预先确定的品牌关联因素的出现（即唯一性 = m）；②品牌图上出现的每个关联因素的程度（例如，一阶关联 = 直接联系品牌；二阶关联 = 连接下一个一阶关联因素；L_{aj}）；③每个关联因素连接到品牌或其他关联因素的结合优势（即弱连接 = 单线；中连接 = 双线；强连接 = 三线；S_{aj}）。

由于初始的 BCM 方法关于单一品牌关联因素没有提供任何明确的有利度信息，改进的 BCM 程序包含一个额外的评估阶段，这是作为映射程序的一部分，关于以下几点：①消费者对每个品牌关联因素的评价判断（E_{aj}）；②消费者的购买状况中每个品牌关联因素的重要性（例如，参观或者不参观一个地区；I_{aj}）。

在最后的聚合阶段，研究者通过 John 等（2006，p. 555）的文章中提及的聚合规则把个体地图结合起来，建立一个所谓的共识地图。随着 Schnittka 等

（2012）的改进，改进的 BCM 方法可以区别"好"和"重要的"品牌关联网络，也可以区别"坏"和"不重要的"品牌关联网络，因为它提供了一个标准化方法来量化一个网络整体的有利度。它同样大幅度增加初始的 BCM 方法的适用性，因为随着时间推移它可以定量比较对象和对象组之间的网络。

进一步地，随着品牌关联网络价值（BANV）的实施，这个方法给出不同的信息来揭示品牌关联因素的有利度（即 E_{aj} = 被受访者陈述的每一品牌关联的评价判断 j；I_{aj} = 个人购买决定的重要性），优势（即 L_{aj} = 品牌关联因素在网络中的位置；S_{aj} = 一个关联因素直接联系到上级关联因素的强度），和独特性（即 m），根据以下的等式：

$$BANV_j = \sum_{a=1}^{m} E_{aj} \times S_{aj} \times I_{aj} \times L_{aj} \tag{14.1}$$

改进的品牌概念图的共识地图为一个地方品牌网络中每个关联因素的重要性和优势提供了有价值的信息，和受访者对关联因素的态度一样。通过包含 BANV，随着时间的变化，或者不同品牌之间的地图可以被评估。图 14.4 给出了一个例子：这样的结果来自先进的品牌概念地图。

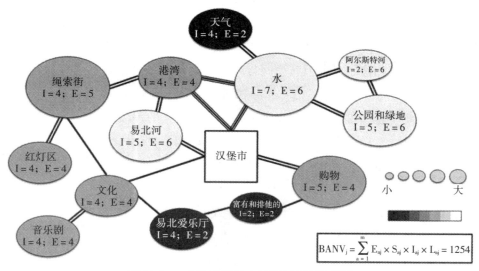

图 14.4　一个改进的地方品牌概念图的例子

小 结

如先前所示的地方品牌感知模型（见图 14.1），受众的看法是积极或消极结果的一种强有力的决定因素，因此，测量区域中的这些感知的"真实"物理特性似乎是更有价值的和有意义的——即使物理属性毫无疑问的是地方感知中的关键驱动力。测量无可动摇的事实——像普查数据，例如——将只会揭露区域的物理维度，并不能导致对地方品牌满意的解读（基于品牌的定义，作为个体的精神表征）。那就是说，关于区域物理维度的案例研究仍是帮助地方品牌的一般理解，因为这些维度对地方品牌的感知施加了强烈的影响。然而，从我们的角度来看，目前的测量指标通常提供非常不充分的信息。有一点是明确的：为了测量地方品牌，需要结合不同的方法。

定量的方法，如语义缩放（Baxter and Kerr，2010），好像是适合回答问题的一部分（特别是对于地区的量化方面，应该与其他地区做比较）。另一方面的定性方法——像 Wagner 和 Peters（2009）使用的拼贴技巧——对测量无形元素是有用的，例如独特的区域关联。最后，品牌及其影响的评价是测量地方品牌不可或缺的一部分，同时也是对区域营销人员最有价值的地方。定性的和定量的方法相结合对评估一个地方品牌是必要的，因为常见的和独特的区域关联都需要一个定性的成分，以便测量和评估。除此之外，研究必须考虑区域关联因素的优势，例如，通过最重要的关联因素和网络分析，或者之前描述的先进的品牌概念图法的帮助。

必须指出的是，测量一个地方品牌的所有方面是过于复杂和无效的。当然，研究一直是复杂性和可行性之间的一种交换。然而复杂构造的模型，如区域是永远不可能是完全正确的，至少他们在研究和理论发展上是富有成效的。在观念上，本章将有助于专业人士和研究者从品牌感知方面来思考地方品牌测量，并且为他们的地方品牌测量发现正确的复杂度。

参考文献

Aaker J（1997）Dimensions of brand personality. J Mark Res 34：347–356

American Marketing Association（2013）Dictionary American Marketing Association. http：// www.marketingpower.com/_layouts/Dictionary.aspx? dLetter=B. Accessed 24 Dec 2013

Anholt S（2006）Anholt city brand index—"how the world views its cities", 2nd edn. Global Market Insight, Bellevue

Anholt S（2010）Places—identity, image and reputation. Palgrave Macmillan, New York

Anholt S, Hildreth J（2005）Let freedom and cash registers ring：America as a brand. J Place Branding Public Dipl 1（2）：164–172

Ashworth GJ, Kavaratzis M（2009）Beyond the logo：brand management for cities. J Brand Manage 16（8）：520–531

Avraham E（2000）Cities and their news media images. Cities 17（5）：363–370

Baxter J, Kerr G（2010）The meaning and measurement of place identity and place image. Paper presented at the 50th European Regional Science Association Congress, Jönköping, Sweden, 19–23 Aug

Berglund E, Olsson K（2010）Rethinking place marketing—a literature review. Paper presented at the 50th European Regional Science Association Congress, Jönköping, Sweden, 19–23 Aug

Braun E（2008）City marketing：towards an integrated approach. Erasmus Research Institute of Management（ERIM）, Rotterdam

Braun E（2012）Putting city branding into practice. J Brand Manage 19（4）：257–267

Calder BJ（1977）Focus groups and the nature of qualitative marketing research. J Mark Res14：353–364

Carrol JD, Green PE（1997）Psychometric methods in marketing research：part 2, multidimensional scaling. J Mark Res 34：193–204

De Carlo M, Canali S, Pritchard A, Morgan N（2009）Moving Milan towards Expo 2015：designing culture into a city brand. J Place Manage Dev 2（1）：8–22

Eggers F, Sattler H（2009）Hybrid individualized two–level choice–based con joint（HIT–CBC）：a new method for measuring preference structures with many attribute levels. Int J Res Mark 26（2）：108–118

Farsky M, Völckner F（2008）Entwicklung und empirische Anwendung eines neuen Instrumentes zur Imagemessung am Beispiel von Universitäten［Development and implementation of a measurement tool for brand image with the example of universities］. Die Betriebswirtschaft（DBW）6（8）：706–728

Fazio RH, Olson MA (2003) Implicit measures in social cognition research: their meaning and use. Annu Rev Psychol 54: 297–327

Federal Statistical Office of Berlin-Brandenburg (2009) Berlin in Zahlen 2009 [Berlin in numbers 2009]. Federal Statistical Office of Berlin-Brandenburg, Berlin

Gertner D (2011) A (tentative) meta-analysis of the 'place marketing' and 'place branding' literature. J Brand Manage 19: 112–131

Grabow B, Henckel D, Hollbach-Grömig B (1995) Weiche Standortfaktoren [Soft location factors]. Kohlhammer/Deutscher Gemeindeverlag, Berlin

Grunert KG, Grunert SC (2005) Measuring subjective meaning structures by the laddering method: theoretical considerations and methodological problems. Int J Res Mark 12 (3): 209–226

Gutman JA (1982) Means-end chain model based on consumer categorization processes. J Mark 46 (Spring): 60–72

Hamburg Marketing GmbH (2009) Discover Hamburg—the city on the water front. City of Hamburg, Hamburg

Hankinson G (2001) Location branding: a study of the branding practices of 12 English cities. J Brand Manage 9 (2): 127–142

Hankinson G (2005) Destination brand images: a business tourism perspective. J Serv Mark 19 (1): 24–32

Henderson G, Iacobucci D, Calder BJ (2002) Using network analysis to understand brands. Adv Consum Res 29 (1): 397–405

Hildreth J (n.d.) The Saffron European city brand barometer. Saffron Brand Consultants website. http://saffron-consultants.com/news-views/publications/. Accessed 21 Dec 2013

Insch A, Florek M (2008) A great place to live, work and play—conceptualizing place satisfaction in the case of a city's residents. J Place Manage Dev 1 (2): 138–149

Jacobsen BP (2009) Investor-based place brand equity: a theoretical framework. J Place Manage Dev 2 (1): 70–84

Jacobsen BP (2012) Place brand equity: a model for establishing the effectiveness of place brands. J Place Manage Dev 5 (3): 253–271

John DR, Loken B, Kim K, Monga AB (2006) Brand concept maps: a methodology for identifying brand association networks. J Mark Res 43: 549–563

Kavaratzis M (2008) From city marketing to city branding: an interdisciplinary analysis with reference to Amsterdam, Budapest and Athens. PhD thesis, Rijksuniversiteit Groningen, Groningen

Keller KL (1993) Conceptualizing, measuring, and managing customer-based brand equity. J

Mark 57 (January): 1-22

Keller KL (2003) Brand synthesis: the multidimensionality of brand knowledge. J Consum Res 29 (4): 595-600

Kotler P, Haider DH, Rein I (1993) Marketing places: attracting investment, industry, and tourism to cities, states, and nations. The Free Press, New York

Lee HJ, Jain D (2009) Dubai's brand assessment success and failure in brand management—part 1. Place Branding Public Dipl 5 (3): 234-246

Louviere JJ, Johnson RD (1990) Reliability and validity of the brand-anchored conjoint approach to measuring retailer images. J Retail 66 (4): 359-382

Lucarelli A, Berg PO (2011) City branding—a state of the art review of the research domain. J Place Manage Dev 4 (1): 9-27

Merrilees B, Miller D, Herington C (2009) Antecedents of residents' city brand attitudes. J Bus Res 62 (3): 362-367

Morgan N, Pritchard A, Piggott R (2002) New Zealand, 100% pure. The creation of a powerful niche destination brand. J Brand Manage 9 (4/5): 335-354

Papadopoulos N, Heslop L (2002) Country equity and country branding: problems and prospects. J Brand Manage 9 (4-5): 294-314

Schnittka O, Sattler H, Zenker S (2012) Advanced brand concept maps: a new approach for evaluating the favorability of brand association networks. Int J Res Mark 29 (3): 265-274

Stedman RC (2002) Towards a social psychology of place: predicting behavior from place-based cognitions, attitude, and identity. Environ Behav 34 (5): 561-581

Supphellen M (2000) Understanding core brand equity: guidelines for in-depth elicitation of brand associations. Int J Market Res 42 (3): 319-338

Trueman MM, Cornelius N, Killingbeck-Widdup AJ (2007) Urban corridors and the lost city: overcoming negative perceptions to reposition city brands. J Brand Manage 15 (1): 20-31

Vanolo A (2008) The image of the creative city: some reflections on urban branding in Turin. Cities 25 (6): 370-382

Wagner O, Peters M (2009) Can association methods reveal the effects of international branding on tourism destination stakeholders? J Place Manage Dev 2 (1): 52-69

Wansink B (2003) Using laddering to understand and leverage a brand's equity. Qual Market Res Int J 6 (2): 111-118

Zenker S (2009) Who's your target? The creative class as a target group for place branding. J Place Manage Dev 2 (1): 23-32

Zenker S（2011）How to catch a city? The concept and measurement of place brands. J Place Manage Dev 4（1）：40–52

Zenker S，Beckmann SC（2013）My place is not your place—different place brand knowledge by different target groups. J Place Manage Dev 6（1）：6–17

Zenker S，Braun E（2010）Branding a city—a conceptual approach for place branding and place brand management. Paper presented at the 39th European Marketing Academy Conference, Copenhagen，Denmark，1–4 June

Zenker S，Eggers F，Farsky M（2013a）Putting a price tag on cities：insights into the competitive environment of places. Cities 30（February）：133–139

Zenker S，Petersen S，Aholt A（2013b）The citizen satisfaction index（CSI）：evidence for a four basic factor model in a German sample. Cities 31：156–164

Zenker S，Gollan T（2010）Development and implementation of the resident migration scale（ReMiS）：measuring success in place marketing. In：Witte EH，Gollan T（eds.）Sozialpsychologie und Ökonomie. Pabst Verlag，Lengerich，pp 156–172

第十五章　反思品牌资产
——适用于区域的可能性和挑战

玛格达莱娜·弗洛里克*
（**Magdalena Florek**）

[**摘　要**] 本章的目的是在区域的背景下解释品牌资产概念。假设基于消费者的品牌资产评估适用于区域品牌策略结果的评价。基于消费者的品牌资产背后的根本前提是品牌的力量在于消费者的品牌意识、品牌知识和品牌经验。区域营销的目标包含着区域产品的复杂性和品牌利益相关者的多样化群体，而这一事实似乎证明了该方法的适用性。为了实现地方品牌资产的战略功能，必须确定品牌资产的来源及其结果，并确定结果（以及可能的来源）是如何随时间变化的。来源表明品牌资产的组成部分，品牌资产评估反映了品牌实际为消费者提供价值增值的模式。

引　言

关于区域营销的几篇最新文献主要致力于分析现有的理论分歧和地方品牌的实证研究（Gertner，2011a，2011b；Hanna and Rowley，2011；Zenker and Mar-

* M. Florek （✉）
Poznań University of Economics，Poznań，Poland
e-mail：m.florek@ue.poznan.pl
© Springer International Publishing Switzerland 2015
M. Kavaratzis et al.（eds.），*Rethinking Place Branding*，
DOI 10.1007/978-3-319-12424-7_15

tin, 2011)。目的是确定可能有助于地方品牌理论发展的领域。Zenker 和 Martin
(2011) 认为，现在与品牌相关的主要领域涉及品牌申请在相关管理单位的影响
和评估，由于地方品牌的复杂性和有关品牌资产衡量的问题，这项任务并不容
易。这就是为什么作者强调需要突出品牌资产的原因，同时强调其研究的缺乏是
由于没有标准指标和测量结果造成的。如果区域已经被视为品牌，那么它们就应
该像任何其他品牌一样提高其资产价值，以吸引消费群体，或者更准确地说是吸
引利益相关者。

基于以上原因，越来越多的研究人员开始思考是否可以将产品（部分为服务
和组织）品牌资产的概念和衡量方法应用到区域中来。

品牌资产与品牌价值

品牌资产的概念在 20 世纪 80 年代得到重视，在 20 世纪 90 年代由 Aaker
(1991)，Srivastava 和 Shocker (1991)，Kapferer (1992) 和 Keller (1993，1998)
等普及。

尽管关于这个主题的文献包括大量对品牌资产的定义和其衡量标准的讨论，
但一致的观点认为品牌资产与消费者通过品牌名称联想获得的价值增值（Win-
ters，1991；Chaudhuri，1995）和品牌消费者感知到的相对于竞争品牌的某种效
用有关 (Boo et al.，2009)。

同时，品牌资产的概念很难从品牌价值的概念中分离出来，虽然这些概念经
常以可互换的方式使用，但它们的语义非常相似。例如，Leuthesser (1988) 将
品牌资产定义为与无品牌产品相比消费者从中获得的价值。同样，De Chernatony
和 McDonald (1998) 将品牌资产定义为在消费者心目中创造品牌价值的一系列
影响因素。然而，这个价值是主观的。另外，Aaker (1991，p.16) 的品牌资产定
义让人想起金融领域："与品牌名称和标志相联系，能够增加或减少企业所销售
产品或服务的价值一系列资产与负债。"他还补充说，品牌资产是"消费者的意
见、态度和行为的集合"。美国营销协会将品牌资产定义为"品牌的价值，从消
费者的角度来看，品牌资产是基于消费者正面的品牌联想及良好的产品知觉质

量"（AMA，2006）。

Kim 等（2003）通常考虑品牌资产的两个角度：品牌对企业的价值（从财务角度）和品牌对客户的价值（在决策背景下）。第一个围绕品牌资产的结果，如价格、市场份额、利润和未来现金流量建立，因此应该被认为是"品牌价值"；第二个以用户的联想为核心（Montgomery and Lieberman，2005），应该是"基于消费者的品牌资产"（Keller，1993）。

Temporal（2002）认为，品牌资产是指一个品牌的描述性方面，并与基于消费者观的关于品牌主观的和无形的观点相联系。另外，品牌价值是一个货币标识符，作为未来利润（未来品牌利润流的净值）估计的未分配的独立资产（余额项目）的总品牌价值（Feldwick，1996）。Doyle（2000）认为品牌价值是由与品牌相对应的产品所确定的额外现金流量的价值。品牌是公司的资产[①]，而资产是由公司控制的财务资源（Kall et al.，2006，p.252）。

Motameni 和 Shahrokhi（1998，in：Kim et al.，2003）在回应上述财务和情感元素之间的关系时提出了"全球品牌资产"评估的概念，其中包括基于营销视角和财务视角的资产。Davis（1995，in：Wood，2000）恢复了这两种方法之间的关系的顺序问题，并声称品牌价值来源于消费者的品牌资产。Christodoulides 和 de Chernatony（2010）认为，品牌资产的财务价值只是消费者对品牌名称反映的结果，因此品牌资产被认为是市场份额增长和品牌盈利能力的推动力，它是建立在品牌认知（以消费者为导向的品牌资产）的基础上的。Wrona（2004）同意说，"经济分析证明，品牌的财务价值在很大程度上取决于消费者对品牌的态度，与品牌价值要素相关的消费者（情感）是财务价值的来源，是现在和未来现金流的抵押品"（p.447）。积极的品牌资产为消费者带来价值，从而为股东带来价值（Barwise et al.，1990；Gupta et al.，2004）或为利益相关者带来价值。营销科学研究所（引用自 Leuthesser，1988）指出，品牌资产的定义为"品牌消费者、渠道成员和母公司的联想和行为的集合，并允许品牌获得比没有品牌名称时更大的销量或更高的利润率"。

[①] 在此背景下，霍尔（1993 年，引自 Sinclair，2004 年）列出了包括知识产权（商标、专利、版权等）、商业秘密、合同和许可证、数据库、一般可用信息、个人和组织网络等非有形资产、员工、顾问、供应商和分销商的"技术诀窍"、产品和公司的声誉、组织文化（例如，对变化做出反应的能力、挑战等）。

面向消费者构建的品牌资产

考虑到消费者行为的前景，品牌资产被视为消费者对品牌营销的反应（Aaker，1996；Keller，1993），并被广泛应用于商业行业作为品牌成功的指标。

Faircloth 等（2001）认为，品牌资产是一种以行为为导向的结构，并受到面向特定对象的形象和态度的影响。此外，Leuthesser（1988）、Srivastava 和 Shocker（1991）将品牌资产视为联想、态度和行为标准的集合。同样，Christodoulides 和 de Chernatony（2010）将品牌资产定义为"品牌消费者的联想和行为的集合，能够使品牌获得比没有品牌名称时更大的销量或更高的利润率，同时提供强大的、可持续的差异化优势"（p.9）。

因此，Keller（1993）引入的术语，即基于消费者的品牌资产，围绕着未来和现有品牌用户的联想和态度。Erdem 等（1999）进一步将品牌资产认为是消费者的品牌知识产生的差异化影响，和对非品牌报价或虚构品牌名称的同类营销组合的反应相比消费者对品牌产生的反应。因此，只要消费者对一个标有特定名称的报价和一个等价的无品牌报价的反应没有差别，我们并不会认为它属于品牌资产范畴。

以这种方式理解，品牌资产的意义可以追溯到导致不同感知、偏好和消费者行为的心理过程（编码、存储信息、从内存中恢复信息、开发偏好等）。Keller（1993）强调品牌知名度、熟悉度和形象（品牌知识）在消费者反应和决策过程中的作用。

Farquhar（1989）认为品牌资产应该导致：①主观信息的信息化处理；②抵制变化的永久态度或观点；③受这些观点影响的行为。由于每个消费者对品牌效益和品牌功能的重要性都有自己的看法，所以品牌资产需要在个人层面上构建。更重要的是，消费者的感知是变化的，这些感知可能会影响细节水平（例如单一品牌属性）或一般品牌印象（Broniarczyk and Gershoff，2003）。

在这里，基于消费者的品牌资产需要与基于公司的品牌资产区分开。据 Strebinger 等（1998）的观点，尽管前者（也被认为是自下而上的方法，Fetscherin，

2010）是最重要的，但它不是公司品牌价值的唯一来源。在市场销售的基础上，一个品牌也可能在其他市场带来显著的收益。与知名品牌相关的公司在劳动力市场上享有优势，其他优势可以在资本市场上或与政治决策者达成一致时提供。在这种情况下，Ambler（2000，p.49）认为价值创造是一个分散的过程，主要侧重于通过品牌为众多利益相关者创造的价值，他将其称为"品牌资产总量"。Jones（2005）甚至建议将利益相关者理论引入品牌资产，从而更好地了解对具体利益相关方的品牌进行运营监控。对于地方品牌来说，这种方法可能由于受品牌影响的群体数量而具有特殊的价值。但由于在建立区域产品和进一步地建立地方品牌的过程中（这需要许多群体的参与，同时他们也是该区域的消费者），基于公司的方法与基于消费者的方法密切相关，所以这两种方法要想区分开是很难的。

结合上述各种趋势，Lassar 等（1995）声称在界定品牌资产时需要考虑五个重要因素。第一，品牌资产是指消费者的感知，而不是客观指标；第二，品牌资产与品牌的全球价值相关；第三，这个全球价值来源于品牌名称，而不仅是品牌的物质方面；第四，品牌资产不是一个绝对类别，而是与竞争对手相关的；第五，品牌资产对财务业绩产生积极影响。

衡量品牌资产

根据 Aaker（2000，p.9）的观点，品牌资产是"可以成为竞争优势和长期盈利能力的基础的战略性资产"。因此，需要对品牌资产进行分析、测量和监测，以便于品牌的管理和其进一步发展。

在关于这一主题的文献中，品牌资产的基本来源（在一般而不是与具体区域相关的背景下）包括两个维度：感知（通过品牌知名度、品牌联想、品牌形象、感知质量等衡量）和行为（通过品牌忠诚度、支付溢价的意愿、建议等进行操作化定义）。

根据 Keller（1993，2003）的观点，基于消费者的品牌资产应该依靠高水平的品牌知名度和知识，以及强大的、有利的和独特的品牌联想。另外，Aaker（2000）认为品牌知名度、感知价值、品牌联想和品牌忠诚度是品牌资产的维度，这是品牌资产最常采用的观点。

基于消费者品牌资产的测量已经成为学术界和业界经常讨论的课题［例如"品牌资产评估师"（Young 和 Rubicam），总研究公司的"Equitrend"，以及"Landor Associates""Image Power"（出自 Kartono and Rao，2005）］。同时品牌资产维度被视为单一的测量。在比较品牌资产不同测量方式的实证研究中，Agarwal 和 Rao（1996）声称，Aaker（1991）和 Keller（1993）定义的大部分测量方式（除了自发品牌召回）都表现出相似的置信水平，所以采用它们测量品牌资产是合理的。

Jones（2005）强调，衡量基于消费者的品牌资产可能会鼓励品牌经理关注品牌的"表面"，而不是品牌如何能长期为消费者创造价值。Jones 认为考虑一般的品牌体验需要的意识在逐渐增长，这不仅包括直接的品牌关系，还包括通过其他渠道创造的品牌关系（如销售人员的经验、媒体）。

品牌资产在地方品牌背景下的重新思考

基于品牌资产的概念，区域营销的文献首先反映了区域资产一词（Shimp et al.，1993），Kotler 和 Gertner（2002，p.250）认为，这反映了"来源于对地方品牌的消费者联想的情感价值"。这种解释强烈地依赖于原产地的影响，这是文献中常见的解释方式，并与区域（地方）品牌资产或价值相关。在这种情况下，一个地区的形象可能会影响作为区分要素的产品品牌资产的关键维度（如联想或感知价值）。Shimp 等（1993，p.328）甚至声称一个地区的品牌资产"解释了一个产品的品牌中包含的价值"。参考地区或一般意义上的区域的产品品牌形象，为相似产品或领域制定有效策略和竞争优势，变得越来越重要（Baker and Cameron，2008）。然而，上述方法未能充分解释地方品牌的品牌资产，它们只是我们所要考虑问题的根源。

Papadopoulos 和 Heslop（2002）首先从投资者的角度来看待地方品牌资产概念的应用，他们将产品起源背景下的品牌资产的理念转移到面向投资者的地方品牌资产上（在外来直接投资的背景下）。然而，Papadopoulos（2004）通过参考

Aaker（1991）创造的品牌资产定义，在区域背景下提出了一个与品牌资产性质最接近的定义，他认为品牌资产是"与一个区域相关联的真实的和/或感知的品牌资产和负债"（p.43）。另外，Cervellon 和 Chailan（2013，打印稿）将地方品牌资产解释为构建从地名中衍生出来的品牌的潜力。

地方品牌资产研究评论

尽管相关文献做了一些概念间的类比研究，但关于产品品牌资产、地方品牌资产和它们的测量方式间的相似性却很少有文献涉及。到目前为止，几乎没有关于如何解释及衡量各种规模的（地方）品牌资产的讨论。

Konecnik 和 Gartner（2007）写了第一篇严格意义上的关于地方品牌资产及其衡量标准的文章。他们提出了一个以斯洛维尼亚为例的地方品牌资产模式（随后由 Zanfardini 等在 2011 年用于衡量阿根廷巴塔哥尼亚地区的品牌），该模式涉及目的地品牌资产，即关于旅游方面的地方品牌（目标群体为实际的和潜在的游客）。Konecnik 和 Gartner（2007）遵循 Aaker 的方式，将知名度、形象、质量和忠诚度作为目的地品牌资产的适当维度，同时强调其形象和功能在形成品牌资产过程中的重要性。他们接受 Cai（2002）在论文中的观点，即形象是品牌的核心，而不同的维度影响模型的特定组成部分。这在实证研究中是一个非常受欢迎的方式，其重点主要放在地方品牌资产与形象相关的要素上。[①] 该方式的例证是评估 Tourist Destination Brand Analyzer（Hakuhodo Tourist Business Development Project，2005）介绍的旅游目的地优势的方法以及 76 个立陶宛城镇品牌的测量、排名和认知情况（Brencis and Stancika，2011）。Konecnik 和 Gartner（2007）试图验证形象是否是目的地品牌资产唯一的和足够的测量来代表目的地评估，或者是否其他维度也可以被识别和测量。由于品牌资产（包括地方品牌资产）是通过加强其具体维度而产生的（Aaker，1991；Yoo et al.，2000），所以即使各个维度对资产

---

① 就消费品而言，它们中的大多数提供了有形的、实质性的属性，因此图像基于实际和可测量的信息。根据 Konecnik 和 Gartner（2007）的说法，这不适用于基于经验生产的产品，因为在旅游业中，产品是同时生产和消费的。在目标图像的研究中强调了有形和无形的区别，并以此作为重点。

的影响是分散的，应用整个资产维度范围也是很重要的。

Konecnik 和 Gartner（2007）进行的研究结果说明了目的地品牌资产的四个建议维度之间的关系，这些维度在评估目的地品牌方面都很重要，而且它们可以通过基于消费者的品牌资产的概念来表达。

地方品牌资产的其他文章也主要围绕目的地品牌，例如，Boo 等（2009）通过在美国访问拉斯维加斯和大西洋城的个人样本，对基于消费者的品牌资产模型进行在线研究测试，选取这些城市是因为它们属于同一目标分类：它们都提供相似的娱乐和赌博产品及服务。他们的选择标准与 Crimmins（2000）一致，即品牌资产可能在与同一品牌类别的其他品牌相比较的过程中被衡量。

Boo（2009）等测试的模型包括品牌知名度（实际上是指品牌知识）、品牌形象、品牌质量、忠诚度和品牌价值，后者是基于消费者的成本定义的，主要是指物有所值，与之前在货币方式中讨论过的品牌价值无关。笔者认为，目的地品牌价值受到知名度、品牌形象和质量的影响，同时品牌忠诚度又受到形象和质量的影响。另外，品牌价值影响品牌忠诚度，这是模型中最后一个联系环节（最终的结果）。笔者验证了关于具体维度关系的假设，并最终提出了一个替代模型。其中因子分析还表明，在目的地背景下将品牌经验作为品牌资产的一个新的维度是合理的。这个维度对目的地的价值有积极的影响，但它对目的地品牌忠诚度还没有直接影响。另外，品牌知名度直接影响品牌经验（品牌形象和质量是品牌经验的贡献者）。

Pike 等（2010）进行的研究是对地方品牌资产研究的另一个重要发展。笔者以澳大利亚为旅游目的地为例，并测试了一个四维模型：品牌突出、品牌形象、感知质量和品牌忠诚度。其中品牌突出的表现不仅是品牌知名度，它还是维度结构层次的基础，是一个目的地在特定情况下的目标市场上存在的力量。[1]品牌突出通常被认为具有区别能力（Guido，1998）和在一个具体产品类别中出现的首要想法（第一个提示性品牌）。Romaniuk 和 Sharp（2004）将这一维度视为品牌在购买情况下被注意或回忆的倾向。品牌形象代表着与目的地相关的感知，作者将形象的构建限制为社会形象和自我形象。另外，品牌质量与目的地结构的质量

---

① 这可能表明，同一品牌的重要性因选择的情况而异，例如，如果目的是家庭旅行，或者与医疗有关，目的地的重要性就不同了。这种方法直接关系到品牌的范畴。

感知，如住宿等的服务和设施有关。品牌忠诚度代表参与目的地的程度，同时也可以在访问次数、预期访问次数或口碑情况下进行解释。分析结果表明，品牌形象和感知质量之间存在积极的正向关系，同时品牌突出与品牌忠诚度之间存在直接的正相关关系。

在进一步的研究中，Pike（2010）处理了同一目的地（珊瑚海岸地区）在一段时间跨度内（2003 年 vs. 2007 年）的基于消费者的品牌资产的操作化定义和具体维度水平。这项研究涉及所谓的汽车短暂休假旅行，是一种非商业旅行，旅行时间一般为 1~4 天（White，2000）。Pike（2010）在其研究中应用了 Aaker（1991，1996）、Keller（1993，2003）的方法，并利用了 Lavidge 和 Steiner 提出的影响力等级（1961）。在具体的影响力等级中，目的地品牌资产包括品牌突出、品牌联想、品牌共鸣和品牌忠诚度。所以 Pike 应用了类似感知和行为的方式。Pike 介绍的一个新的维度是品牌共鸣，是消费者对品牌和品牌互动的反应倾向。Pike 将品牌共鸣解释为参与一个目的地的意愿，这可以通过相关的行为来衡量，例如访问费用包括对品牌的态度和访问意愿。共鸣先于目的地品牌忠诚度，是品牌资产的最高等级。

Pike（2010）认为，营销工作应该着眼于长期发展所期望的品牌差异化（品牌突出）和品牌联想（Keller，1993）。品牌属性和消费者需求的结合将会导致品牌共鸣（参与品牌的意愿）的增加。另外，品牌承诺的有效交付可能会导致品牌忠诚度的提高，特别是在上述提到的短期旅行市场中，当消费者拥有自己喜欢的能够继续回来旅行的地方时。

Florek（2012）增添了对构成城市品牌资产的模式的讨论。基于对具体品牌资产维度的详尽文献和研究综述，通过整合不同的要素和类别来考虑新的解决方案，最终四个主要维度作为对两个波兰城市品牌资产的假设检验：认知、偏好、满意度和依赖。

对波兰具有代表性的 300 名居民（第一阶段旨在选择为进一步解释目的地品牌资产进行研究的变量）和 800 名居民（在第二阶段，目标是达到更精确的品牌资产维度，并确定同一类别内的两个城市的品牌资产：波兹南和弗罗茨瓦夫）样本分别进行了两阶段研究，结果表明，城市品牌资产的重要维度包括：依赖、知名度、推荐价值和物有所值。因此，通过比较关于建立城市品牌资产（感知、偏好、满意度和依赖）维度的初步假设揭示出了新的维度。偏好维度被推荐价值维度所取代,该维度最初被假设存在于依赖维度中;在满意度方面,与物有所值相关的因素被证明是最重要的;在感知方面,与知名度相关的因素是最强的。此外,回归分析提供了上述维度重要性的信息——依赖维度最强(维度对因变量的影响为 83.51%)、形象(9.47%)、推荐价值(4.18%)和物有所值(2.83%)(Florek,2012)。

正如上述简短的研究评论显示,研究地方品牌操作化定义的研究人员对旅游目的地品牌的研究最多。上述研究所涉及的方法已包括在表 15.1 中。

表 15.1　地方品牌资产概念的发展的主要研究

研究	维度
Konecnik 和 Gartner（2007）	知名度
	形象
	质量
	忠诚度
Boo 等（2009）	知名度
	品牌经验（包括形象和质量）
	品牌价值（功能,在价格机制下）
	忠诚度
Pike 等（2010）	品牌突出
	感知质量
	形象
	忠诚度
Pike（2010）	忠诚度
	共鸣
	联想
	品牌突出
Florek（2012）	依赖
	知名度
	推荐价值
	物有所值

资料来源:由笔者汇编整理。

一般来说,笔者们认可建立目的地品牌资产的维度及它们是衡量目的地品牌资产的基础，尽管他们倾向于引入描述相关类别的不同术语（例如，品牌知名度与品牌突出，联想与形象，忠诚度与依赖）。Pike（2010）更侧重于建立品牌关系的方面，并提出了两个相关类别：品牌忠诚度和品牌共鸣，这让人想起 Florek（2012）提出的：推荐价值和品牌依赖。另外，Boo 等（2009）强调了品牌经验（不仅是感知）的前提，它会影响对消费者的财务价值的品牌评估。他们还确定了目的地品牌评估研究的某些局限性，他们认为目的地品牌可以通过基于消费者的品牌资产概念来衡量。然而，在对这个问题的文献进行审查的基础上，他们做出了一些假设：

● 应通过与目的地品牌相同类别中的其他竞争品牌的比较来评估目的地品牌；

● 目的地需要在游客（消费者）中广为人知，受到欢迎；

● 游客需要有目的地品牌的经验。

在对现有地方品牌资产研究（大多数情况下，是对旅游目的地的品牌资产）的分析中，得到的最重要的结论之一是形象的从属作用。在过去的 40 年中，对旅游目的地形象的兴趣日益增加，尤其是认知方面（即简单地说，它是以目的地并置属性为基础）在旅游业研究领域盛行。虽然上述发展还不符合最终的维度列表，但它们是其他维度的重要性甚至优势的证明（特别是行为意义）。然而，值得注意的是，到目前为止，只有两个实证研究测试了维度之间的关系。

除关于旅游目的地的品牌资产的讨论外，只有 Jacobsen（2012）在投资背景下提出了地方品牌资产的模式，并从投资过程的角度对其进行了分析。作者开发了一种基于投资者的地方品牌资产的理论模型，可以衡量区域方品牌的有效性和外商直接投资目标地理位置偏好的影响，该模式可以从外来投资者的角度确定影响地方品牌的"驱动力"。Jacobsen（2012）假设地方品牌消费者的行为（例如关于在一个特定地点进行投资的决定）取决于地方品牌价值的评估，地方品牌价值的评估反过来又取决于吸收区域资源的方式。Jacobsen 认为必须进行实证验证的主要关系是地方品牌资源、地方品牌价值和品牌资产之间的关系，以及在 BIZ 位置选择中品牌资产与偏好之间的关系。然而，这个模型需要实证验证。

总而言之，现有的关于地方品牌资产的出版物和研究在范围（城市、区域、国家）、背景（旅游、投资）和应用的方法方面都有所不同。它们也是相对稀缺的文献，因此深入分析和多方面研究是重中之重。Lucarelli（2012）总结了有关这一主题的文献，有关区域营销的几篇文章虽涉及品牌资产的问题，但和这一领域的讨论和研究几乎没有直接联系。

Lucarelli（2012）通过对过去 20 年的文献进行审查和分类，包括最新的相关刊物，提出了城市品牌资产的理论模型。该理论模型包括来源于该问题的跨学科性质的三个维度，即城市品牌因素、城市品牌测量和城市品牌在各个领域的影响。这就是 Lucarelli（2012）将城市品牌的一般复杂性问题与关于这个问题的文献中提出的评估相联系的方式。

一个维度是作者将其解释为城市资源（有形和无形）的"城市品牌因素"。Lucarelli 将它们分为历史遗产、文物和空间计划、事件和活动、流程和制度以及符号。另一个维度是"城市品牌测量"，涉及现有研究中采用的测量方法和工具，以评估城市品牌的影响。Lucarelli（2012）以及 Zenker 和 Martin（2011）得出的结论表明，大多数对地方品牌评估的研究都是基于个案研究，而在较小程度上是基于比较分析。关于研究方法，与定量方法或基于多种方法的组合的研究相比，定性研究最为常见。最后一个维度："城市品牌影响"是指衡量建设城市品牌效果的影响。关于这个维度，Lucarelli 强调的是影响类型（分为与形象相关的影响和与身份相关的影响，社会影响、政治影响和经济影响），而不是前一维度（"城市品牌测量"）中反映的测量方法和工具。

品牌影响的第一个领域——"身份—形象"包含了在城市身份或其形象方面直接影响城市品牌的因素。社会和政治影响是指城市品牌对社会、政治和文化产生的影响，经济影响是指以经济比率为基础的结果。Lucarelli 提出的模式是对以下情景过程尝试的一种综合方法：什么建立了品牌资产——它对城市运营的影响是什么——如何衡量这一影响。

从地方品牌管理的角度来看，确定可以被影响和测量的品牌资产（也称为资产来源）要素是至关重要的。另一个重要的问题是对最终类别（用指数、指标等表示）的品牌资产采用的方法，该方法可以比较不同时期的品牌资产和同一时期不同品牌的资产。此外，Zenker 和 Martin（2011）认为为了评估地方品牌资产，需要确定与特定群体相关的变量。因此，他们同意将基于消费者/消费群体的方法作为地方品牌资产的一个选择。

小　结

虽然地方品牌资产逐渐引起了人们的兴趣，但关于这一主题的文献（主要是在地区和城市的背景下）并没有提供这个概念的定义。现有文献的学术成就是有限的，在大多数情况下，其结论都表明开始这个课题的研究是有必要的。

采取适当的视角理解地方品牌资产是至关重要的。推动这些问题研究的作者清楚地表明，基于消费者的方法是适用于地方品牌研究的。这种观点是合理的，因为最终利润是以地方品牌所有者（居民）的财产形式呈现，同时他们也是区域产品的消费者。当地人不是一个地方品牌的唯一消费者或利益相关者群体，这种观念已经越来越多地取代了消费者、客户或管理单位的目标群体。在这种情况下，通过消费者进行评估的品牌前景是最充分的，因为它同时允许对相关群体的品牌进行详细分析。

因此，我们可以假设地方品牌资产（基于消费者/利益相关者群体）是与一个地方品牌相关的一组联想和态度以及行为模式的区别效应。然而，这个定义需要进一步讨论，衡量品牌资产的可能性也同样需要进一步论证。

同时，品牌资产也为区域管理提供了重要的信息。地方品牌资产评估说明了品牌资产的哪些要素可能会加强一个具体区域的品牌，以及这些要素之间可能发生的关系，而且这些结果是对区域进行比较分析的基础（基准分析）。据 Lassar 等（1995，p.13）"品牌资产不是绝对的，而是与竞争对手相对的"，是"只能通过与同类别的其他品牌的比较来衡量"的概念。其中最重要的是，Abela（2003，p.348）得出的结论："衡量品牌资产的目的是追溯其如何根据营销组合和竞争性活动的变化而改变，以及什么是最初的兴趣点，以确定一个品牌随着时间的变化而不是它的绝对价值。"

这两个方面——时间和相对性，使品牌资产成为一个实用且高度认知的范畴。从长远来看，品牌资产使评估区域的营销工作可能成为更广泛的、可以评估区域营销管理的方法。

参考文献

Aaker DA（1991）Managing brand equity. Capitalizing on the value of a brand name. The Free Press，New York，p 4

Aaker DA（1996）Building strong brands. Free Press，New York，p 150

Aaker DA（2000）Brand leadership. The Free Press，New York

Abela A（2003）Additive versus inclusive approaches to measuring brand equity：practical and ethical implications. J Brand Manag 10（4）：342-352

Agarwal MK，Rao VR（1996）An empirical comparison of consumer-based measures of brand equity. Mark Lett 7（3）：237-247

AMA，American Marketing Association（2006）Marketing definitions：a glossary of marketing terms. AMA，Chicago

Ambler T（2000）Marketing and the bottom line：the new metrics of corporate wealth. Financial Times/Prentice Hall，London

Baker MJ，Cameron E（2008）Critical success factors in destination marketing. Tour Hosp Res 8（2）：79-97

Barwise P，Higson C，Likierman A，Marsh P（1990）Brands as separable assets. Bus Strateg Rev 1（2）：43-59

Boo S，Busser J，Baloglu S（2009）A model of customer-based brand equity and its application to multiple destinations. Tour Manag 30（2）：219-231

Brencis A，Stancika K（2011）Measuring brand equity of Latvian cities and towns. In：New values in tourism and society development，proceedings of the international conference Riga，Latvia，School of Business Administration Turiba，Riga，pp 20-25

Broniarczyk SM，Gershoff AD（2003）The reciprocal effects of brand equity and trivial attributes. J Mark Res 40（5）：161-174

Cai LA（2002）Cooperative branding for rural destinations. Ann Tour Res 29（3）：720-742

Chaudhuri A（1995）Brand equity or double jeopardy? J Prod Brand Manag 4（1）：26-32

Christodoulides G，de Chernatony L（2010）Consumer-based brand equity conceptualisation and measurement：a literature review. Int J Mark Res 52（1）：43-66

Crimmins J（2000）Better measurement and management of brand value. J Advert Res 40（6）：136-144

De Chernatony L，McDonald M（1998）Creating powerful brands. Butterworth-Heinemann，Oxford

Doyle P（2000）Value-based marketing：marketing strategies for corporate growth and shareholder value. Wiley，New York

Erdem T，Swait J，Broniarczyk S，Chakravarti D，Kapferer JN，Keane M，Roberts J，Steenkamp JB，Zettelmeyer F（1999）Brand equity，consumer learning and choice. Marketing letters. Kluwer Academic Publishers，Norwell，pp 301–318

Faircloth JB，Capella LM，Alford BL（2001）The effect of brand attitude and brand image on brand equity. J Mark Theor Pract 9（3）：61–75

Farquhar PH（1989）Managing brand equity. Mark Res 1（3）：24–33

Feldwick P（1996）Defining a brand. In：Cowley D（ed）Understanding brands by 10 people who do（p 20）. Kogan Page，London

Fetscherin M（2010）The determinants and measurement of a country brand：the country brand strength index. Int Mark Rev 27（4）：466–479

Florek M（2012）Measurement of city branding equity. Actual Probl Econ 2（7）：130–139

Gertner D（2011a）A（tentative）meta–analysis of the 'place marketing' and 'place branding' literature. J Brand Manag 19（2）：112–131

Gertner D（2011b）Unfolding and configuring two decades of research and publications on place marketing and place branding. Place Brand Pub Dipl 7（2）：91–106

Guido G（1998）The dichotic theory of salience：a framework for assessing attention and memory. Eur Adv Consum Res 3（3）：114–119

Gupta S，Lehmann DR，Stuart JA（2004）Valuing customers. J Mark Res 41（2）：7–18

Hakuhodo's survey of brand strengths of international tourist destinations with Tourist Destination Brand Analyzer（2005）. http：//www.hakuhodo.jp/pdf/2005/20050131.pdf. Accessed 9 Nov 2013

Hanna S，Rowley J（2011）Towards a strategic place brand–management model. J Mark Manag 27（5）：458–476

Jacobsen BP（2012）Place brand equity：a model for establishing the effectiveness of place brands. In：International place branding conference special edition：roots—politics—methods，Utrecht，The Netherlands，20 and 21 Jan 2012

Jones R（2005）Finding sources of brand value：developing a stakeholder model of brand equity. Brand Manag 13（1）：10–32

Kall J，Kłeczek R，Sagan A（2006）Zarządzanie marką. Oficyna Ekonomiczna，Kraków

Kapferer JN（1992）Strategic brand management. The Free Press，New York

Kartono B，Rao VR（2005）Linking consumer–based brand equity to market performance：an integrated approach to brand equity management. Working paper. No. 11. http：//www.zibs.com/techreports/Linking%20CBE%20Market%20Performance.pdf. Accessed 13 Dec 2013

Keller KL（1993）Conceptualizing, measuring and managing customer-based brand equity. J Mark 57（1）: 1-22

Keller KL（1998）Strategic brand management: building, measuring and managing brand equity. Prentice-Hall International, Hemel Hempstead

Keller KL（2003）Building, measuring and managing brand equity. Prentice Hall, Upper Saddle River

Kim H, Kim WG, An JA（2003）The effect of consumer-based brand equity on firms' financial performance. J Consum Mark 20（4）: 335-351

Konecnik M, Gartner WC（2007）Customer-based brand equity for destination. Ann Tour Res 34（2）: 400-421

Kotler P, Gertner D（2002）Country as brand, product and beyond: a place marketing and brand management perspective. J Brand Manag 9（4/5）: 249-262

Lassar W, Mittal B, Sharma A（1995）Measuring customer-based brand equity. J Consum Mark 12（4）: 11-19

Lavidge RE, Steiner GA（1961）A model for predictive measurements of advertising effectiveness. J Mark 25: 59-62

Leuthesser L（1988）Conference summary: defining, measuring and managing brand equity. Report No. 88-104, Marketing Science Institute, Cambridge

Lucarelli A（2012）Unraveling the complexity of city brand equity: a three-dimensional framework. J Place Manag Dev 5（3）: 231-252

Montgomery J, Lieberman M（2005）A compendium of brand measurement. World Advert Res Cent 464: 45-47

Papadopoulos N, Heslop L（2002）Country equity and country branding: problems and prospects.J Brand Manag 9（4/5）: 294-314

Papadopoulos N（2004）Place branding: evolution, meaning and implications. Place Brand 1（1）: 36-49

Pike SD（2010）Destination branding case study: tracking brand equity for an emerging destination between 2003 and 2007. J Hosp Tour Res 34（1）: 124-139

Pike SD, Bianchi C, Kerr G, Patti Ch（2010）Consumer-based brand equity for Australia as a longhaul tourism destination in an emerging market. Int Mark Rev 27（4）: 434-449

Romaniuk J, Sharp B（2004）Conceptualizing and measuring brand salience. Mark Theor 4（4）: 327-334

Shimp TA, Samiee S, Madden TJ（1993）Countries and their products: a cognitive structure

258 | 反思地方品牌建设：城市和区域的全面品牌发展
Rethinking Place Branding: Comprehensive Brand Development for Cities and Regions

perspective. J Acad Mark Sci 21 (4): 232–330

Sinclair R (2004) A brand valuation methodology for nations. Place Brand 1 (1): 74–79

Srivastava RK, Shocker A.D. (1991). Brand equity: a perspective on its meaning and measurement. Working paper. Marketing Science Institute, Boston, pp 91–124

Strebinger A, Schweiger G, Otter T (1998) Brand equity and consumer information processing: a proposed model. Facultas Verlag, Viena

Temporal P (2002) Advanced brand management. From vision to valuation. John Wiley & Sons Pty Ltd, Chichester

White A (2000) Travelling tips. Leis Manag 20 (3): 30–34

Winters LC (1991) Brand equity measures: some recent advances. Mark Res 3 (4): 70–73

Wood L (2000) Brands and brand equity: definition and management. Manag Decis 38 (9): 662–669

Wrona S (2004) Warto   marki-marketing a finanse. In Zarządzanie produktem w warunkach globalizacji gospodarki (materiały konferencyjne-recenzowane), Wydawnictwo Akademii Ekonomicznej w Poznaniu, Poznań, pp 443–449

Yoo B, Donthu D, Lee S (2000) An examination of selected marketing mix elements and brand equity. J Acad Mark Sci 28 (2): 195–211

Zanfardini M, Tamagni L, Gutauskas A (2011) Costumer-based brand equity for tourism destinations in Patagonia. Catalan J Commun Cult Stud 3 (2): 253–271

Zenker S, Martin N (2011) Measuring success in place marketing and branding. Place Brand Pub Dipl 7 (1): 32–41

第十六章　地方品牌的未来

加里·瓦纳比、格雷戈里·J. 阿什沃思和米哈利斯·卡瓦拉兹斯 *
（**Gary Warnaby**，**Gregory J.Ashworth and Mihalis Kavaratzis**）

[摘　要] 本书的最后一章回顾了引言中所阐述的主要问题，以梳理在推进地方品牌建设理论和实践方面的贡献。通过每一章的个人贡献，全书作为一个整体对这些基本问题提供了答案，本章讨论了地方品牌的意义、它们的组成部分、构建它们的代理商以及理解地方品牌管理的方式。

本书的三大任务

在本书的引言部分，我们阐述了这样一个前提，即地方品牌的起源、理论基础、概念发展、实际应用和预期成果的重新思考是成熟的。这个要求强加给我们三个任务，它们合在一起就是本书的写作目的。第一，要说明重新思考的必要

* G. Warnaby
School of Materials, University of Manchester, Manchester, UK
e-mail: Gary.warnaby@manchester.ac.uk
G.J. Ashworth
Faculty of Spatial Sciences, University of Groningen, Groningen, The Netherlands
e-mail: g.j.ashworth@rug.nl
M. Kavaratzis （⊠）
School of Management, University of Leicester, Leicester, UK
e-mail: m.kavaratzis@le.ac.uk
ⓒ Springer International Publishing Switzerland 2015
M. Kavaratzis et al. (eds.), *Rethinking Place Branding*,
DOI 10.1007/978-3-319-12424-7_16

性；第二，确定和探索需要重新思考的内容；第三，不只是开始重新思考过程，而且还要通过本书的贡献，推进它的新方向，以提出新的问题。这三个任务是我们希望和期待这本书将被评价的标准。

在过去的几年里，这种重新思考的必要性在许多人看来越来越明显，而且这些人不完全是学术性的，而是更基础的、理论框架的观察者，在开始和最初是作为一个完全实际的活动而发展起来的。这种需求已经在概念思维的弱点中变得显而易见，甚至在术语上越来越不精确。最重要的是，对围绕着为实现实际的成果而设计的实际活动存在着严重的误解，越来越多的人怀疑很多官方地方品牌在实现其经常只有模糊划分的结果方面是否有效。发展地方品牌的负责人缺乏对其建设的回溯性监测，这让人怀疑地方品牌的目标是否只是实施，而不是去实现其具体的预期成果和对区域的影响。

对这些情况有一些直接的解释。其中一个是对市场营销（特别是品牌）在区域及其管理的近期应用的比较，以及这些想法和可能性在十多年时间里的快速传播。我们一直在忙于做却没有反思我们正在做的是什么，而且应用的要求甚至激发了对其活动进行学术反思的学术人员的不耐烦的沮丧。世界各地几年来的狂热活动的结果只是大量的案例，但却几乎没有形成对它们进行比较评估、财产评估或综合评估的工具，这些在其他区域可能会有学习价值。其次，这种方法的新颖性和现有的实践体系的缺乏或对其研究的既定学派的缺乏，不可避免地吸引了来自广泛的学科和管理背景的学者和实践者。这不利于共识理论的达成、概念的应用，甚至共同的专业术语的形成。

重新思考的呼吁引发了一个直接的问题："需要反思什么？"我们试图通过提出的四个一般性问题来回答，即：

地方品牌对谁最重要，原因是什么；为什么区域——无论是自觉的还是不自觉的——要首先创造和促进品牌的形成？

地方品牌的不同组成部分是什么？它们是如何联系在一起的，以及在它们的建设中使用了什么资源？

谁是活跃于品牌形成的代理商，谁实际上建立地方品牌或影响它们的建设，以及它们为什么这样做？

应该如何理解和有效承担地方品牌管理，为了达到什么目的，又是什么影响了这一点？

　　这本书的目的不仅是提出问题，更是要回答这些问题，然而这些问题只是暂时的，不是决定性的。因此，在回答第一个有关地方品牌重要性和理由的问题时，在一个层面上，明确地指出它是为了解决与区域有关的实际的和基本的问题。然而，在另一个层面上，我们认为，不同空间尺度下的各区域日益增长的竞争意识（通常是焦虑的情况下）是推动品牌形成的动机。地方品牌也被认为有助于更广泛的区域管理策略的规划，因为地方品牌的流程可以为不同的区域利益相关者之间的合作提供一个基础，能够让他们协调一致地设想一个雄心壮志的"想象的未来"。

　　第二个问题关于地方品牌是如何由各种贡献因素构成的，我们认为地方品牌的构成包括促销策略和身份声明，与区域形成因素相关联（尝试为单个地区创造某种形式的"地方感"），也涉及一个区域叙述性和集体建设意义（强调这种过程是社会性的）。

　　在回答第三个问题时，是关于地方品牌代理商的身份（以及影响他们的因素）的问题，我们提出了两个可能的广泛性观点。其中第一个观点可以描述为"以组织为中心"，因为地方品牌的责任取决于承担地方品牌项目（来自公共部门、私人部门和志愿部门，或在合作方式下的各部门的组合体，它们代表着更多的地方品牌活动）的机构。另一种观点则采取了更社会化的视角，从用户的角度来识别那些通过他们自己在区域的经历来构建地方品牌的个人和群体。因此，我们认为地方品牌的代理商也可以是那些做出与区域发展相关决策的独立的区域消费者，这些个人的决策可以聚合在一起，表明地方品牌实际上是由个人作为群体构建的。此外，由于这些个人和群体在特定的社会/文化背景下活动，所以地方品牌也可以被看作一个更广泛的社会性创造。

　　最后一个问题，关于地方品牌的实践以及影响它的因素，我们认为可以用不同的方式回答。因此，地方品牌可以被认为主要旨在吸引区域用户的促销活动，或者管理相关区域的形象和声誉的尝试。另外，回答这个问题的一个更关键的视角是把地方品牌形成过程视为一种权利的行使（考虑到存在具有不同目标的多个利益相关者，因此地方品牌的组织机制具有潜在复杂性），或作为社区建设活动（其中协调一致和集体行动在地方品牌建设中是最重要的）。

　　这些问题不可避免的是相互关联的，答案不仅复杂，而且一个问题的答案也与所有其他问题的答案有关。关于本书的结论的一个关键问题是，它的内容在多大程度上阐明了这种复杂性，或者至少推进了引言中提出的初步答案，或甚至提出了进一步和不同的问题？因此，我们将通过考虑这本书的贡献依次回答这些问题，从而得出结论。

地方品牌为什么重要，区域为什么首先尝试品牌建设

出于不同的原因，即使参与者没有意识到，不同空间尺度下的地方之间的竞争（例如，对内投资、吸引游客/居民等）也是不可避免的。这被许多人认为是一个零和博弈，其中大量潜在的居民、游客、投资者等都是固定的，所以如果一个地方捕获到更多的东西，其他地方将占用更少。这里有两种原因使情况可能并非如此。首先，共享数量的规模可能会对品牌影响发挥作用，但其影响可能会在回应品牌努力时增加或减少。例如，一个影响访问或甚至投资某个地方的决定可能会唤起人们度假的想法或做出一个以前不存在的投资决定。其次，品牌建设可能具有社会目标和经济目标。社区建设、地区意识、地区身份的塑造，甚至支持地区的自信心和友谊，经常被视为其目标或副作用。在这些情况下，没有零和收益，因为所有的地区都可以同时受益。

由于不容易量化甚至不明显，在许多地区，那些负责区域管理的人觉得他们必须被看作更广泛舞台（如当地以外的体育或文化事件的参与者）上的表演者，或在适当竞争规模（范围从地区到全球）的联盟、网络和群体中被认为是突出的。其目的是向其他区域发送适当的信号，关于他们所在地区的相对定位和愿望。事实上，区域市场营销和品牌推广背后的这些动机在现有的文献中得到了很好的证明，几乎从区域推广开始，品牌就成为研究的主题。Hankinson 的章节概述了地方品牌的先例，特别是其基于更广泛的营销和品牌背景的根本动机。

然而，可以认为，地区间竞争不仅在加剧，而且在采取新的维度和新的交流方式。随着这些地区都在世界范围内的网络上寻求突出的地位，这样的竞争会变得越来越"虚拟"，关于区域信息（关于访问/投资等的看法和决定）的制作方式也将变得越来越重要。Govers 的这一章明确地将地方品牌描述为"虚拟现象"，在这个意义上说，在日益发达的通信网络的环境中，品牌是最终的精神体验，一种情绪诱发刺激采取的行动，而且是将虚拟集成的新通信媒体融入他们的营销传播的活动中。在这一背景下，Hanna 和 Rowley 提出了一个"7Cs"框架（渠道、混乱、社区、聊天、沟通、联合创建和协作），作为一个助记体系，以从更战略

性的角度来促进对地方品牌的有效管理。

在本书中，地方品牌的潜力将不同的利益相关者团结在一起，帮助设想（希望实现）一些想象的、雄心壮志的理想未来。包容的重要性，地方品牌活动的协作方法是最近文献中的一个关键的主题，Stubbs 和 Warnaby 强调了这一问题，他们概述了这样的规划方法可以在多年前的第一作者的地方品牌实践的章节中产生更有效的地方品牌倡议。

关于品牌的一般文献强调了地方品牌资产在实现品牌目标和/或解决品牌问题和事务上的重要性。品牌资产，在 Florek 一章的区域背景下考虑，可以被认为是消费者的品牌联想所产生的价值增值。关于"价值增值"的概念，一个相关的问题涉及衡量地方品牌活动的有效性，Zenker 和 Braun 在其章节中考虑了可以有效测量地方品牌活动影响的方法。

地方品牌的组成部分及其建设中使用的资源

产品与品牌之间的关系在市场营销和品牌文献中得到广泛的覆盖，这表明，品牌可以被认为是被赋予特定身份的产品，以使其与竞争对手区分开来。在区域营销/品牌的文献中，一个重要的主题是许多营销和品牌宣传活动结果的同质性，尤其是，事实上，通过它们的宣传活动，不同的地方最终变得几乎无法区分。因此，了解什么构成了区域产品并将其与竞争产品区分开来的重要性显然是地方品牌的一个基本方面。

从最早的时候开始，关于区域营销的文献就提出了构成区域"产品"元素的概念，包括有形的、物质的元素以及更无形的方面。现在是重新考虑区域产品概念的时候了，特别是当产品属性可以通过如上所述的新技术进行传播时。在本书中，Warnaby 和 Medway 从服务占主导的营销逻辑的角度考虑了"产品"的本质，这一概念在营销概念化中有很大的影响力，尽管它并没有被不加批判地接受。在这方面，他们从基于资源的战略观出发，考虑如何以一种一致的方式整合不同类型的区域资源，以发展地方品牌，并在这一背景下创造区域身份。Kerr 和 Oliver 的这一章更详细地阐述了区域身份的问题，以及它将如何形成一个地方品牌战略的基础。

回到早期的区域，作为产品的概念，它包括组成一个整体产品的各种元素，区域可以被认为是可以有选择地组合各种资源的集合，以帮助创建地方品牌。

本书考虑了区域产品/品牌的各种组成部分，或其"资源"。Evans 的这一章考虑了建设环境在促进和表达地方品牌方面的各种角色，而 Kavaratzis 和 Ashworth 则讨论了文化用于地方品牌建设的各种方式及由此产生的效果。这些资源主要通过视觉的方式（如 Warnaby 的章节所讨论的）呈现给目标群体，但也不应忽视其他感官以更明显的体验方式传达地方品牌本质的潜力（如 Medway 在本章所讨论的）。

谁是地方品牌形成的代理商，谁真正地建设地方品牌或影响它们的建设？

谁真正计划和实施区域营销/品牌是现有文献中另一个重要的主题，当然有很多方式可以配置组织结构来规划和实施地方品牌活动。但由于不同的世界观和工作方式，公共、私人和志愿部门的利益相关者的潜在多样性以及它们之间可能存在的紧张关系，使问题变得更加复杂，区域营销/品牌活动通过谁并如何计划和实施的详细研究，是现有文献的主要内容。最近，很多学者都在讨论"自上而下"和"自下而上"的营销策略在规划区域营销方面的相对优点。与以传统刻板的、结构化的"自上而下"的方式相反，"自下而上"的方法强调了区域所有利益相关者之间的合作，以共同创造一个地方品牌，而不是将地方品牌从"高处"强加于人。当然，一个地方品牌最终被简化为个人用户的体验，无论该用户扮演的是居民、访客还是投资者的角色。这些代理商无论是为了公共利益而是追求私人利益，他们都认为自己在"创造"品牌，实际上却并非如此。他们只是试图影响（通常不如他们认为的那样有效）由个人的想象形成的品牌特征，这种影响的可听性、可理解性和最重要的可信度是由个人来排名的，尤其是个人的经验和朋友、熟人的相关经验，使其远低于许多其他的这种影响。

的确，规划和组织地方品牌活动的主题，对于重新思考而言已明显成熟，而本书在许多章节中对此做出了贡献。Stubbs 和 Warnaby 强调了广泛的利益相关者潜在的影响力和投入，并提出了如何将其投入更好地融入更有效的地方品牌发展的方式。随着利益相关者整合资源共同创造与区域相关的价值，这种越来越强调的协作方式与 Warnaby 和 Medway 所概述的营销服务主导逻辑的观点一致，并且 Therkelsen 在创建和追求与区域消费者对话方面也强调了这种协作。

只有通过居住和使用它们的人才能建设区域。最近，居民却被确认为在地方品牌活动中被相对忽视的顾客，无论是作为潜在的观众，还是地方品牌本身的共同创作者（如 Stubbs 和 Warnaby、Warnaby 和 Medway 在本书中所讨论的），以及作为地方品牌身份的贡献者（如 Kerr 和 Oliver 所讨论的）。Campelo 在本书中讨论了用于塑造区域的一个更广泛的社区和社会背景。正如 Campel、Kerr 和 Oliver 所讨论的那样，在竞争日益激烈的空间环境中，一种独特的地方感的创造和交流是一种明显的创造区域差异化的方式。

如何理解和承担地方品牌管理？

上述讨论的所有问题都不可避免地与最后一个根本性的问题有关，即如何理解和承担地方品牌管理。可以说，这个问题的答案包括以上所提到的所有问题的初步答案。因此，区域营销和推广及其属性不可避免的是地方品牌的一部分，其主要目的是管理该区域的形象及其在实际或潜在消费者中的声誉，而不论这些消费者是谁。正如 Therkelsen 所展示的，这是一种更容易理解的对话。然而，如果由此产生的营销传播活动和区域用户的联想可以被看作地方品牌活动的"产出"，那么多样化的潜在利益相关者可能会影响产生这个产出的过程，这突出说明了地方品牌不可避免的是权力运动的现实，反映出正在品牌化的社区的性质、特征和利益。本书强调的一个因素是，如果提出的一个地方品牌要想被它的目标群体所接受，那么这个过程必须尽可能地包容和协调一致，尽管存在效率成本，但这种协调一致的方法是必需的。

综上所述，这些基本问题的答案都不是明确的，而且由于其实际的应用和日益增长的学术研究推动着地方品牌的主题不断发展，所以这些答案也只是暂时性的。我们希望本书可以为地方品牌的演变提供一些积累和方向，我们尝试重新思考一些现有的原则，继续进行相关的讨论，并最终引导它们进入新的，甚至是防止进入无法预见的可能性或陷阱。